习仲勋年谱

（一九一三——二〇〇二） 第四卷

中共中央党史和文献研究院
中共陕西省委员会 编

中央文献出版社

目　录

1986 年 ………………………………………………………… （1）

1987 年 ………………………………………………………… （65）

1988 年 ………………………………………………………… （104）

1989 年 ………………………………………………………… （135）

1990 年 ………………………………………………………… （168）

1991 年 ………………………………………………………… （197）

1992 年 ………………………………………………………… （205）

1993 年 ………………………………………………………… （209）

1994 年 ………………………………………………………… （212）

1995 年 ………………………………………………………… （214）

1996 年 ………………………………………………………… （217）

1997 年 ………………………………………………………… （223）

1998 年 ………………………………………………………… （236）

1999 年 ………………………………………………………… （245）

2000 年 ………………………………………………………… （253）

2001年 …………………………………………………（256）

2002年 …………………………………………………（261）

附　录：在纪念习仲勋同志诞辰一百周年
　　　　座谈会上的讲话
　　　　（二〇一三年十月十五日） …………李建国（268）

后　记 ……………………………………………（280）

1986年 七十三岁

1月1日 上午,在全国政协礼堂出席新年茶话会。

1月2日 上午,出席中共中央书记处会议。会议漫谈当前企业职工的思想动向和工资改革等问题。

1月3日 在中共中央书记处农村政策研究室张定龙反映新疆牧民收入比农民低的调查报告上批示:"这个调查很好,又探索出一个大问题,就是把畜牧业搞上去,投点资,改良草场、草种,使牧民的收入一般不要低于农民,而且更高才合理。请润生[1]同志参考。"

同日 在新华社《国内动态清样》(第十二期)一月二日刊载的《乡镇机关中由集体付工资的干部越来越多——浙江鄞县削减超编干部精简行政机构》一文上批示:"请东宛[2]同志注意收集些这方面的材料,准备在最近抽时间谈一次。"

1月4日 下午,在中南海勤政殿主持人事安排碰头会。

1月6日 接见出席全国宗教局(处)长会议的代表并讲话。在谈到对几年来宗教工作的基本估计时说:党的十一届三中全会以来,宗教工作取得了很大成绩。在指导思想方面进行了拨乱反正,使党对宗教的工作重新走上了正确轨道;在落实政策方

---

[1] 润生,指杜润生,时任中共中央书记处农村政策研究室主任、国务院农村发展研究中心主任。
[2] 东宛,指赵东宛,时任劳动人事部部长。

面做了大量的工作，安排了宗教活动场所，使宗教活动基本上恢复了正常；在为四化服务和实现"自养"方面，宗教团体和寺观教堂举办生产、服务和公益事业，开始出现了好势头。在谈到克服宗教工作中"左"的思想和防止右的倾向问题时说：我们贯彻执行宗教信仰自由政策，处理一切宗教问题的根本出发点和落脚点，就是要使全体信教群众和不信教的群众联合起来，把他们的意志和力量集中到建设现代化的社会主义强国这个共同目标上来。我们既不要采取行政手段，人为地去消灭宗教；也不要采取行政手段，人为地去发展宗教。因为这两种做法都是与党的宗教政策所规定的战略目标背道而驰的，也是违反宗教工作的客观规律的。我们只有不断克服"左"的和右的思想，才能使宗教工作始终沿着正确的道路前进。在谈到今后宗教工作的任务时说：一是根据中央的要求，抓紧做好落实宗教政策的工作，在党的十三大召开以前基本完成；二是在保障人们信教自由的同时，要进一步加强思想政治工作，加强科学文化宣传工作；三是对已经开放的宗教活动场所，政府宗教事务部门要加强行政领导，帮助宗教组织和宗教职业人员搞好民主管理，干部不要包办代替。在谈到加强对宗教工作的领导问题时说：宗教问题具有长期性、民族性、国际性、复杂性和群众性，各级党委和政府必须加强领导，慎重处理。特别是在少数民族地区，宗教问题和民族问题密切相连，更要慎之又慎。要做好宗教工作，宗教事务部门也要注意加强自身的建设，不断提高干部的政治素质和业务水平。

1月6日、9日 在人民大会堂出席中共中央书记处召开的中央机关干部大会。会议号召，中央党政军机关的全体党员、干部要在端正党风中做全国的表率。

1月7日 在中共中央统战部《零讯》一九八五年十二月三十一日刊载的关于海外华人情况和我海外统战工作等问题的材料

上批示：明复[1]同志，此件似应由统战部牵头，召集在京有关部门，作为专题座谈几次，在新的一年里，应当作一个重大问题，提到统战工作议事日程上来。

1月8日 在新华社《国内动态清样》（第四十八期）一月七日刊载的《衡阳市安置机关超编人员的八条办法》一文上批示：衡阳市安置机关超编人员的八条办法值得参考。他们"消肿"工作也做得好，见了成效。这就启示我们，精简工作，先从地市县抓起，可能会见真的实效。原因之一是精简下来的人员容易安排。但又得另采取一条措施，就是党政群的各级编制又须定编定员，制定带法规性的编制方案，以免上下互相掣肘。就是中央各部门不要把下级党政的手脚捆死，放权给下面，让他们从自己的实际需要出发，安排自己的机构和人员，更不要要求上下对口，或者没有对口机构，就不拨发应得的经费来卡下面。这是一种极不可取的错误做法，但又长期沿行。在今后精简工作中，首先改革这种陈规陋习。在这方面不好的规定和做法还有许多，一搞精简都会涉及，可先将材料收集整理一下，以便讨论时参考。看了有关县以下整编和这件清样，随便讲了自己的意见和看法，可能有原则错误，请健行[2]、东宛同志看看，准备最近开会谈谈这个问题。

1月9日 在新华社《国内动态清样》一月八日刊载的《以社会效益促经济效益——西安市五一剧团承包演出队走出改革新路》一文上批示："这个经验可供参考，建议登《内参》。"该文反映，西安市五一秦腔团李爱琴演出队承包两年多来，坚持把演出的社会效益放在首位，依靠高质量艺术产品获得好的经济效

---

[1] 明复，指阎明复，时任中共中央统战部部长。
[2] 健行，指尉健行，时任中共中央组织部部长。

益，出人出戏，事业发展，取得了艺术和经济双丰收，走出一条文艺表演团体体制改革的新路。

1月11日 在新华社《国内动态清样》（第六十八期）一月十日刊载的《扶贫更要扶志——黔西北黔西南十六个县农村调查》一文上批示："这份十六个县农村调查材料和所提意见，都很对，请润生同志考虑，在什么刊物上登一下。"该文反映，记者在黔西北、黔西南十六个县农村调查时感到，扶贫必须扶志，光给钱贫困依旧，抓生产旧貌改变；起动内部活力，治穷致富才能迈开步；扶贫资金无偿改有偿，经济效益显著提高。

同日 在中共中央办公厅信访局《群众反映》（增刊第一期）上批示：群众敢向中央反映情况是好事，不管其反映的事实有多少可靠性，但都值得重视。《人民信访》一九八六年第五期刊登了习仲勋的这个批示。

1月12日 在新华社《国内动态清样》（第七十五期）一月十一日刊载的《改革春风度山寨，脱贫致富有能人》一文上批示："这个经验对脱贫致富有参考价值，特别是对封闭状态的山区。请润生同志考虑在哪个刊物上介绍一下。"该文反映，记者在黔西北、黔西南十六个县调查时看到，随着党的农村政策的贯彻执行和农村经济改革的开展，边远闭塞的民族山区出现了一批带头致富的能人。在他们的带动下，长期处于"封闭状态"的贫困山区农民也开始冲破自给自足的传统生产观念，根据国家和市场的需求来发展商品生产。有的产品不仅畅销省内外，而且已经打进了国际市场。

1月15日 在中共中央办公厅信访局《来信摘要》一九八五年十月十五日刊载的《应给劳改释放人员以一定的生活保障》

一文上批示：请李贵〔1〕同志商公安、司法部同志提出处理意见并告知各地落实（总的原则已有，只对其中一些特殊问题，作出具体解决办法即可）。

同日 在八宝山革命公墓礼堂出席胡风〔2〕追悼会。胡风于一九八五年六月八日在北京逝世，享年八十三岁。

1月16日 在中共中央统战部印发的《关于公开发行的各种出版物和文学、艺术作品不要违反统战、民族、宗教政策的通知》上批示："有个通知很好，更重要的是检查落实。"

同日 在新华社《国内动态清样》（第九十八期）一月十四日刊载的《贵州省委决定从省地县抽调三千名干部加强农村基层工作，帮助贫困山区治穷致富》一文上批示："贵州省委决定从县级以上（含县级）抽调三千名中青年干部到基层工作，分期分批轮流培训，提高干部素质，应视为培训干部的一条重要措施。还可规定在轮训中读一两本书，缺什么补什么。号召这些同志勤奋自学成才，形成理论联系实际，密切联系群众，多给群众办实事、办好事的风气，这对端正党风具有重大意义。请曹志〔3〕同志考虑，可否把这个清样加按语，在哪个刊物上登一下。"该文反映，贵州省抽调下去的干部，原任职务不变，原则上一年轮换一次并形成制度。他们下去的主要任务是：宣传党的方针政策，加强农村思想政治工作；搞好农村经济体制改革，进一步调整产业结构，大力发展商品经济；摸清所在地区的情况，制定发展规划，解决发展生产中的困难问题，努力改变贫困面貌；调查研

---

〔1〕 李贵，时任中共中央统战部副部长、全国人大民族委员会副主任委员。
〔2〕 胡风，曾任全国政协常务委员、中国文联全国委员会委员、中国作协顾问、中国艺术研究院顾问等职。
〔3〕 曹志，时任中共中央组织部副部长。

究，总结经验，及时准确地向上级反映农村改革中出现的新情况、新问题。

1月17日 下午，在人民大会堂会见出席全国台湾同胞联谊会二届二次理事会的全体理事。在讲话中说：希望台联的全体会员加强同台湾岛内外同胞的联系，让他们详细了解中国共产党关于"一国两制"、和平统一祖国的方针政策。

同日 在新华社《国内动态清样》（第一一四期）一月十六日刊载的《上海各界知名人士对海外统战工作提出意见》一文上批示："请统战部注意研究这些意见。"该文反映，上海各界知名人士提出从以下几方面加强海外统战工作：做好国外华侨、港澳同胞、台湾同胞和外籍华人的爱国统一战线工作；进行战略研究和总体规划，采取多层次、多渠道、多形式的方法；处理好老一代和第二、三代人工作的关系。

同日 在中共中央统战部《情况简报》刊载的《当前党外人士安排工作的几个问题》一文上批示：这些问题，都在碰头会上研究一次，有些问题好在全国政协会上作出统一性的规定，以便有所遵行。请健行、静仁[1]、明复同志准备。

1月20日 上午，出席中共中央书记处会议。会议传达讨论邓小平一月十七日在中共中央政治局常委会议上关于精神文明建设问题的讲话。

同日 为贠恩凤[2]题词：唱群众喜爱的歌曲，做群众喜爱的歌手。

1月21日 在新华社《国内动态清样》（第一四〇期）一月

---

[1] 静仁，指杨静仁，时任全国政协副主席。
[2] 贠恩凤，著名女高音歌唱家，时任陕西省政协常务委员、陕西省广播电视民族乐团副团长、中国音乐家协会理事。

二十日刊载的《孙达人[1]提出发展文物事业要保护利用并重》一文上批示：孙达人同志的意见有道理。请纪年[2]、庆伟[3]同志重视研究，制订出保护利用并重的近期和长期规划，列入"十五"计划。古文物在陕西有优越条件，把这件事办好了，对陕西的政治、经济、文化、旅游、对外交流，都大有好处。务望精心指导，改变当前乱、散、失、盗、毁现象。陕西是古文物摇篮，只要管理得好，即可生财致富，搞活经济，对国家和人民都有利，千万不要小看！

1月22日 上午，出席中共中央政治局扩大会议。会议听取并同意国务院、中共中央财经领导小组《关于去年经济情况和今年工作安排的报告》。

同日 下午，在八宝山革命公墓礼堂出席胡愈之[4]遗体告别仪式。胡愈之于一月十六日在北京逝世，享年九十岁。

1月23日 上午，在中南海勤政殿出席中共中央书记处会议。会议讨论中央纪委关于端正党风问题的汇报。

1月24日 在新华社《国内动态清样》（第一七〇期）刊载的《南昌县精简农村基层干部取得明显效果》一文上批示："这又是一个例证，先着手县以下的精简是个路子，可能时间短，效果好，也可能避免过去的弊端，即减了又增、增了又减的反复现象。告健行、东宛同志注意。"

同日 阅中央纪委信访室《信访简报》（第十七期）一月十七日刊载的《用"连坐"法搞计划生育群众遭殃》一文后致信

---

[1] 孙达人，时任陕西省副省长。
[2] 纪年，指白纪年，时任中共陕西省委书记。
[3] 庆伟，指李庆伟，时任陕西省省长。
[4] 胡愈之，逝世前任全国人大常委会副委员长、中国民主同盟中央代主席等职。

王伟[1]。信中说：送上中纪委《信访简报》第十七期，请阅。这份简报中反映山东省苍山县[2]农村干部用"连坐"法搞计划生育的情况，真是骇人听闻，如果属实，必须立即纠正，并对那些明火执仗、抄家劫舍、打骂群众的干部予以严肃处理，直至绳之以法。因为他们的这种粗暴蛮横的做法，恰恰说明他们不是在搞什么计划生育，而是实实在在地破坏了计划生育，破坏了党和政府同广大群众的鱼水关系。这难道还不明显吗？希望计生委狠抓一下这方面的问题，以有利于计划生育的顺利进行。并请查询一下，其他地区有无类似情况。

1月25日 在费孝通[3]一月七日来信上批示：这是费孝通同志短期访问海南岛后的一份汇报，仔细读过，我认为反映的情况和问题，是符合实际的，有些意见也是值得重视的。请纪云[4]同志召有关部门把这个问题研究一下，提出一个可行方案。费孝通在信中反映了在海南岛期间看到的情况和问题，包括海南岛的行政体制问题；海南岛的场社关系问题；从实际出发，因地制宜，发展少数民族地方经济问题等。

1月27日 上午，出席中共中央书记处会议。会议讨论并原则同意《文化部关于艺术事业为社会主义物质文明和精神文明建设服务的汇报提纲》。

1月28日 下午，在中南海勤政殿主持工作会议，讨论庆祝内蒙古自治区成立四十周年的筹备问题。

同日 中共中央发出《关于严格按照党的原则选拔任用干部

---

[1] 王伟，时任国家计划生育委员会主任。
[2] 苍山县，今山东兰陵县。
[3] 费孝通，时任全国政协副主席、中国民主同盟中央副主席。
[4] 纪云，指田纪云，时任中共中央政治局委员、中共中央书记处书记、国务院副总理。

的通知》。此前，鉴于在干部选拔任用中存在的有些领导干部不遵守党的原则、违反组织人事纪律等问题，习仲勋责成中共中央组织部就健全干部选拔任用制度、防止违纪行为的发生，提出方案，报中共中央书记处审定。

1月29日 晚上，同彭冲[1]等在北京饭店出席首都台胞与各界知名人士新春同乐会。

1月30日 上午，出席中共中央书记处会议。会议讨论并原则同意《中共中央、国务院关于改进和加强出国留学人员工作若干问题的通知》。

1月31日 上午，同胡启立[2]、胡乔木[3]等在人民大会堂出席首都部分中青年知识分子座谈会。在谈话中说：各地各部门党的组织都要召开这样的座谈会，不要一年开一次，要多开几次。

同日 同阎明复谈话。在谈话中说：民族、宗教复杂，学问大得很。领袖人物的情况要摸清，便于工作。

1月 为当选一九八五年全国十名最佳运动员的郎平、聂卫平、韩健、童非、阎红、曹燕华、杨锡兰、李宁、江嘉良和李玲蔚题词：立志攀高峰，苦练创佳绩。

2月1日 同曾志[4]约阿拉坦敖其尔[5]谈话。在谈话中说：端正党风，在内蒙古重点抓什么，怎么抓，你们要很好研

---

[1] 彭冲，时任全国人大常委会副委员长、全国人大法律委员会主任委员。
[2] 胡启立，时任中共中央政治局委员、中共中央书记处书记。
[3] 胡乔木，时任中共中央政治局委员、中共中央整党工作指导委员会顾问、中国社会科学院名誉院长。
[4] 曾志，时任中共中央顾问委员会委员。
[5] 阿拉坦敖其尔，时任内蒙古自治区人大常委会副主任、中共哲里木盟委书记。

究。据说有的盟领导有两辆汽车，这就过分了。有些旗县领导也买高级小车，不需要。你们要立个制度，认真转变作风，首先从领导做起。关键是看一把手的作风正不正。党风搞好了，社会风气才能好转。要千方百计把经济建设搞上去，这是根本任务。你们要搞农业，但更要搞牧业，农牧结合。内蒙古的资源很丰富，方针政策对头了，干部就要带领群众去务实。你们一定要搞好团结。首先是各级领导班子要团结好。如果没有一个大团结，什么事也搞不好。

2月3日 上午，出席中共中央书记处会议。会议讨论《最高人民法院党组关于法院部分判决执行困难情况的汇报提纲》。

2月4日 上午，同郝建秀[1]、杨静仁等出席全国政协举办的招待已故政协委员和知名人士的夫人的春节茶话会。

同日 在新华社《国内动态清样》一月三十日刊载的《新华社记者张宝瑞、杨兆波对改进和加强高校思想政治工作的十点建议》一文上批示：仔细读了这个建议，我认为很好，符合实际并提出可行的意见和办法，极有参考价值。似应能和教委等有关部门负责同志座谈一次，搞一个好的文件发下去，可能有好处。在文章提到"社会调查可以利用寒暑假学生回家时进行。也可组织一些课堂讨论，进行启发式、问答式教学。政治课教师要舍得花时间到学生中间去了解学生的思想情况"处，习仲勋作旁注："这一点最重要。"

2月5日 上午，同乔石[2]、吴学谦[3]到北京市通县[4]

---

[1] 郝建秀，时任中共中央书记处书记。
[2] 乔石，时任中共中央政治局委员、中共中央书记处书记、中共中央政法委员会书记，同年4月又任国务院副总理。
[3] 吴学谦，时任中共中央政治局委员、国务委员兼外交部部长。
[4] 通县，今北京通州区。

台湖乡玉甫上营村慰问农民，参观村里的幼儿园、养鸡设备厂、装潢商标印刷厂，到农户家中走访。在听取该村近年来工农业生产和农民收入的情况介绍后说：村里还要发展畜牧业，养羊、养兔，可以个人养，也可以集体养。

同日 下午，约请班禅额尔德尼·确吉坚赞[1]到中共中央统战部，就其去拉萨参加"传召"活动的有关问题进行交谈。在谈话中说：这个法会二十年没搞了，今年中央决定恢复，意义很大。你去之前，要充分做好准备，把问题考虑周到些。要通过这次活动，扩大政治影响。搞好这次祈祷大法会的各项活动，要依靠自治区党委和人民政府，要团结好宗教界和各方面人士。

2月6日 晚上，同王兆国[2]等出席中共中央统战部招待近年由台湾或国外回来定居的部分人士的宴会。在讲话中说：中国要团结，要和平，要建设。要团结，就是包括台湾人民在内的中国人民大团结；要和平，就是我们不要打仗，也希望世界各国都不要打仗，把钱花在搞生产建设上，使人民生活有所改善；我们要建设，包括改革。

2月7日 上午，同李鹏[3]、薄一波[4]等在中共中央统战部礼堂出席为各民主党派负责人、无党派人士和各界名流举行的迎春茶会。

2月9日 上午，在人民大会堂出席春节团拜会。

---

[1] 班禅额尔德尼·确吉坚赞，时任全国人大常委会副委员长、中国佛教协会名誉会长。

[2] 王兆国，时任中共中央书记处书记、中共中央办公厅主任、中共中央直属机关委员会书记。

[3] 李鹏，时任中共中央政治局委员、中共中央书记处书记、国务院副总理、国家教育委员会主任。

[4] 薄一波，时任中共中央顾问委员会副主任。

同日 在新华社《国内动态清样》二月八日刊载的《台湾〈中国时报〉主笔王杏庆谈我对台宣传问题》一文上批示:"请明复同志注意研究王杏庆先生的意见,告有关部门加以改进。"该文反映,王杏庆一月二十四日在香港同新华社记者聚会时,谈到台湾同胞渴望得到大陆的情况,目前大陆对台湾的宣传工作仍不能适应台湾同胞的要求,并就如何增进台湾同胞对大陆情况的了解提出了一些意见。

2月10日 上午,同刘澜涛[1]、周谷城[2]、康克清[3]、杨成武[4]等出席中国儿童少年活动中心举办的以"树理想、立新风、做主人"为主题的虎年儿童迎春联欢会,同孩子们欢度春节。

同日 在新华社《国内动态清样》(第二九七期)二月九日刊载的反映三门峡库区移民问题的材料上批示:"此件转请陕西省白纪年、李庆伟同志,按照反映的情况和问题,立即开会研究,提出解决意见报中央、国务院,迟了就会增加困难,影响春耕生产,千万不要疏忽。"三月七日,中共陕西省委办公厅报告了三门峡库区移民返库安置情况和问题。

2月13日 在中共中央统战部《情况简报》刊载的《河南部分地区基督教发展中值得注意的不正常现象》一文上批示:"内有旁注,告知明复、江平[5]、务之[6]同志商公安部阅办。"在文中提到"宗教活动中违法行为增多。主要表现为:一、攻击

---

[1] 刘澜涛,时任全国政协副主席、中共中央顾问委员会常务委员。
[2] 周谷城,时任全国人大常委会副委员长、全国人大教育科学文化卫生委员会主任委员。
[3] 康克清,时任全国政协副主席、全国妇联主席。
[4] 杨成武,时任全国政协副主席。
[5] 江平,时任中共中央统战部副部长。
[6] 务之,指任务之,时任国务院宗教事务局局长。

党和政府，扰乱社会治安"处，习仲勋旁注："为什么不依法惩处。"在文中提到"二、利用宗教进行敲诈勒索，奸污妇女。三、利用宗教活动大搞赶鬼治病，祷告治病，带有很强的迷信色彩"处旁注："对这些不法之徒，只要事实确实，分别不同情况，一律依法逮捕法办。不能手软。"在文中提到"党员信教增多"处旁注："这和西欧情况不同，凡参加基督教的党员，经劝说教育后，仍坚持信教的，一律开除党籍。"在文中提到"有一些地方的宗教活动已危害到党和政府的基层工作"处旁注："这都是违犯宪法的，经警告不改的，也要依法惩处。"在文中提到"呼喊派骨干还在暗中活动，必须引起足够的重视"处旁注："对骨干分子，以及释放出狱又暗中阴谋活动的反动分子，一律坚决打击，按刑法处理。这是一个复杂的长期斗争，万不可掉以轻心。"

2月17日 上午，出席中共中央书记处会议。会议讨论《中共中央、国务院关于改革和加强农民教育工作的决定》。

2月20日 上午，出席中共中央书记处会议。会议讨论国家计划生育委员会党组《关于合理控制人口增长的报告》和《关于"六五"期间计划生育工作情况和"七五"期间工作意见的报告》。

2月22日 在中共中央统战部二月四日《关于举办台胞青年夏令营安排问题的请示》上批示：原则同意。规模不要大，一定要把接待工作做好，讲求社会效果。

2月24日 上午，出席中共中央书记处会议。会议讨论并原则同意邮电部党组《关于邮电部门为精神文明建设服务问题的汇报提纲》。

2月26日 在家中同来访的张丰胄[1]交谈。张丰胄向习仲

---

[1] 张丰胄，曾任邵力子秘书、国民党南京政府和平商谈代表团联络员，时任国务院参事室参事。

勋赠送《和平老人邵力子》一书。习仲勋对国务院参事室的情况表示关心，委托张丰胄向全体国务院参事们代为问候。

2月27日 下午，同邓颖超[1]、杨静仁等出席全国地方政协工作座谈会闭幕会并讲话。在谈到进一步开创政协工作新局面应抓好的几项工作时说：（一）广泛、深入地进行宣传教育，提高干部和群众对人民政协重要作用的认识。政协工作不仅不能削弱，而是亟需加强；不是可有可无，而是大有可为。（二）充分发挥人民政协的职能，加强政治协商和民主监督。（三）进一步发挥人民政协综合人才库的作用，为社会主义的物质文明和精神文明建设服务。人民政协拥有密集的、多学科的、不同专业知识的、经验丰富的人才。各地政协要充分调动和发挥他们的积极性，协助政府搞好经济、科技、教育等体制的全面改革，做好"七五"计划的制定和实施工作。（四）继续做好落实统战、民族、宗教政策的工作。（五）积极开展"三胞"[2]的联络交谊工作，大力开展人民外交活动。要注意研究新情况、新课题，从实际出发，统筹规划，稳步实施，持之以恒。要广交朋友，以诚相见，切忌急功近利，不守信义。要懂得心理学、社会学，体谅对方的处境，不要强加于人。对请进来的或回国参观旅游的客人，要热情友好，以礼相待，使他们有宾至如归之感。要善于针对不同对象的特点，采取灵活的方式，宣传党和国家的方针、政策，使他们心向祖国，热爱祖国，并通过他们的亲身感受去讲、去写，这比我们自己宣传效果要好得多。

2月28日 下午，出席中共中央政治局会议。会议听取乔石关于中央机关端正党风工作情况的汇报。

---

[1] 邓颖超，时任全国政协主席。
[2] "三胞"，是对台湾同胞、港澳同胞和海外侨胞的简称。

2月底 在新华社《国内动态清样》（第四二六期）二月二十七日刊载的《新疆自治区党委和政府决定放宽牧业政策搞活牧区经济》一文上批示：这就能把方向端正过来了，坚持下去，搞活牧区经济，使牧区经济发展繁荣起来，就大有希望。

3月1日 上午，主持人事安排碰头会。胡启立、乔石、王兆国、尉健行等参加。

3月2日 在新华社《国内动态清样》二月二十八日刊载的《西安城郊文物保护与村镇建设矛盾日益突出》一文上批示："按《文物保护法》的规定，从实际出发，陕西省可以自订办法解决。拖下去不好。可将你们的办法，报告文化部审查。"

3月3日 上午，出席中共中央书记处会议。会议讨论并原则同意《农牧渔业部党组关于农垦经济体制改革问题的报告》。

3月5日 上午，同彭真[1]、乌兰夫[2]等在人民大会堂出席董必武[3]、林伯渠[4]诞辰一百周年纪念会。

同日 下午，同康克清、刘毅[5]等在人民大会堂接见北京地区一百二十四名受表彰的优秀特级厨师。

同日 在新华社《国内动态清样》（第四七〇期）三月四日刊载的《冯村乡农民组织起一百多个共同致富小组》一文上批示："一点看法：合作共同致富的办法好，应注意总结经验。这同过去的'合作'本质上是不一样的，肯定是解放和发展生产力的，对致富有利。但优越性究竟有多大，还得多作比较。从当前农村经济发展的趋势来看，必然会有不同形式的致富办法出现，

---

[1] 彭真，时任中共中央政治局委员、全国人大常委会委员长。
[2] 乌兰夫，时任中华人民共和国副主席。
[3] 董必武，曾任中共中央政治局常委、全国人大常委会副委员长等职。
[4] 林伯渠，曾任中共中央政治局委员、全国人大常委会副委员长等职。
[5] 刘毅，时任商业部部长。

根据实际情况来作比较，并择优应用并推广之。切忌一哄而起的弊端，就必胜无疑。"

3月6日 上午，出席中共中央书记处会议。

3月7日 在胡耀邦三月五日关于继续抓好落实政策工作的一份批件上批示："此案请立即抓紧落实外，另按耀邦同志批示精神，于最近召开一次落实政策小组会，讨论他的有关这个问题的多次批示，制订几条有效措施，派人下去督促检查，实实在在地大抓一年，力求基本落实，不留尾巴。我看是可以办到的，因为一有人（退下来的干部），二有经验，三是掌握了基本情况，大多都是历史遗留案件。只要认真对待就行了。耀邦同志这个批语，可由中办秘书局先告辽宁省委。"此前，湖南省劳动人事厅技校杨丽于二月十六日致信胡耀邦，恳求尽快按党的政策落实其父杨绪武（辽宁凤城人）及母亲的历史问题。

3月8日 同邓颖超、胡乔木、邓力群[1]等听取参加首都各界妇女联欢会的三八红旗手和劳动模范事迹介绍。

3月10日 在中共中央办公厅秘书局《每日汇报》反映的京西矿务局长沟峪煤矿被附近村民大量偷抢的材料上批示："这是过去很少见的不法行为，告北京市委多派公安人员严加查处，大力打击。"

3月10日、11日 上午，出席中共中央书记处会议。中共中央书记处、国务院联合讨论《关于第七个五年计划的报告——赵紫阳同志在第六届全国人民代表大会第四次会议上的报告》。

3月12日 上午，主持人事安排碰头会。胡耀邦、胡启立、乔石、田纪云、王兆国等参加。

3月13日、14日 上午，出席中共中央书记处会议。会议

---

[1] 邓力群，时任中共中央书记处书记、中共中央书记处研究室主任。

议论对苏共二十七大的看法。

3月15日 下午,同万里[1]、田纪云、杨尚昆[2]、彭冲等出席国家体委在京举行的表彰优秀运动员教练员等的授奖大会。

同日 在八宝山革命公墓礼堂出席丁玲[3]遗体告别仪式。丁玲于三月四日在北京逝世,享年八十二岁。

3月17日 上午,出席中共中央书记处会议。

同日 在八宝山革命公墓礼堂出席朱光潜[4]遗体告别仪式。朱光潜于三月六日在北京逝世,享年八十八岁。

3月18日 下午,同叙利亚阿拉伯复兴社会党民族领导成员穆罕默德·贾比尔·巴杰布吉就中国共产党和阿拉伯复兴社会党正式建立友好关系问题举行会谈。二十二日下午,出席中国共产党同叙利亚阿拉伯复兴社会党合作议定书签字仪式。

3月19日 在《人民日报》发表《革命长者和良师益友——纪念林伯渠同志诞辰一百周年》一文。文章说:我第一次见到林老是在一九三五年十二月。当时,中共中央政治局在陕北瓦窑堡召开党的活动分子会议。林老到瓦窑堡,是我们去迎接他的。这位长征的老英雄上身穿着光羊皮的坎肩,腰间系着一根皮带,脚上穿着藏族的长筒靴。他满头银发,精神矍铄,态度和蔼,给我留下了很深的印象。从此以后,由于工作关系,我和林老的接触逐渐多了起来,每次到延安,我都要去看望他,两人在一起亲切

---

[1] 万里,时任中共中央政治局委员、中共中央书记处书记、国务院副总理。
[2] 杨尚昆,时任中共中央政治局委员、中共中央军事委员会常务副主席兼秘书长、中华人民共和国中央军事委员会副主席。
[3] 丁玲,逝世前任全国政协常务委员、中国作家协会副主席等职。
[4] 朱光潜,逝世前任全国政协常务委员、中国民主同盟中央委员、中国美学学会名誉会长等职。

攀谈，十分和谐。林老在陕北艰苦奋战十四年，在我与他相处的日子里，亲聆教诲，耳濡目染，他的革命精神、高尚品质和优良作风，使我受到了深刻的教育。我们每一个革命同志都应该向他学习，学习他坚持党性、顾全大局、维护团结、严守纪律的高尚品质，学习他关心干部、爱护干部、循循善诱、平等待人的优良作风，学习他全心全意为人民服务的革命精神，并贯彻到实际行动中去。

3月21日 在中共中央统战部《零讯》三月十七日刊载的《白崇禧之子白先诚在杭州患病期间的反映》一文上批示："告明复同志：这件事做得很好。不仅争取了白先诚，而且通过他（她）们影响一大片。统战工作一定要看准对象，把工作做到恰到好处，这就是讲求实效。用他（她）们的亲身经历，去现身说法，这就是最好的对外宣传。所有统战部门的同志，都要认真学会这种才干本领。"该文反映，白先诚在杭州参加投标会议，突患脑梗塞，半身瘫痪。上海市委统战部立即与医院联系，选派两名著名医生前往会诊治疗，使白先诚和他的夫人顾省生深受感动。

3月22日 上午，在中南海怀仁堂主持党外人士座谈会，就即将召开的六届全国人大四次会议和全国政协六届四次会议有关事宜进行磋商。

3月23日 下午，在人民大会堂出席全国政协六届四次会议开幕式。

3月24日 上午，出席中共中央书记处会议。会议讨论《国家科委党组关于当前科技工作形势和一九八六年工作设想的报告》。

同日 晚上，在北京饭店出席全国政协、中共中央统战部举行的宴会，欢迎出席六届全国人大四次会议和全国政协六届四次会议的港澳地区的全国人大代表和政协委员。

3月25日　下午，在人民大会堂出席六届全国人大四次会议开幕式。

3月28日　上午，在中南海勤政殿主持人事安排碰头会。会议讨论中共中央统战部和吉林省、陕西省领导班子的调整问题，以及各省书记、省长和各部部长退下来的安排问题。

3月29日　下午，同邓力群、郝建秀等在中南海怀仁堂接见参加《中国共产党组织史资料》编纂工作座谈会的全体代表。在讲话中说："我们对你们的工作表示支持，这是一件大事，是一件好事，是一个大的工程。一、要办好，要搞准确。二、要管住，要加强组织领导。现在有的地方来查材料乱得很，一个县不知来多少人。三、要分工合作。四、机构不要增加，人也不要增加得很多，要依靠老同志。五、要'抢救'，但不要急躁，不要一哄而起，不要把一些不真实的材料也收上来了。这件大事一定要搞好。祝你们在党的建设方面作出贡献。"三月二十七日至三十一日，中共中央党史资料征集委员会、中共中央组织部、中央档案馆在北京联合召开《中国共产党组织史资料》编纂工作座谈会，会议确定"广征、核准、精编"为编纂《中国共产党组织史资料》的具体指导方针。

同日　在中共陕西省委《关于举行纪念刘志丹、谢子长同志逝世五十周年有关活动情况的报告》上批示："这个安排很好，我赞成。请在拟复前给张秀山[1]同志打个招呼，并把陕西省委的报告内容告知他。"

3月30日　在新华社《国内动态清样》（第六八一期）三月二十九日刊载的《西藏采取措施解决群众"吃菜难"的问题》一文上批示："大方向对，但对这种自种自食的自给办法是应该允

---

[1]　张秀山，时任中共中央顾问委员会委员。

许的。特别是在西藏地区应该大加提倡，反对是错误的。回顾一下延安时期的革命精神：自力更生、艰苦奋斗、大家动手、丰衣足食。是会大有启发的。"该文反映，西藏自治区党委、政府为扭转各机关单位和许多职工个人自建温室、开菜地、自种自食的情况，召开了自治区成立以来首次蔬菜工作会议，制定发展西藏蔬菜生产的措施。

3月31日 上午，出席中共中央书记处会议。会议讨论《中央统战部关于当前统一战线工作情况和意见的汇报》《中央统战部关于建国以来党对民主党派工作的基本总结和今后方针任务》，决定原则同意六月召开全国统战工作会议，中央统战部要认真做好会议的准备工作；请中央统战部根据会议讨论的意见，将《中央统战部关于建国以来党对民主党派工作的基本总结和今后方针任务》修改后，报请胡启立、习仲勋审定。会议还讨论并原则同意《中央统战部关于纪念西安事变五十周年的请示》，决定西安事变五十周年纪念活动的筹备工作，由中央统战部和全国政协机关党组负责，不另成立筹备委员会；在北京召开的纪念会不要超过一千人；请习仲勋代表中共中央讲话；西安市可适当举办纪念活动。

同日 晚上，在人民大会堂设宴欢迎由恩佐总书记率领的南非非洲人国民大会代表团。

4月3日 上午，同李一氓[1]、朱学范[2]等在民族文化宫礼堂参加北京各界人士举行的声援南非人民反对种族主义、争取种族平等的正义斗争的集会。

---

[1] 李一氓，时任中共中央顾问委员会常务委员、中国国际交流协会会长。
[2] 朱学范，时任全国人大常委会副委员长、中国国民党革命委员会中央副主席、中国国际交流协会副会长。

4月4日 在中共北京市委办公厅《情况反映》（第二〇八期）四月二日刊载的《我市有关部门采取措施，解决长沟峪煤矿煤炭被偷抢问题》一文上批示："北京市委的四条处理措施稳妥。比我批的两句话好。这就是领会精神，从具体情况出发，提出解决问题的办法，这种方法好，因为北京的事，只有你们最清楚。"该文反映，北京市委采取的四条处理措施是：（一）公安部门与矿区行政部门加强联系和配合，搞好对群众的宣传教育工作，有关部门要解决好村民就业、生活等问题。（二）公安部门与工商、税务部门协同作战，对不法行为严加处理。（三）结合整顿临时户口工作，清理外地人员。（四）加强矿区的治安保卫工作。

4月5日 为陕西省蒲城县尧山中学题写校名。

同日 为洛阳矿山机器厂建厂三十周年题词：同心同德，团结奋斗，坚持改革，开拓前进。

4月6日 上午，同邓小平、胡耀邦、赵紫阳、李先念等在天坛公园参加首都百万人民的义务植树活动。

4月7日 上午，出席中共中央书记处会议。会议讨论并原则同意《财政部党组关于税收工作的汇报提纲》。

4月8日 为第三届戏剧梅花奖授奖大会题词：祝愿社会主义文艺园地繁花似锦，欣欣向荣。

4月10日 上午，出席中共中央书记处会议。会议讨论并原则同意《中央精简工作领导小组办公室、劳动人事部党组关于机构改革工作的汇报提纲》。

4月11日 下午，在人民大会堂出席全国政协六届四次会议闭幕会。

4月12日 下午，在人民大会堂出席六届全国人大四次会议闭幕会。

同日 中午，在中南海参加胡耀邦同南斯拉夫共产主义者联盟中央主席团委员米特亚·里比契奇和夫人一行的会见和宴会。

4月14日 上午，出席中共中央书记处会议。会议讨论并原则同意《上海市委、市政府关于上海市城市总体规划方案的汇报提纲》和《上海市城市总体规划方案》。

同日 在新华社《参考资料清样》反映的美报报道广州有本地人和外地人求乞致富的材料上批示："把这个情况告知广东叶选平省长，请同有关省府共商对策，由各省市以妥当办法自行解决这种'丐帮'异行奇观，以正社会风气。"

4月16日 上午，在中南海勤政殿主持中央统战工作小组会。会议研究成立中央统战工作小组问题。该小组的成员有习仲勋、阎明复、杨静仁、廖晖[1]、司马义·艾买提[2]、周绍铮[3]，其主要任务是研究一些统战工作的重大问题。

4月17日 上午，出席中共中央书记处会议。

同日 晚上，同司马义·艾买提等在全国政协礼堂观看广西各族各路民间歌手的演出。

4月18日 出席全国优秀特殊教育工作者、残疾人自学成才奖励基金一九八五年度授奖大会。在讲话中说：这次受到表彰的全国从事特殊教育的同志和自学成才的残疾人所取得的成绩，是来之不易的。他们在困难面前坚毅不拔、勇往直前，努力为四化建设贡献自己的力量。这种迎难而上的精神，对促进我国特殊教育事业的发展，激励残疾人自强自立，鼓舞青年人奋发图强，是十分可贵的，也是值得我们好好学习的。我希望：第一，各级领导要提高认识，切实把残疾人教育工作列入议事日程，积极创

---

[1] 廖晖，时任国务院侨务办公室主任。
[2] 司马义·艾买提，时任国家民族事务委员会主任。
[3] 周绍铮，时任全国政协秘书长。

造条件，采取必要措施，保障残疾人受教育的基本权利。对一些限制残疾人的不合理的做法，有关部门应该实事求是地予以改正。各级政府要尽可能地为发展残疾人教育解决实际困难，少说空话，多办实事。第二，各地教育部门在表彰教育工作者的活动中，要注意发现并奖励从事特殊教育的教师，树立从事特殊教育光荣的风尚。第三，要采取"两条腿走路"的方针，办好残疾人教育。

同日 在中央机关端正党风领导小组办公室《端正党风情况简报》（增刊第二十八期）四月十五日刊载的《国家经委部分同志座谈张叶案件[1]认为应当从中汲取教训》一文上批示："这个座谈会很好，严肃认真地总结了叶之枫案件的经验教训，也是很值得深思的。主要一条是对一个同志一发现有犯错误苗头，就应即时给打招呼，不要顾忌太多，就有可能把这个同志挽救过来。当'老好人'定会坏事的。"

同日 在中共中央统战部《零讯》刊载的《上海部分台胞反映，出境会亲存在不少困难和问题》一文上批示："告知统战部并转告有关单位定，李贵、江平同志再知：要有个规定好办事。谁该出去会亲，公事私事，公费自费或给予补助费等等，都要有个明确的具体办法，否则，挂一漏万摆不平，又会发生很多问题。"

4月19日 下午，同田纪云、邓力群等在中南海怀仁堂接见全国农业先进人物演讲团和全国民政战线理想汇报团的全体成员。

同日 在国务院信访局《信访简报》（第三十七期）四月十五日刊载的《湖南部分农村封建迷信活动盛行》一文上批示：

---

[1] 张叶案件，指张常胜、叶之枫重大泄密和收受贿赂案。

"请陈俊生[1]同志告知湖南省委、省政府，乘端正党风和社会风气之机，按既定政策和法律法令，从本地实际出发，制订几条有力措施，来一次大扫除，并借此对干部、群众进行广泛深入的思想教育工作，以提高其政治觉悟。"随后，中共湖南省委发出制止农村封建迷信活动的通知。

4月20日 为北京同仁医院建院一百周年题词：服务态度极端热忱，医疗技术精益求精。

4月21日 上午，出席中共中央书记处会议。会议讨论《中共中央关于加强高等学校思想政治工作的通知》。

同日 在新华社《国内动态清样》（第八八一期）四月二十一日刊载的《兰州军区三位干部来信反映，愿意留在西北落户的转业干部增多，应适当调整安置政策予以鼓励》一文上批示："这是出现的一个新情况，也是一件好事情。过去有些同志怕去西北地区，现在乐意在那里安家落户，安居乐业，留在西北工作。从长远看，有伟大的战略意义。因此，应当大力倡导和支持。"

4月22日 晚上，在人民大会堂会见并宴请由中央财务书记兼政府卫生部长埃斯米·朱莫率领的塞舌尔人民进步阵线代表团。

4月23日 上午，在人民大会堂出席粤版图书座谈会。在讲话中说：广东的出版工作做得好，取得了很大成绩。希望出版界要自觉地坚持为社会主义物质文明和精神文明建设服务的方向，为人民提供更丰富的精神食粮。

4月24日 上午，出席中共中央书记处会议。会议讨论中国人民银行党组《关于加强金融系统职工队伍建设的汇报提纲》。

---

[1] 陈俊生，时任国务院秘书长。

4月25日 上午，同王震[1]在北京民族文化宫为新疆维吾尔自治区民族民俗展览开幕式剪彩。

同日 下午，在中南海勤政殿主持工作会议，研究海南岛行政体制问题。

4月26日 晚上，在人民大会堂会见并宴请由国际事务书记埃德华多·波索率领的委内瑞拉争取社会主义运动代表团。

4月28日 上午，出席中共中央书记处会议。会议漫谈形势问题。

4月29日 为纪念杨森[2]牺牲五十周年，同张秀山、刘景范[3]、张邦英[4]撰写回忆文章《赤胆忠心 血染黄河》。文章说：杨森是优秀的共产主义战士、杰出的军事指挥员、西北红军第二十六军的主要领导人之一。一九三六年春，杨森受命参加红军东征，壮烈牺牲在黄河岸边，年仅二十七岁。杨森同志的一生是短暂的，但是他对党对人民对红军对革命的赤胆忠心是永存的。他无私无畏、作战勇猛，艰苦朴素、廉洁奉公。更令人难忘的是，一九三五年春，杨森的父亲来看他，当老人走时，部队想给几块钱，他坚决不让。他的父亲很了解红军的境况，也理解儿子的心情，只讲了一句"要跟着共产党好好干革命"，便与儿子分手了。杨森同志就是这样一个公而忘私、一心一意为人民求解放的共产主义战士。

4月 撰写回忆文章《我在洛阳矿山机器厂的一年》。文章

---

[1] 王震，时任中共中央顾问委员会副主任、中共中央党校校长。
[2] 杨森，原名杨宗凯，曾任中国工农红军第二十六军四十二师师长、红十五军团七十八师师长等职。1936年2月参加东征战役，在回师陕北途中牺牲。
[3] 刘景范，时任中共中央顾问委员会委员。
[4] 张邦英，时任中共中央顾问委员会委员。

说：今年十月，是洛矿建厂三十周年。我怀着十分愉快的心情，向全厂的职工同志们表示热烈的祝贺！一九六五年十二月，我到洛矿担任副厂长，大约一个年头。尽管时间不长，这里的一切却给我留下了深刻难忘的印象，至今回想起来，犹感振奋不已。我在洛矿的一年，也是我在生活征途中度过的一段不同寻常的经历，我要时刻珍惜它，藉以砥砺自己。我在洛矿的一年，实际上是上了一年的工业大学。我走出厂部，直接下到车间，与工人在一起，参加生产劳动；与工程师、技术员打交道，学习求教。这使我的眼界大开，增长了许多工业生产和管理方面的知识。同时，我在工人师傅的帮助指导下，还学会掌握了一些具体的操作技术，用自己的双手参加产品的组装。通过与工人的共同劳动和交往，更使我亲身感受到工人阶级的高尚品质和优良作风。他们维护团结，遵守纪律，热情豪爽，坦率真诚，说实话，干实事，肯钻研，讲效率。他们是我的好老师、好朋友，是他们给我上了必要的一课。洛矿自建厂以来，在各级领导干部和全体职工同志的共同努力下，积极发挥了大型骨干企业的作用，为社会主义现代化建设作出了很大的贡献。其所以如此，一是重视思想政治工作，除了政工干部的努力外，主要依靠工人自己来教育自己，管理自己。二是既抓生产，又抓安全，两者相辅相成，互相促进。三是积极办好技工学校和业余学校，大力培训技工人才。四是抓好集体福利工作，活跃群众文化生活。我们现在生活在八十年代，尽管面临的形势和任务与过去的不同，但是上述的基本经验还是需要好好总结提高，并把它推广运用于社会主义的物质文明和精神文明建设之中，结出丰硕的成果。

同月 为华罗庚生平事迹陈列馆题词：华罗庚同志热爱祖国，热爱社会主义，献身科学，献身四化建设，鞠躬尽瘁，死而后已，人皆敬之，人皆仰之。

同月 为《杜重远[1]文集》题词：杜重远先生为爱国民主事业英勇奋斗，坚贞不屈，一身正气，可钦可敬。

同月 为甘肃省政协《民主协商报》题词：发挥人民政协的优势，为振兴甘肃献计献策。

5月1日 上午，同乌兰夫、万里等参加首都十万群众在劳动人民文化宫和中山公园举行的欢庆五一国际劳动节游园联欢。

5月2日 向中共中央报告《关于海南岛行政体制的意见》。《意见》说：关于海南岛行政体制问题，我最近约请中央统战部、国家民委、民政部和人大民委的负责同志开会进行了座谈。海南黎族苗族自治州是全国最早建立的民族自治地方之一。一九四九年三月，在五指山根据地建立了琼崖少数民族行政委员会，一九五二年七月建立黎族苗族自治区，辖五个县，一九五四年扩大到八个县。一九五五年依照宪法的规定改建为自治州。一九五八年自治州与海南行署合署办公，一九六二年自治州又与行署分开。"文化大革命"中，自治州的计划、财政、商业等统归海南区统一管理，一九七三年决定分开，自治州的体制才逐步恢复和稳定。一九八三年建立海南行政区，为一级政权，对全岛实行统一管理。这样，在自治州和省之间多了一层行政领导。现行的行政体制是"一岛三级两个婆婆"，不利于整个海南岛的开发，也不利于少数民族经济文化的发展。我们对如何改进现行的行政管理体制提出了几个方案：一是撤销自治州，将所属各县改建为自治县。这无疑对全岛的统一开发，减少行政层次有很大好处。但是，这个弯子转得比较大，在黎族群众中会产生较大的震动，误

---

[1] 杜重远，爱国民主人士，曾参与推动第二次国共合作的活动。1939年任新疆学院院长，1943年9月在迪化（今乌鲁木齐市）被军阀盛世才杀害。

解为黎族的政治地位下降了，不利于岛内的安定和民族团结。二是自治州同行政区合并，改海南行政区为自治州，即整个海南岛建为自治州。这样做，可以收到统一领导、全面规划、减少行政层次之效。但从长远考虑，海南岛迟早要从广东省分出来独立建省，建省后自治州要么撤销，要么仍在现在的自治州范围内重新建自治州，这样频繁变动效果不好。三是海南岛建省，下辖若干地区级政权，即海口市和黎族苗族自治州。这是一个比较彻底解决问题的方案。但在目前因广东省在财政、外贸、粮食等很多方面每年都给海南岛很大帮助和支持，如果单独建省，对海南岛的发展不利，需要在条件成熟时再予考虑。四是在现有体制基础上，采取一些调整措施，解决不顺和某些弊端，保证整个海南岛一体化建设的方针。上述四个方案，我们倾向第四方案，经征求费孝通教授的意见，他也表示同意，并希望能制定一些具体规定，以保证自治州的自治权利。

同日 在新华社《国内动态清样》（第九六八期）四月三十日刊载的《一些单位在骊山风景区滥建深井，华清池温泉今年以来每天下午断流》一文上批示：务必把骊山温泉地区大力整顿，统一管好。再要这样乱下去，势必自毁，切记！切记！随后，陕西省采取措施解决了华清池温泉断流问题。

5月3日 下午，出席共青团中央举办的纪念五四运动六十七周年座谈会。在讲话中说：五四革命精神，概括起来就是爱国主义的精神，倡导民主和科学的精神，青年知识分子同工农相结合的精神。我们今天纪念五四运动，就是要求广大青年结合新的历史条件，发扬光大五四革命精神，更加紧密地团结在党和政府的周围，为建设高度文明、高度民主的社会主义现代化国家作出新的贡献。希望广大青年积极参加改革，出色地做好本职工作，踊跃参加社会主义精神文明建设，自觉地同工农相结合。"桐花万里丹山路，雏凤清于老凤声。"这是唐代诗人李商隐写的，说的是桐花盛开的时候，小凤凰唱出了比老凤凰更为清亮的歌声。我想借用这两句诗，寄希望于我国的年青一代。希望你们团结一致，在社会主义现代化建设中，创造出比我们老一辈更加辉煌的业绩。

5月5日 为民革中央《团结报》创刊三十周年题词：团结奋斗，建设四化，统一祖国，振兴中华。

同日 为中共陕西省委《支部生活》创刊五周年题词：加强党的建设，健全支部生活。

5月5日、12日 出席中共中央书记处会议。会议讨论并原则同意《中央对外宣传小组关于加强和改进对外宣传工作的意见——向中央书记处汇报提纲》。

5月6日 上午，在中南海勤政殿主持人事安排碰头会。会议研究国家民委班子、全国文联党组班子、全国科协主席人选等问题，以及组织新疆乌恰县地震受灾儿童参观团等事项。胡启立、田纪云、王兆国、王照华[1]等参加。

5月8日 上午，出席中共中央书记处会议。

5月10日 上午，同万里、胡启立等在北京体育馆会见参加汤姆斯杯和尤伯杯比赛凯旋的中国羽毛球队全体成员。

同日 在中国革命博物馆出席于右任[2]书法真迹展览并剪彩。

5月12日 同阎明复等谈话。在谈话中说："切记宗教问题无小事，都与民族有联系。特别是政策性问题要特别慎重。""爱国第一、爱教第二，爱教必须爱国。宗教应与社会主义社会相适

---

[1] 王照华，时任中共中央组织部副部长。
[2] 于右任，早年加入同盟会，曾任冯玉祥国民军联军驻陕总司令、国民党政府监察院院长，1949年被迫随国民党政府去台湾。

应。一切宗教活动都要遵守宪法。""寺庙是一个小社会，它联系、影响多少群众。管好寺庙有三个条件：一、要有强的寺管会；二、建立管理制度；三、管理要适应新形势。寺庙要管好，需要骨干。"今后的工作，宗教部门工作重点由落实政策转向加强管理。寺庙交给僧人自己管理。宗教工作各项内容都要同时抓，不能只抓一项。要加强领导就要改进工作方法。

5月13日 上午，在中南海勤政殿主持中央统战工作小组会议。会议讨论中央统战部、国家民委关于对少数民族地区经济和社会发展问题进行调查研究的请示；讨论中央统战部关于帮助民主党派、工商联解决领导班子老化问题的请示。

5月14日 下午，在八宝山革命公墓礼堂出席王力[1]遗体告别仪式。王力于五月三日在北京逝世，享年八十六岁。

5月15日 上午，出席中共中央书记处会议。会议讨论《商业部党组关于队伍建设问题的汇报提纲》。

同日 上午，同阿沛·阿旺晋美[2]、班禅额尔德尼·确吉坚赞、杨静仁等在北京民族文化宫出席西藏唐卡展览开幕式。

同日 下午，同赵紫阳、万里、方毅[3]、李鹏等在人民大会堂出席全国科学技术奖励大会并向获奖代表颁奖。

5月16日 下午，在人民大会堂会见由政治局委员鲁道夫·邦特尔率领的瑞士劳动党代表团。在谈到中国国内情况时说：我们总结了经验教训，才摸索出改革这条路子。我们有十亿人口，十亿人口都要吃饭，所以改革从农业改起。实践证明，路子是对

---

[1] 王力，逝世前任全国政协常务委员、国家语言文字工作委员会顾问等职。
[2] 阿沛·阿旺晋美，时任全国人大常委会副委员长、全国人大民族委员会主任委员、西藏自治区人大常委会主任。
[3] 方毅，时任中共中央政治局委员、国务委员。

的。现在自主权交给了农民，他们的积极性就起来了，搞了各种形式的责任制。有些办法也不是中央决定的。中央决定大的方针政策，好办法都是从群众中来的。搞社会主义，各有各的国情，不可能有一个模式。中国有十亿人，这就是一个最重要的国情。再一个问题是，过去很短时间里，有些人光向钱看。这不要紧，加强思想政治工作，一手抓物质文明，一手抓精神文明，使全国各族人民有理想、有道德、有文化、守纪律。我们还讲民主和法制。社会主义不讲民主，就不叫社会主义，同时法制也要健全。在谈到外交方针政策时说：我们第一搞建设，第二是反霸、维护世界和平。我们同第三世界、同各国爱好和平的人民永远站在一起。我们裁了一百万军队，就是把省下的钱用来搞建设，战争不是不可避免的。

同日 在新华社《参考资料清样》（第三五九期）五月十四日刊载的《法新社驻京记者董尼德报道一些上访者向他诉苦》一文上批示：这是首都——北京市一个老大难问题，也是一个社会问题，不抓紧解决或处理不当，都会造成不良的政治影响。建议北京市同有关省、区和地方协商办法，签订具体措施；指定专人或信访局负责共同解决。对上访人员，不管是真是假（有专靠上访吃饭的），除触及刑律，需依法处理者外，不管北京或地方，对待这批人只有合理妥善地解决问题，并有帮助安排生活生产的义务，绝没有打击报复、威胁严惩的权力。公警人员更不可动武显威风。即对无理取闹的，也只能用说理的方法去教育他们，任何粗暴简单的办法都不是妥善解决问题的好办法。我说的话可能他们已在这样做，是多余的。有必要的话，就批转北京市负责同志参考。

5月17日 上午，在人民大会堂会见突尼斯总统布尔吉巴之子、突尼斯社会主义宪政党政治局委员哈比卜·小布尔吉巴。

5月20日 下午，同杨尚昆、胡启立等在人民大会堂会见中央民族学院干训部、少数民族语言文学系、数理系、哲学系、民族学系、外语系的五百六十多名少数民族学员和部分教师。

同日 同胡启立、阿沛·阿旺晋美、班禅额尔德尼·确吉坚赞等出席中国藏学研究中心成立大会并讲话。在谈到开创藏学研究新局面的问题时说：第一，要努力把中国藏学研究中心办好。藏学的故乡在中国。藏学研究要面向实际，把理论研究和建设繁荣、幸福的新西藏，为藏族人民造福结合起来。无论对藏族历史问题的探讨和现实问题的阐述，都应该时刻想到要为维护祖国统一，增进各民族的友谊和团结服务，为祖国的两个文明建设服务。要防止那种脱离实际、脱离政治、为研究而研究的倾向。第二，在加强研究工作的同时，要注重文献资料的收集。我们应该大量占有资料，用马克思主义的立场、观点、方法进行分析，探索规律，作出科学的概括，写出高质量的作品。第三，要团结藏、汉族的藏学专家、学者，抓紧培养有志于藏学研究工作的各族青年，不断扩大藏学研究队伍。第四，要加强指导、协调和信息服务工作。藏学研究中心的成立，并不排斥其他藏学研究机构，更不代替他们的工作，而是在中央统战部的领导下，同其他藏学研究机构搞好横向联系，互通信息，紧密协作，发挥指导和协调作用，依靠上下左右的共同努力，把我国的藏学研究深入扎实地开展下去，并取得丰硕的成果。此前，胡启立、田纪云于一九八四年八月赴西藏视察工作，回京后向中央提出成立中国藏学研究中心的建议，得到中央批准。中共中央统战部、国家民委具体研究并拿出方案，报送习仲勋。习仲勋多次召集会议，同有关部门研究中国藏学研究中心的领导班子配备、机构设置、干部配备以及调京干部的家属安置、子女入学等问题。

同日 下午，同乔石、杨尚昆、胡启立、彭冲等在人民大会堂会见出席全国信访工作座谈会和全军信访工作座谈会的代表。

5月21日 出席全国信访工作座谈会。在讲话中说：我们要根据党的路线、国家的任务，进一步加强信访工作的建设。首先要加强信访队伍的思想建设，要模范地执行党的路线、方针、政策。搞信访的同志要了解社会情况，要经常看材料，要多学习。要少说空话，多干实事，为改革服务，为人民群众服务。要进一步改进处理来信来访的工作作风。要文明接待来访群众，耐心听取他们的意见。对每一封信、每一个上访人，不要看成是一个孤立的事情，一定要想想与其他方面有什么联系，现在是个什么情形，将来又是个什么情形，想得周到一点，想得复杂一点，要辩证地看问题，有问题就要解决。党政机关对下面来的东西要进行综合、研究、分析，有针对性地做好宣传解释工作，以教育群众，引导群众。总之，不要怕群众，不要怕麻烦。信访部门的同志，负责信访工作的同志，要光明正大，按原则办事，不能搞关系学。

5月26日 下午，同乌兰夫、阿沛·阿旺晋美等出席全国《格萨尔》[1]工作总结、表彰及落实任务大会闭幕式，并向先进集体代表和先进个人颁发奖状。一九八三年，《格萨尔》的抢救工作被列为国家"六五"重点科研项目，我国先后建立从中央到地方的各级《格萨尔》抢救工作领导机构，重新组织了一支专门从事这项工作的队伍。

5月29日 同楚图南[2]、王丙乾[3]和雷洁琼[4]等在上

---

[1]《格萨尔》，即《格萨尔王传》，是藏族人民长期以来集体创作、讲述格萨尔造福古代藏族百姓的英雄史诗。
[2] 楚图南，时任全国人大常委会副委员长、中国民主同盟中央代主席。
[3] 王丙乾，时任国务委员、财政部部长。
[4] 雷洁琼，时任全国人大常委会委员、全国政协副主席、全国妇联副主席、中国民主促进会中央副主席。

海宋庆龄陵园出席中共中央、全国人大常委会、国务院和全国政协举行的宋庆龄纪念碑落成典礼。

5月 为《红军长征六省文物资料联展》题词：红军长征精神永放光芒。

6月1日 下午，同谷牧[1]在钓鱼台国宾馆会见香港知名人士罗德丞。

6月2日 上午，出席中共中央书记处会议。

同日 下午，在人民大会堂会见由朝鲜祖国统一民主主义战线议长团议长郑信革率领的朝鲜祖国统一民主主义战线代表团。

6月3日 下午，在中南海勤政殿主持人事安排碰头会。

6月5日 上午，出席中共中央书记处会议。会议讨论并原则同意《中共中央关于全党必须坚决维护社会主义法制的通知》。

6月9日 上午，出席中共中央书记处会议。会议听取国家旅游局关于旅游队伍建设的汇报。

6月10日 下午，在中南海勤政殿主持工作会议，研究甘肃阿克塞哈萨克族自治县行政区划问题。

6月11日 打电话祝贺中央民族学院三十五周年校庆，祝愿各民族师生员工思想好、学习好、工作好。

同日 在中共中央统战部六月四日报送的《关于全国工商联举办陈叔通[2]先生诞辰一百一十周年纪念活动的请示》上批示："可以办，也应大力支持全国工商联办。没有邓大姐[3]参加不好；建议姚依林[4]同志参加这个纪念活动。谷牧同志是否参

---

[1] 谷牧，时任国务委员。
[2] 陈叔通，曾任全国人大常委会副委员长、全国政协副主席、中华全国工商业联合会主任委员等职。
[3] 邓大姐，指邓颖超。
[4] 姚依林，时任中共中央政治局委员、国务院副总理。

加，可商依林同志定，另外还有个规格和平衡问题。还去些谁合适，也请一并考虑。因有彭真同志、邓大姐参加，请把讲话稿准备好。"

6月12日 在中共中央办公厅《综合与摘报》（第七十一期）六月六日刊载的《与台湾一水相隔的福建平潭岛亟需改变贫困面貌》一文上批示："请明复、李定[1]、丽韫[2]同志看看，并千方百计地把平潭岛建设好。也可约项南[3]同志谈谈，向他请教。"

6月22日—7月3日 应南斯拉夫共产主义者联盟中央的邀请，率中国共产党代表团赴贝尔格莱德出席二十五日至二十八日举行的南共联盟第十三次代表大会。二十二日晚，乘飞机离开北京。二十三日下午，抵达贝尔格莱德。

6月24日 对贝尔格莱德电视台发表谈话。在谈话中说：中南两党的关系非常亲密，这种关系是真正建立在独立、平等、相互尊重、互不干涉内部事务的原则基础上的。中国共产党代表团应南共联盟中央的邀请前来参加南共联盟十三大。十三大是南斯拉夫政治生活中的一个具有历史意义的重要事件。我代表中共中央热烈祝贺南共联盟十三大的胜利召开，预祝十三大圆满成功。谈话还说：社会主义正处在实践中。当今各国共产党和工人阶级政党正在探索一条适合本国情况的革命和建设的道路。目前中国共产党正以经济建设为中心，努力通过经济、政治、文化等方面的改革，为建设具有中国特色的社会主义而奋斗。社会主义在探索中不可避免地会遇到这样或那样的困难。但是，历史必将证明它的前途是光明的。

---

[1] 李定，时任中共中央统战部副部长。
[2] 丽韫，指林丽韫，时任中华全国台湾同胞联谊会会长、全国妇联副主席。
[3] 项南，时任中共中央委员、全国人大代表。

同日　上午，在贝尔格莱德会见前来出席南共联盟十三大的朝鲜劳动党中央政治局委员、国家副主席李钟玉。

　　6月25日　上午，率代表团在贝尔格莱德"萨瓦中心"会议大厅出席南共联盟第十三次代表大会开幕会。下午，率代表团会见南共联盟中央主席团主席扎尔科维奇；拜谒铁托墓并献花。

　　6月28日　晚上，出席中国驻南斯拉夫大使谢黎为代表团举行的宴会，宴请前南共联盟中央主席团主席马尔科维奇、南斯拉夫劳动人民社会主义联盟主席团委员奥斯托伊奇和南斯拉夫驻中国大使德拉甘，祝贺南共联盟十三大胜利闭幕。

　　6月29日　率代表团乘飞机离开贝尔格莱德。七月三日上午，回到北京。

　　7月3日　同阎明复等谈话。在谈话中说："少数民族工作，特别是信仰伊斯兰教的民族工作，一定要同阿訇、主教交朋友，才能深入群众。现在政策对，不能大意。要体现政策精神。要派人讲道理、讲事实，派文明的人去对话。"

　　7月5日　上午，同乌兰夫、乔石、杨尚昆等接见全国机要工作会议代表。

　　同日　上午，同乌兰夫、乔石、杨尚昆等在人民大会堂会见少数民族学习参观团全体成员。

　　同日　同乌兰夫、乔石、杨尚昆等出席全国律师代表大会开幕式。

　　7月7日　上午，出席中共中央书记处会议。

　　同日　晚上，同杨尚昆、余秋里[1]、胡启立等在首都剧场出席李伯钊文艺作品纪念演出会，观看李伯钊创作的歌颂抗日民

---

[1]　余秋里，时任中共中央政治局委员、中共中央书记处书记、中华人民共和国中央军事委员会委员、中国人民解放军总政治部主任。

主根据地斗争生活的话剧《老三》和歌剧《农村曲》。

7月10日 中午，在钓鱼台国宾馆会见并宴请参加中朝友好合作互助条约签订二十五周年庆祝活动的由朝鲜劳动党中央政治局委员、国家副主席李钟玉率领的朝鲜党政代表团。晚上，同乔石等出席万里在人民大会堂举行的庆祝中朝友好合作互助条约签订二十五周年宴会。十四日晚，同万里、乔石等出席朝鲜党政代表团举行的答谢宴会。

7月11日 下午，同万里、乔石、郝建秀等陪同李钟玉等出席中共北京市委、市政府为庆祝中朝友好合作互助条约签订二十五周年举行的群众集会。

7月14日 上午，出席中共中央书记处会议。

同日 下午，出席北京市高等教育自学考试[1]颁发学士学位证书大会。在讲话中说：党中央一再强调要尊重知识，尊重人才。人才可以靠学校培养，也可以走自学成才的道路。北京的实践告诉我们，高等教育自学考试就是鼓励自学成才的一条重要途径，是高效益培育人才的一种好办法，也可以说是一种具有中国特色的新的教育形式，是一种新的学历考核检验制度。今后一定要坚持把这项事业办下去，而且要越办越好。

7月15日 下午，在人民大会堂会见美国联邦教育资料科学委员会顾问委员吴黎耀华和丈夫吴允祥。

---

[1] 1981年1月13日，国务院批转教育部《关于高等教育自学考试试行办法的报告》，决定建立高等教育自学考试制度。凡中华人民共和国公民，不受学历、年龄限制，均可自愿申请，由各省、市、自治区根据不同情况，采取不同的方式组织考试；考试合格者，由自学考试委员会发给毕业证书或单科成绩证明书，国家承认其学历。

7月16日 同方毅、宋任穷[1]、张爱萍[2]、钱昌照[3]等在中国美术馆出席全国第二届中青年书法篆刻家作品展开幕式，并向获奖作者发奖。

7月17日 上午，出席中共中央书记处会议。会议讨论《公安部党组关于提高公安队伍素质加强公安队伍建设的汇报提纲》和《坚决纠正公安系统不正之风的决定》。

7月18日 下午，在中南海勤政殿主持人事安排碰头会。

7月19日 在中共中央统战部拟于邯郸举行纪念民主联军第三十八军成立四十周年小型座谈会的请示上批示："照办。"

7月20日 为北京中医学院成立三十周年题词：培育人才是振兴中医的根本保证。

同日 为《刘斐[4]将军传略》题词：学习刘斐将军的高尚精神，为实现祖国统一而奋斗。

7月22日、23日 出席中共中央书记处会议，在会上谈应邀参加南共联盟十三大的情况。

7月31日 下午，出席中共中央书记处会议。会议讨论《国务院港澳办公室关于香港特别行政区基本法中两个主要问题的请示》。

8月1日 为童小鹏[5]《军中日记》一书题词：红军不怕远征难，革命精神代代传。

8月4日、5日 下午，在北戴河主持全国政协、中共中央统战部、国务院侨务办公室、中共中央办公厅等负责人参加的会

---

[1] 宋任穷，时任中共中央顾问委员会副主任。
[2] 张爱萍，时任中共中央军事委员会副秘书长、国务委员、国防部部长。
[3] 钱昌照，时任全国政协副主席、中国国民党革命委员会中央副主席。
[4] 刘斐，曾任全国政协副主席、中国国民党革命委员会中央副主席等职。
[5] 童小鹏，时任中共中央党史资料征集委员会副主任。

议，讨论统战工作会议文件。

8月6日 在中共中央统战部《关于民革中央举办谭平山[1]先生诞辰一百周年纪念活动的请示》上批示："谭平山诞辰一百周年纪念活动，务必即告邓大姐知道。届时大姐如在北京，则请她参加讲话更为合适。其他安排拟予同意，请启立[2]、兆国[3]同志核定。"

同日 在张邦英七月十日的复信上批示："邦英同志的意见对，是给贾拓夫同志的信。一九三五年十月中央、毛泽东主席到达陕北后，我在瓦窑堡获释出狱，约于十一月底或十二月初到中央党校学习和工作。当时校长是董必武同志。在瓦窑堡过的春节。红军东征后，中央派我、张仲良同志去关中苏区工作，按时间说，当时特委书记是贾拓夫同志。因此，邦英同志对当时土改的意见也是对的，东北军正开始大举进犯关中苏区，不久即全部被敌军占据。"此前，《李维汉选集》编辑办公室于五月二十二日致信习仲勋，请教李维汉《给关中某同志的信》中"某同志"是指哪位负责同志。六月十一日，习仲勋批示：请邦英同志回忆一下退我。七月十日，张邦英回信说：此信是写给贾拓夫同志的。

8月8日、9日 下午，出席中共中央书记处会议。会议讨论并原则通过《中共中央关于精神文明建设的指导方针的决议》（送审二稿，一九八六年八月三日）。

8月11日 下午，出席中共中央书记处会议。

8月12日 在北戴河为辽宁省本溪市政协选编的《相遇贵

---

[1] 谭平山，曾任全国人大常委会委员、中国国民党革命委员会中央副主席等职。

[2] 启立，指胡启立。

[3] 兆国，指王兆国。

相知——中国共产党领导人与党外人士交朋友的故事》丛书作序，题为《交朋友的真谛》。序言说：交朋友，要交知心朋友。在与朋友交往中，要谦虚诚恳，推心置腹，肝胆相照。如果架子很大，高人一等，不以平等相待，不以真诚相见，就不会得到知心朋友。交朋友，要相互尊重，相互信任。交朋友，既要广交，团结一切可以团结的人，更要深交，做到知人、知心、知音。交朋友，还要交畏友、诤友。就是要同那些刚正不阿，直言不讳，敢于提出不同意见和批评的人做朋友。特别是身居领导岗位的共产党员，要有大海一样的胸怀和宽宏民主的风度，虚心听取各种意见，尤其是不同的意见，使自己能耳聪目明，善于辨别是非。

8月16日 下午，出席中共中央政治局扩大会议。会议审议并原则通过《中共中央关于精神文明建设的指导方针的决议》（提请政治局审议稿）。

8月22日 下午，同赵朴初[1]等在人民大会堂会见参加中国基督教第四届全国会议的代表。在讲话中说：在新中国成立初期，吴耀宗[2]等一批爱国的有识之士，总结旧中国的历史经验，倡导基督教的"三自"爱国运动，提出实行自治、自养、自传的原则，这是一个了不起的创举。三十多年来，中国基督教的"三自"爱国运动取得了巨大的成果，基督教已成为我国基督教徒自办的宗教事业。历史已经证明，中国基督教实行"三自"原则，独立自主、自办教会，是完全正确的，我国的基督教人士和信教群众可以独立自主地办好中国基督教的事情。今天，我国的国情发生了历史性的变化，但是国外敌对势力企图插手、干预我

---

[1] 赵朴初，时任全国政协副主席。
[2] 吴耀宗，曾任全国人大常委会委员、中国基督教"三自"爱国运动委员会主席等职。

国宗教事务的活动一直没有停止过。希望我国基督教界的朋友们继续坚持"三自"爱国的正义立场，不断巩固和扩大基督教教徒在"三自"基础上的团结，为办好中国基督教自治、自养、自传的教会团体而努力。

同日 下午，同万里、杨尚昆、余秋里、宋任穷、荣毅仁[1]等在人民大会堂接见即将参加第十届亚洲运动会的中国体育代表团。第十届亚运会于九月二十日至十月五日在韩国汉城（今首尔）举行。

同日 在新华社《国内动态清样》（第一九四五期）八月二十二日刊载的《劳动人事部干部局建议制定统一的干部休假制度》一文上批示："我同意制定统一的干部休假制度，请纪云同志阅批。"

8月23日 晚上，在人民大会堂会见并宴请来中国访问的法国共产党中央政治局委员、书记处书记保尔·洛朗一行。

8月24日 晚上，在钓鱼台国宾馆会见由阿扬·吕克主席率领的喀麦隆经济和社会理事会代表团。当吕克谈到在访问中看到中国人民吃得好、穿得好、很幸福时，习仲勋说：这是一九七八年我们开始在农村进行改革后取得的成果。几年来的实践证明，我们的路子走对了，这条路必须走下去。只要我们有坚定的信念，坚持改革、坚持开放，我们一定会建成有中国特色的社会主义。

8月25日 晚上，在人民大会堂会见并宴请意大利共产党领导机构成员、中央书记处书记朱·安·基亚兰特和夫人。

8月26日 在中共中央统战部八月二十五日《关于召开党外人士座谈会的请示》上批示："同意。"《请示》建议于九月一

---

[1] 荣毅仁，时任全国人大常委会副委员长、中国国际信托投资公司董事长。

日在人民大会堂举行党外人士座谈会，请习仲勋讲话。

8月29日 同田纪云、胡启立等在人民大会堂听取陈慕华[1]关于全国金融系统先进集体、劳动模范表彰大会情况的汇报，会见劳动模范、先进集体代表和与会代表。

同日 在新华社《参考清样》（第六四〇期）八月二十八日刊载的《〈美洲华侨日报〉希我解决清退侨房中的问题》一文上批示："请廖晖同志阅酌，希望能就这个问题，商有关单位，规定几条大杠杠，并报国务院发布施行。虽然各地情况有别，但合理的坚决落实，这个大原则要一定有，否则搞错一家，就会带来很多麻烦。"该文反映，《美洲华侨日报》在八月二十六日社论《旧账未清又添新债》中呼吁：加强保护华侨房屋利益的立法工作，尤其要加强执法，违法者依法制裁；大力开展有关华侨政策的宣传教育；定期检查清退华侨产业工作中的问题；认真听取海外华侨的呼声，对于各地驻外机构转回国内的华侨信件、诉讼，必须认真处理。

8月30日 上午，同彭真、姚依林、荣毅仁等在人民大会堂出席陈叔通诞辰一百一十周年纪念会。在讲话中说：陈叔通先生是著名的民主革命战士，忠诚的爱国主义者，振兴中华文化教育事业的先驱，新中国的国家领导人之一，全国工商联的创始人和卓越的领导者，是和中国共产党风雨同舟、荣辱与共、肝胆相照、长期合作的亲密朋友。他也是我们十分敬爱的一位德高望重、慈祥忠厚的长者。讲话在缅怀陈叔通一生为振兴中华而奋斗的光辉业绩后说：我们深信，党和政府实行的全面改革和对外开放的方针政策，一定能使实现"一国两制"和平统一祖国的大业获得成功，陈叔通先生生前梦寐以求的"未来盛世"一定能够实现。

---

[1] 陈慕华，时任中共中央政治局候补委员、国务委员兼中国人民银行行长。

8月底或9月初 在全国农业展览馆参观中国乡镇企业出口商品展览会。在观看江苏的展品时说：江苏乡镇企业的路子好，可以起个带头作用。

9月1日 上午，同胡启立、陈丕显[1]出席中共中央召开的座谈会。会议邀请各民主党派、全国工商联和有关人民团体负责人，无党派人士和民族、宗教界人士，以及部分中青年知识分子，对《中共中央关于精神文明建设的指导方针的决议（征求意见稿）》提出修改补充意见。在讲话中说：对于过去几年精神文明建设的成就和问题，特别是今后在经济建设、全面改革和对外开放日益发展的新形势下怎么办，是举国上下普遍关切的问题。在这种情况下，究竟写一个什么样性质的文件呢？有关同志经过反复酝酿和认真考虑之后认为，写这个文件的主旨，应该是遵循党的十二大和党的全国代表会议的精神，进一步明确精神文明建设的指导方针，解决好全局性的思想认识问题，同时也是为了更好地解决当前存在的实际问题。"贯穿这个决议稿全文的主导思想是，整个精神文明建设工作的出发点和落脚点应当是也只能是：努力使全国各族人民最广泛最紧密地团结起来，坚持全面改革和对外开放，同心同德、群策群力地建设社会主义现代化的伟大祖国。概括地说，就是四个大字：团结、建设。这是我们党的马克思主义路线在社会主义精神文明建设中的体现。高举团结的旗帜，高举建设的旗帜，我们的民族必定兴旺发达，我们的国家必定繁荣昌盛。"

同日 在新华社《国内动态清样》（第二○一八期）八月三十日刊载的《劳动人事部老干部局建议提高干部退休金并加强退休干部的管理》一文上批示："请兆国、健行、东宛同志阅酌。

---

[1] 陈丕显，时任中共中央书记处书记、全国人大常委会副委员长。

值得一议，如把退休金标准按工作时间分三个档次来办，不一定合理，去背包袱更不能说成是'以体现按劳分配的原则'，这实际上还是'吃大锅饭'的观念。"

9月2日 在新华社《国内动态清样》（第二〇四七期）九月二日刊载的《护理队伍建设亟待加强》一文上批示："各省市、自治区的卫生部门都要注意这个亟待加强的问题，并采取有效措施，才可把护理队伍建设好。"该文反映，当前护理队伍建设上存在的突出问题是：护士数量严重不足，护士素质比较差，护理教育跟不上。

9月2日、4日 上午，出席中共中央书记处会议。会议集中讨论政治体制改革问题，学习邓小平一九八〇年八月十八日在中共中央政治局扩大会议上发表的《党和国家领导制度的改革》讲话。

9月8日 上午，出席中共中央书记处会议。

9月9日 下午，在人民大会堂同以主席乔·斯洛沃为首的南非共产党代表团举行会谈。

9月10日 上午，同乔石、李鹏、余秋里、胡乔木等接见全国教育系统优秀教师和先进集体代表。

同日 同乔石、李鹏、余秋里等在中南海接见全国石油化工行业劳动模范和先进集体代表。

同日 出席北京中医学院建院三十周年庆祝大会。在讲话中说：我国中医应在继续保持独具的特色和优势的同时，发扬改革创新精神，积极利用先进科学技术与现代化手段，加速高等中医教育事业的发展。通过新一代中医药人才的培养和成长，祖国医学这棵参天古树会更加枝叶繁茂，将继续结出丰硕的果实。希望名医专家在有生之年以培养出一代高徒为己任，中青年努力向老一辈学习，为继承发扬祖国医药学作出更大贡献。希望学院搞好领导体制和教学、科研体制的改革，成为全国中医院校体制改革的表率。

同日 复信内维尔·兰恩。信中说：您在八月七日寄给我的信奉悉。对于您在信中表达的友好情谊和良好祝愿，我深感由衷的高兴。在您担任澳大利亚新南威尔士州总理和澳大利亚工党全国主席期间，您为加强中澳两国和两国人民之间的友好合作关系方面，在建立广东省与新南威尔士州之间的姐妹关系方面，花费了不少的心血，作出了很大的贡献。我深信，您在今后会以您的威望和影响为进一步发展中澳两国和两国人民之间的友好合作关系而努力不懈。我诚挚地欢迎您再来我们的国家进行访问，并热切地期待着与您欢聚，畅叙旧日的情谊。

同日 为北京市育英学校题词：尊师重教，精心育才。

9月12日 会见并宴请以候补中央委员、党中央副部长朱奎昌为团长的朝鲜劳动党干部休假团。

9月13日 上午，同乔石等出席为参加第四届远东及南太平洋地区伤残人运动会的中国伤残选手举行的庆功会。在讲话中说：我国伤残运动员赢得了辉煌的战果，充分表现了社会主义中国残疾人的拼搏精神和自尊、自强、自立的旗帜，赛出了水平，赛出了风格，促进了与亚太地区国家伤残人运动员的友谊，为祖国争来了荣誉。我国残疾人体育事业同残疾人其他方面的工作一样，都处在方兴未艾之际，很需要各级政府的支持，需要社会各界的支持。随着我国各项改革的深入进行，残疾人事业也必将有一个较大的发展。

9月15日 下午，出席中共中央书记处会议。会议听取田纪云传达邓小平在听取中央财经领导小组关于当前经济情况和明年改革方案汇报时的插话和指示；讨论并原则同意《中央财经领导小组关于明年经济体制改革的基本设想（送审稿）》。

9月17日 下午，同杨静仁、赵朴初在人民大会堂会见出席中国道教协会第四届代表会议的全体代表。在讲话中说：道教是我国固有的宗教，已有一千八百多年的历史。它在长期的历史发展进程中，对我国政治、经济、文化、思想都发生过深刻的影响，积累了大量的经籍和文献资料，是我国古代文化遗产中一个重要组成部分。希望道教协会和道教界的朋友们进一步加强对道教经籍资料的研究工作，深入钻研，努力探索，为继承和发扬祖国的优秀文化遗产作出更大的贡献。道教协会要在努力做好国内工作的同时，重视并积极开展对海外友好交往，为实现"一国两制"、和平统一祖国贡献自己的力量。还需要指出的是，道教在旧社会所形成的一些陈腐陋习和不属宗教范围的迷信活动，至今还时有发生，有的地方甚至还很严重。对此，我们一定要坚决反对和制止。对于那些利用宗教进行骗人诈财、危害人民身心健康的行为，必须依法予以取缔，决不能任其泛滥。希望道教界的朋友们和广大道徒要自尊、自重、自强，认真执行宪法所规定的宗教信仰自由政策，使宗教活动正常化。

同日 下午，出席中共中央统战部为国务院参事室参事、中央文史研究馆馆员举行的中秋茶话会。在讲话中说：参事室、文史研究馆都是新中国成立初期成立的。我们敬爱的周总理对全体参事和馆员的工作和生活非常关心，发挥大家的积极性。我在国务院工作期间，管过参事室、文史馆的工作，和同志们有过交往，有些还是老相识、老朋友。三十多年来，各位参事和馆员都经受了考验，尤其是很多党外朋友，不管是什么样的艰难和曲折，总是和中国共产党同舟共济，并肩战斗，不断地为国家的社会主义建设事业作出贡献，不愧是我们党的忠实朋友。希望大家本着"肝胆相照，荣辱与共"的精神，对国家大事和群众切身利益问题发表自己的看法，提出意见和建议，对党和政府的工作进行监督。这是实现领导决策民主化、科学化的一个必要途径。我们一定要不断地加以完善，并形成制度，坚持下去。不少参事和馆员过去在开展海外统战工作方面作了许多的努力，希望大家按照"放宽视野，广交朋友，长期打算，以诚相待"的方针，继续利用各种渠道，放手工作，为祖国的统一作出有益的贡献。

9月18日 下午，同周谷城、杨静仁等在中共中央统战部礼堂出席由文化部、中央统战部主办的首都文化、艺术、出版等界的一百多位知名人士参与的茶话会。在讲话中说：几年来，我国的文艺大军在提高人民的思想境界和道德情操，在满足人民的求知欲望和审美要求，在丰富人民精神文化生活，在鼓舞人民奋发图强建设四化方面，都起了很大作用。我们必须充分信任和依靠这支文艺大军，团结一切可以团结的人，调动一切可以调动的积极因素，创造一个民主、团结、和谐、融洽的环境，形成一种相互理解、相互信任、相互尊重、相互支持的气氛，努力开创社会主义文艺事业的新天地。

9月20日 上午，出席中共中央政治局扩大会议。会议听取胡耀邦对《中共中央关于精神文明建设的指导方针的决议》（九月十七日稿）所作的说明，审议并通过《中共中央关于精神文明建设的指导方针的决议》（九月十七日稿），决定提交党的十二届六中全会审议通过。

9月21日 为暨南大学八十周年校庆致贺电。贺电说：欣逢贵校八十周年校庆，我谨向全体师生员工和海内外校友致以热烈的祝贺和亲切的慰问！八十年来，暨南大学为海内外培养了大批人才，桃李满天下，为我国的革命和建设事业，为传播中华文化发挥了积极作用。暨南大学是一所主要面向海外，面向港澳地区的大学，在新的历史时期，面临着更加艰巨和光荣的任务。希望你们按照党中央和国务院的有关方针、政策，努力提高教学和科研水平，把学校办得更好，为祖国的四化建设，为促进中外文化交流作出新的贡献！

同日 同李鹏等参加在北京工业学院[1]举行的徐特立[2]铜像揭幕仪式。

9月22日 下午，在人民大会堂会见由全国主席戴维·奥基基·阿马约率领的肯尼亚非洲民族联盟代表团。

9月25日 为纪念《陕西日报》创刊四十五周年，撰写《进一步把〈陕西日报〉办好》一文。文章说：我们国家已经进入新的历史时期，在新的形势下，报纸宣传的任务更重了，要刊登大量新闻，要宣传党和国家重大决策，要迅速传播信息，要探讨理论和实践中的各种问题，要给人民群众各方面的新鲜知识，要为活跃商品经济服务，要为人民群众的生活、文化娱乐服务。报纸要适应形势的发展，坚持实事求是的思想路线，采取引人入胜的形式进行宣传，调动群众的积极性，自觉地为四化大业作出自己的贡献。《陕西日报》这几年作了许多改革，受到了广大读者的欢迎。我希望认真总结一下四十五年来的办报经验，发扬优点，去掉缺点，把《陕西日报》办成陕西人民群众不可缺少的精神食粮。

9月28日 出席中共十二届六中全会。全会通过《中共中央关于社会主义精神文明建设指导方针的决议》，阐明社会主义精神文明建设的战略地位、根本任务和基本指导方针。

---

[1] 北京工业学院的前身是1940年9月中共中央在延安创办的自然科学院，1941年春至1942年，徐特立任校长。1988年，北京工业学院更名为北京理工大学。

[2] 徐特立，曾任中华苏维埃共和国临时中央政府教育部部长、中共中央委员、中央人民政府委员、中共中央宣传部副部长、全国人大常委会委员等职。

同日 下午,同乔石、周谷城、杨静仁、钱昌照、屈武[1]、马文瑞[2]等在人民大会堂出席民革中央举行的纪念谭平山诞辰一百周年座谈会。在讲话中说:谭平山先生的一生,是革命的、战斗的一生,他的革命思想和爱国精神值得我们永远学习和纪念。谭平山先生在世时曾提出"要为实现中国之民主和平统一的目的而奋斗",这是全中国人民的共同愿望和要求。希望国共两党再度合作,为统一祖国、振兴中华尽责尽力。

9月29日 晚上,同万里、方毅、胡启立等在人民大会堂出席叶飞[3]举行的欢迎来京参加中华人民共和国成立三十七周年庆祝活动的海外侨胞招待会。

10月4日 同方毅、叶飞、谷牧等出席中华全国归国华侨联合会成立三十周年纪念大会,代表中共中央和国务院表示祝贺并讲话。在谈到今后如何进一步做好侨联工作时说:(一)要更广泛地团结广大归侨、侨眷和海外侨胞为祖国四化建设贡献力量。侨联的首要任务是协助有关地区和部门把侨乡的经济建设搞好。要积极扶持归侨和侨眷采取多种形式兴办集体所有制企业;要鼓励归侨和侨眷自筹资金发展个体经济,允许他们先富起来;要认真办好华侨农场;对华侨投资兴办的企业要大力扶持,使之兴旺发达;要坚决保护华侨的一切合法权益。(二)要认真贯彻执行两个文明建设一起抓的方针,努力为社会主义精神文明建设服务。(三)要按照"一国两制"的科学构想,促进祖国和平统一。侨联要通过归侨、侨眷同海外亲友,以及台湾各阶层人士的联系,介绍"一国两制"的方针,介绍祖国所发生的深刻变化,

---

[1] 屈武,时任全国政协副主席、中国国民党革命委员会中央代主席。
[2] 马文瑞,时任全国政协副主席。
[3] 叶飞,时任全国人大常委会副委员长、全国人大华侨委员会主任委员。

促进海峡两岸"三通"的实现，为完成祖国统一大业作出新的贡献。

10月6日 上午，出席中共中央书记处会议。会议讨论中央书记处下一段的工作安排。

10月7日 下午，同江华[1]、阿沛·阿旺晋美、赛福鼎·艾则孜[2]等在人民大会堂接见正在北京的十省区少数民族青年学习团全体成员，勉励他们认真学习发达地区和兄弟民族搞活经济的先进经验，加强各族青年团结，繁荣民族地区的经济和文化。

10月9日 上午，同乌兰夫、宋任穷、朱学范等在人民大会堂出席纪念辛亥革命七十五周年座谈会。

10月10日 晚上，同乌兰夫、万里、方毅等在人民大会堂出席国家体委、中华全国体育总会和中国奥委会举行的招待会，欢迎从第十届亚运会凯旋的中国体育代表团。

同日 晚上，在人民大会堂会见并宴请由罗共中央政治执行委员会候补委员、中央书记、国务委员会副主席彼特鲁·埃纳凯率领的罗马尼亚共产党代表团。

同日 署名文章《学好精神文明建设的纲领》在中央人民广播电台播发。

同日 在中共中央统战部一期内部刊物上批示：嘉木样活佛[3]的意见是可取的，佛教中的诸问题，特别是活佛转世一

---

[1] 江华，时任中共中央顾问委员会常务委员。
[2] 赛福鼎·艾则孜，时任全国人大常委会副委员长。
[3] 嘉木样活佛，指嘉木样·洛桑久美·图丹却吉尼玛，时任全国政协常务委员、甘肃省政协副主席、中国佛教协会副会长、甘肃省佛教协会会长。

事，务必按他的意见，商佛协班禅[1]大师，订出可行办法，由佛协出面做才好。

10月11日 下午，在八宝山革命公墓礼堂出席韩先楚[2]遗体告别仪式。韩先楚于十月三日在北京逝世，享年七十四岁。

同日 在新华社《国内动态清样》刊载的《衡水地区在第一线考核选拔干部》一文上批示：请兆国、健行同志阅酌，此件也有参考价值。中组部应收集这方面一些好坏典型事例，综合分析，探讨研究，总结经验，制订出一整套的关于干部选拔、使用、考核、升降等的制度，使之民主化、科学化、规范化。有了这个就有了规矩可循，在干部问题上的一些消极因素及不正之风，就会逐渐清除。这是迫在眉睫的大事，势在必办，请中组部加油。该文反映，一九八六年以来，河北省衡水地委改革干部考察任用办法，打破后备干部与非后备干部的界限，把干部放到基层锻炼培养，在第一线考核提拔。

10月12日 在新华社《国内动态清样》（第二三七二期）十月十一日刊载的《王亚忱对提拔干部问题的看法和建议》一文上批示："王亚忱同志对提拔干部问题的看法和建议是有一定根据和道理的，值得一读。"该文说，辽宁省朝阳市委副书记王亚忱认为，干部提拔工作存在一些问题，建议组织部门真正建立起考核干部的责任制。

10月13日 上午，在全国政协礼堂出席六届全国政协常委会第十三次会议。受中共中央委托，在会上介绍中共十二届六中全会的情况和基本精神，并就当前经济形势和经济工作的情况作简要通报。

---

[1] 班禅，指十世班禅额尔德尼·确吉坚赞。
[2] 韩先楚，逝世前任全国人大常委会副委员长。

同日 下午，在人民大会堂同由党的副主席、共和国第二副总统阿布·巴卡尔·卡马拉率领的塞拉利昂全国人民大会党代表团举行会谈。

同日 在新华社《国内动态清样》刊载的《空军政治部政策研究室建议改革军队转业干部安置办法实行退役金制度》一文上批示："报告启立、兆国同志，我认为这个建议是可行的一个较佳方案。"

10月16日 下午，在人民大会堂出席刘伯承[1]追悼会。刘伯承于十月七日在北京逝世，享年九十四岁。

同日 在新华社《国内动态清样》（第二四〇一期）十月十五日刊载的《"西游干部"要求过高使地方为难》一文上批示："这是当前工作中一股较大的不正之风，也最脱离群众，对地方上在人力财力都是个大负担，要大力再抓一下才行。"该文反映，近几年，大量外宾和国内游客到西部观看大漠风光，促使西部贫困地区消费市场活跃，经济发展。但是，一些领导干部到西北地区，吃国家，刮地方，使地方承受不了。

10月20日 上午，出席中共中央书记处会议。

10月21日 上午，出席中共中央政治局扩大会议。会议审议并原则同意《高技术研究发展计划（"八六三"计划）纲要（送审稿）》《"八六三"计划领域及主题项目》和《关于制订〈高技术研究发展计划（"八六三"计划）纲要〉的汇报提纲》等。

同日 致电中共海丰县委、县人民政府。电文说：欣悉贵县举行纪念彭湃诞辰九十周年活动，谨电祝贺。我们要学习和发扬彭湃同志的革命精神和高尚品德，团结一致，努力工作，为建设

---

[1] 刘伯承，曾任中共中央政治局委员、中共中央军事委员会副主席、国防委员会副主席、全国人大常委会副委员长等职。

四化、振兴中华作出更大的贡献。

10月22日 下午，在人民大会堂出席中共中央举行的纪念红军长征胜利五十周年大会。

10月25日 在新华社《国内动态清样》（第二四八八期）十月二十四日刊载的《宜春地委书记叶学龄提出要保护和调动三部分干部的积极性》一文上批示：叶学龄同志的意见是正确的，值得重视和提倡。"这样既把工作搞上去，又培养了新秀，使青年干部在实践中健康成长。"叶学龄提出的三部分干部，是指没文凭的干部、五十岁上下的干部、能人干部。

10月27日 在北京护国寺街九号院梅兰芳故居出席"梅兰芳纪念馆"揭幕仪式并揭幕。

10月29日 上午，在人民大会堂出席叶剑英[1]追悼会。叶剑英于十月二十二日在北京逝世，享年九十岁。

同日 在新华社《参考资料清样》（第七九九期）十月二十八日刊载的《香港〈南华早报〉报道文物走私日益严重，激起盗墓活动加剧》一文上批示：国家古文物外流，损失太大，请告有关单位，严加查办和保护。

10月31日 在《人民日报》发表《痛悼敬爱的叶帅》一文。文章说：叶剑英同志从投身革命的那一天起，就始终把党和人民的利益摆在第一位，顾全大局，严守纪律，坚决果敢，义无反顾，哪怕冒着牺牲性命的危险也在所不辞。在叶剑英同志的诗作中有这样两句："人生贵有胸中竹，经得艰难考验时。"这两句诗，正是他多次在历史的紧要关头，临危不乱，大智大勇，为了党和人民的利益勇往直前的崇高精神的写照。他为了党和人民的

---

[1] 叶剑英，曾任中央人民政府人民革命军事委员会副主席、国防委员会副主席、中共中央副主席、全国人大常委会委员长等职。

事业不屈不挠、英勇奋斗的革命精神，他顾大局、守纪律、团结同志、扶植后辈的高尚品德，他渴求统一祖国、振兴中华的真诚愿望，给我留下了深刻的印象。他不愧是一位伟大的无产阶级革命家、政治家、军事家。叶剑英同志的历史功勋和崇高精神将永远为后人所敬仰。

11月1日 出席全国民委主任（扩大）会议并讲话。在谈到发展少数民族经济时说：在新时期，民族工作的中心任务是加快民族地区经济和文化的发展，促进各民族的共同繁荣。各级民族事务委员会要积极参与民族地区的经济工作，主要是从研究发展少数民族经济的总体规划和解决实际问题两个方面去进行，并且要把解决实际问题放在重要位置。在谈到通过改革开放来促进少数民族的发展进步时说：应当积极地帮助各少数民族改变封闭状态，实行开放。这种开放，包含对国外开放和对国内其他地区、其他民族开放。对外开放、交流是脱贫致富，吸收先进技术、人才，开阔视野、增长知识的必由之路。这一点要反复地向少数民族人民群众讲清楚，做工作。在谈到切实尊重和保障民族自治地方的自治权利时说：《民族区域自治法》的核心是保障少数民族人民当家作主的自治权利，上级政府尊重和保障自治地方的自治权利。这是关键所在。各级民委有责任向党委和政府反映有关《民族区域自治法》贯彻执行的情况和存在的问题。在谈到加强民族政策和民族团结的教育时说：各民族人民群众通过商品经济所形成的在经济上的相互依存、相互促进关系，是民族团结的坚实基础和牢靠纽带。我们应当鼓励、提倡这种交往。要在全国人民中加强民族政策和民族团结的教育。各级民委应当担负起广泛宣传民族政策的责任。要编写生动的材料，充分利用电视、广播、报纸等工具进行宣传。在谈到大力培养少数民族干部时说：民族繁荣是我国各族人民的共同事业。我们必须从实现这个战略任务的高度来认清培养少数民族干部的重要性和迫切性。在谈到进一步加强对民族工作的领导时说：各地党委和政府一定要充分认识民族工作的长期性、重要性、艰巨性和复杂性，进一步加强领导。全党在民族问题上要牢固地树立一切立足于、着眼于帮助少数民族治穷致富，全心全意为少数民族服务的思想。要从本民族地区的实际出发，抓好两个文明建设，每年都能为少数民族办几件实事，尽快改变民族地区在经济、文化等方面的落后面貌。

11月3日、17日 上午，出席中共中央书记处会议。会议讨论并原则同意《中共中央、国务院关于认真贯彻执行全民所有制工业企业三个条例的补充通知》；讨论并原则同意《中共劳动人事部党组关于党政机关编制情况的汇报提纲》和《中央组织部关于干部队伍增长情况和防止其不合理增长的意见》。

11月10日 上午，出席中共中央书记处会议。

11月11日 下午，在人民大会堂会见阿尔及利亚民族解放阵线党中央委员会政治局候补委员、新闻部长巴希尔·鲁伊斯以及由他率领的阿尔及利亚新闻代表团。

同日 中国延安文艺学会成立。彭真、习仲勋、袁宝华[1]任名誉会长，何洛[2]任会长。

11月12日 上午，同胡耀邦、彭真、邓颖超、乌兰夫、万里等在人民大会堂出席纪念孙中山诞辰一百二十周年纪念大会，会见参加纪念大会的黄埔军校同学会理事会的理事和代表。晚上，在人民大会堂出席全国政协为参加纪念活动的海内外来宾举行的招待会。

---

[1] 袁宝华，时任国家经济委员会副主任，中国人民大学党组书记、校长。
[2] 何洛，时任中国人民大学中国语言文学系名誉主任、教授。

11月13日 上午,同胡耀邦、胡启立、薄一波、宋任穷等会见出席中国作协四届理事会二次会议的全体代表。

同日 在中共青海省委、省政府办公厅十一月九日报送中共中央办公厅、国务院办公厅《关于河南六十年代初精减下放人员来青上访处理意见的报告》上批示:青海省委省府的六点意见对,可批复照办。不可乱开口子,处理不当会造成很多麻烦。报告认为,根据中央的规定,六十年代初期的精减下放是正确的,不存在平反纠正的问题。接待工作要做到:(一)态度和蔼,热情接待,安排好食宿,稳定住情绪。(二)深入上访群众之中,一个一个地了解情况,摸清问题。(三)既坚持原则,又讲究工作方法。(四)坚持实事求是,对于群众提出的合理要求,能够解决的立即着手解决,不能马上解决的,要给群众解释清楚,对于不合理的或过高的要求,要坚持原则。(五)不急不躁,认真负责。(六)对闹事等违法行为,由公安部门依法处理。

同日 在新华社《国内动态清样》(第二六五七期)十一月十二日刊载的《国家土地管理局王先进来稿反映湖北省出现十多万无地和基本无地农民的情况》一文上批示:"这是一个十分重要的问题,现在就应该着手解决了。"该文反映,近几年由于国家建设、集体企业大量占用耕地,市镇郊区出现许多无地和基本无地的农民,他们失去赖以生存的最基本的生产资料,给他们的生产和生活带来许多困难。

11月16日 晚上,在人民大会堂会见并宴请以副总书记奥斯卡·马德里加尔为首的哥斯达黎加人民先锋党代表团。

11月18日 晚上,在人民大会堂会见并宴请由第一副主席塞萨尔·阿科斯塔率领的厄瓜多尔基督教社会党代表团。

11月19日 接见参加全国邮电职工技术业务汇报表演赛的全体代表。

11月22日 同杨静仁、康克清、钱昌照、杨成武、吕正操[1]、周培源[2]、包尔汉[3]、缪云台[4]、屈武等会见政协第五次全国文史资料工作会议代表。

11月23日 晚上，在钓鱼台国宾馆会见并宴请由主席奈纳德·布钦率领的南斯拉夫劳动人民社会主义联盟代表团。

11月24日 上午，出席中共中央书记处会议。会议讨论《中央统战部、国务院宗教局关于贯彻社会主义精神文明建设决议精神，进一步做好宗教工作的报告》，决定由中共中央统战部和国务院宗教局根据中央书记处会议讨论的意见，对文件进行修改，再报习仲勋审定。

11月26日 下午，同王兆国等在人民大会堂出席中共中央组织部召开的全国先进党支部和优秀共产党员事迹经验交流会开幕式。

11月27日 同朱学范、阿沛·阿旺晋美、杨静仁、钱昌照、费孝通、周培源、包尔汉、雷洁琼、刘靖基[5]等出席全国统战工作会议开幕式。

11月28日 同乔石、阿沛·阿旺晋美、杨静仁等会见中国天主教爱国会第四届代表会议、中国天主教第二届代表会议的代表。在讲话中说：我国政府历来支持宗教界朋友在平等和互相尊重的基础上与各国宗教界人士进行友好交往，但绝不允许任何外国宗教组织和个人干涉我国内政，绝不允许以任何方式插手和支配我国的宗教事务。这次中国天主教"两会"的工作报告再次明

---

[1] 吕正操，时任中共中央顾问委员会委员、全国政协副主席。
[2] 周培源，时任全国政协副主席、九三学社中央副主席。
[3] 包尔汉，时任全国政协副主席、中国伊斯兰教协会名誉主任。
[4] 缪云台，时任全国政协副主席。
[5] 刘靖基，时任全国政协副主席、中华全国工商业联合会副主席。

确地提出，中国天主教今后将继续在独立自主自办教会的道路上坚定不移地走下去。中国教会的事务由中国神职人员和教徒在宪法范围内自己来办。这表明中国天主教界坚持独立自主自办教会的决心和爱国守法观念的进一步加强。对此，我们表示坚决支持。希望中国天主教"两会"和主教团管好教务，进一步把宗教活动引向正常轨道。

11月29日 晚上，在人民大会堂会见并宴请由政治局委员、中央书记加斯东·普利桑尼埃率领的法国共产党代表团。在会谈中说：国与国之间不动武好，对话好，有问题商量解决。有钱不要花在炮弹上，而应把人民生活、把建设搞好。我们这样做，不仅想到自己的问题，也想到世界上许多问题。只要人民努力争取，可以制止战争。核战争没有胜败，所以不要搞核竞赛。裁军不能空喊，要实际地裁。中国开放，不只是为了生活，也是为了和平。中国强大了，也不搞大国主义，不搞霸权主义。

12月1日 上午，出席中共中央书记处会议。

同日 下午，同胡耀邦、赵紫阳、彭真、乌兰夫、万里、杨尚昆等在人民大会堂出席朱德诞辰一百周年纪念大会。

12月2日 上午，同胡耀邦、邓小平、赵紫阳、万里、乔石等在人民大会堂接见全国统战工作会议代表、全国对外宣传工作会议代表。

同日 同胡耀邦、邓小平、赵紫阳、万里、乔石等会见出席全国先进党支部和优秀共产党员事迹经验交流会议的代表。

12月3日 出席全国统战工作会议并讲话。在谈到认清爱国统一战线面临的新形势、新特点，进一步做好统战工作时说：要注意妥善处理两个关系。第一，统一战线与两个文明建设的关系。统一战线只有充分发挥自身的优势，紧紧地为两个文明建设服务，才会有宽广的前途。两个文明建设也只有善于运用统一战线这个法宝，才能更加蓬勃发展。第二，大陆统战工作与海外统战工作的关系。统一战线工作必须立足大陆，面向台湾、面向港澳、面向海外。大陆统战工作是海外统战工作的基础和依托，海外统战工作给大陆统战工作提出了新要求，赋予了新内容。在谈到完善和发展中国共产党领导下的多党派合作，充分发挥人民政协的作用时说：那种认为民主党派是"摆设"和"可有可无"的思想是错误的；那种认为民主党派将"一代而亡"，或认为已经成为工人阶级政党的观点，也是不正确的。充分发挥人民政协、民主党派和党外人士在政治生活中的作用，关键在于创造一个民主、平等、和谐的政治环境，使一切有利于建设四化、振兴中华、统一祖国的积极思想和精神，一切有利于民族团结、社会进步、人民幸福的积极思想和精神，一切用诚实劳动争取美好生活的积极思想和精神，都受到尊重、保护和发扬。在谈到加强和改善党对统战工作的领导时说：要在全党范围内大力开展统一战线理论政策的宣传和教育；各级党委和政府的主要负责同志要带头做好统战工作，模范地贯彻"长期共存、互相监督、肝胆相照、荣辱与共"的方针；要加强对统战工作的协调和指导；加强统战部门与各有关部门的密切协作；各级统战部门要认真加强自身建设和职业道德建设；各级党委要认真抓好统战部门的领导班子建设工作，提拔一批符合干部"四化"条件、富有求实创新精神的中青年干部，逐步形成比较合理的结构。希望广大统战干部团结一致，以愚公移山、开拓前进的精神，认真贯彻执行党在新时期的统战工作方针和政策，扎扎实实、创造性地开展工作。

  同日　在全国统战工作会议期间发表谈话。在谈到做好新一代党外人士工作的问题时说：要把第二代、第三代的工作做好，就必须把老一代的工作先搞好，要靠他们打基础，请他们穿针引线，把新的一代带回来。所以老同志的作用还很大。现在有的同志说，有些党外朋友老了，他们的作用不如以前了，这个话从总的角度看不对。正因为他们老，他们的作用更大。把他们亲戚的第二代、第三代和家属的第二代、第三代的线拉通，那就很了不起。必须有这样一个前提，否则就很难做第二代、第三代的工作。在谈到统战理论政策的宣传和教育时说：讲统战理论政策的宣传和教育，还要加一句，要进行研究。研究，不一定要另搞一批人，做工作的人就是搞研究的人。不能搞一批不做实际工作的人在那里搞研究。为什么现在有些文件起草出来不适用，问题在于起草文件的人不干实际，懂得实际太少。做统战工作的人，知识范围要广，不仅要懂得经济，而且要懂得法律，懂得我们党的发展历史、统一战线的发展历史，才能给人家解答问题。

12月4日 上午，同陈丕显、王兆国等出席全国统战工作会议闭幕会。在讲话中说：希望统战部门的同志进一步铲"文山"、填"会海"，多干实事，把统战工作做得扎扎实实。

12月5日 在陕西西安参加纪念西安事变五十周年活动。同吕正操观看陕西省戏曲研究院演出的秦腔折子戏《盗草》《借扇》《鬼怨·杀生》。在谈话中说：秦腔要改革，不改不行，改得没有秦腔味也不行。你们的戏改得好，既有秦腔的传统，又有新的发展，方向对，路子正，我很满意。

12月6日 位于西安市金家巷五号的张学良公馆正式开放。同吕正操、白纪年为公馆开馆剪彩。

12月8日 上午，出席中共中央书记处会议。会议漫谈国内形势。

同日 同万里、胡启立、宋平[1]等在人民大会堂会见出席"三北"防护林建设先进集体和先进个人表彰大会的全体代表。

---

[1] 宋平，时任国务委员、国家计划委员会主任。

12月9日 在新华社《国内动态清样》(第二八〇四期)十一月二十九日刊载的《榆林地区林草发展羊只锐减,主要原因是把护草与放牧对立起来》一文上批示:"认真对待这个问题,总结一下经验,把种草和放牧协调好,把生产实实在在地抓好。"

12月12日 上午,同胡启立、宋任穷、刘澜涛在全国政协礼堂出席西安事变五十周年纪念大会。在讲话中说:西安事变是在中华民族危机极端严重的形势下发生的。西安事变的和平解决,是有关各方照顾大局,共同努力,为民族利益而团结合作,互谅互让的结果。当年为了挽救民族危亡,国共两党能够改变十年的敌对状况,化干戈为玉帛,并肩作战。在今天,为了统一祖国,振兴中华,为什么不可以捐弃前嫌,再度携手合作呢?历史反复证明:国共两党合作,既有利于国家民族的进步,又有利于两党本身的发展。台湾的出路在于祖国统一,国共合作对于国民党的前途至关重要,这个趋向是很明显的。中国共产党已经多次提出解决这个问题的一系列方针政策,并作出了重大的努力和让步。我们真诚地希望台湾国民党当局能够以国家民族的利益为重,以自身的发展前途为重,作出积极的响应。我们也希望台湾的广大人民和各界有识之士,以及国外的侨胞,共同为促进祖国统一贡献力量。讲话最后说:在纪念西安事变五十周年的时候,我谨代表中共中央向张学良和杨虎城两位民族英雄表示崇高的敬意和深切的怀念。他们为中华民族解放事业建立的丰功伟绩永垂青史。

同日 晚上,同宋任穷、刘澜涛等在人民大会堂出席全国政协为欢迎前来参加西安事变五十周年纪念大会的海内外来宾举行的招待会。

12月13日 上午,在中南海勤政殿主持工作谈话会,传达中共中央关于调整中国科学院领导班子的决定。

12月15日　上午，出席中共中央书记处会议。

12月16日　在民族文化宫参观"中国达斡尔族文化展览"。

12月17日　同朱学范在人民大会堂会见香港四海房地产和证券公司董事长埃里克·何东夫妇一行。

12月18日　上午，出席中共中央书记处会议。

12月20日　同阿沛·阿旺晋美等在民族文化宫参观首届民族大家庭美术、摄影、书法展览。

同日　晚上，同余秋里、王震、黄华[1]等在北京音乐厅出席以《八路军军歌》为"序曲"的郑律成[2]作品音乐会。

12月22日　上午，出席中共中央书记处会议。

12月23日　下午，同李鹏在人民大会堂会见欧美同学会的领导成员和理事。

12月24日　为中国建筑工程总公司成立五周年题词：努力发展对外承包工程和劳务合作，为我国社会主义四化建设服务。

12月25日　上午，同邓小平、胡耀邦、赵紫阳、彭真、聂荣臻[3]、乌兰夫、万里、乔石等在人民大会堂会见参加中央军委扩大会议的军以上高级干部。

同日　出席全国省委书记会议。在讲话中说：必须承认，我们在物价、工资、反对官僚主义以及发扬社会主义民主和健全社会主义法制的进程方面，确有不能令人满意的地方，有的是工作上缺乏经验；有的是官僚主义以及少数干部违法乱纪、滥用职权造成群众的不满；有的是前进过程中不可避免的暂时的困难和一

---

[1] 黄华，时任全国人大常委会副委员长。
[2] 郑律成，著名作曲家，曾创作《八路军军歌》《中国人民解放军军歌》等作品。
[3] 聂荣臻，时任中共中央军事委员会副主席。

时解决不了的不合理现象。这些情况，如通过适当的民主渠道，向人民如实说明，本可以得到群众的谅解和支持。但是，一些别有用心、唯恐天下不乱的人，夸大阴暗面，收罗我们工作中的一切可以为他们利用的借口，混淆是非界限，千方百计丑化党的领导和党的干部，有的就是散布谣言，歪曲事实，无中生有。他们妄图煽动群众制造动乱，向中央施加压力，迫使我们放弃经过实践证明是正确的，并为亿万人民所拥护的十一届三中全会以来的路线、方针、政策，迫使我们放弃四项基本原则，偏离航向，搞"全盘西化"。对此，我们不仅应有当前的对策，还应制定出长远的、综合治理的对策。目前，我们首先要做好工作，消除动乱的潜在因素，全党要振奋精神，发奋图强，下决心把党的建设搞好，把党风搞好。对群众的正确批评和合理意见要认真听取，举一反三，切实改进各项工作。各级党组织要以极大的注意力抓好思想教育工作，抓好舆论工作，抓好理论战线的工作，疏通正常的民主渠道，使党的政策能及时、准确地同群众见面，使群众的合理意见能及时为领导所采纳，并在实际工作中得到落实。要以极大的精力加强企业的思想政治工作，要理直气壮地宣传四项基本原则。我们坚决反对"全盘西化"的主张，但又不能用不改革、不开放的老办法去反对。如果以错纠错，我们的经济上不去，恰恰给了这些人以煽风点火、反对我们的口实；如果我们的思想理论工作和宣传工作总是老一套，不能吸引群众，那就恰恰给这些人让出了思想阵地。我们把改革开放搞好了，经济搞好了，人民的物质文明和精神文明水平提高了，就用事实从根本上粉碎他们的企图。因此，我们要毫不动摇地坚持这个正确的航向。

12月29日 上午，出席中共中央书记处会议。会议讨论并原则同意中央书记处农村政策研究室报送的《把农村改革引向深入》。

同日 下午，在中南海勤政殿主持谈话会，传达中共中央关于宁夏回族自治区领导班子调整的决定。

12月31日 上午，同邓力群等在人民大会堂出席全国青年文学创作会议开幕式。

1987年 七十四岁

1月1日 同乌兰夫等在全国政协礼堂出席新年茶话会。

同日 为西安修复城墙题词：让古城长安城墙永远焕发民族文化的丰采。

同日 为《当代西安城市建设》一书题词：坚持改革和开放，把西安建成现代化的文明城市。

1月2日 出席中国民主同盟全国代表会议开幕式，代表中共中央表示祝贺。在讲话中说：民盟各级组织在协助党和政府落实政策，参加国家重大事务的协商和提供咨询、建议，实行民主监督等方面，作出了重要贡献；对于推进祖国统一，促进社会主义物质文明和精神文明建设，发扬社会主义民主，增强安定团结，巩固人民民主专政和发展对外友好合作，发挥了重要作用。实践充分证明，民盟是我国社会主义现代化建设和爱国统一战线的一支重要力量，也是维护我国安定团结政治局面的一支重要依靠力量。当前，爱国统一战线的任务，就是要以统一祖国、振兴中华为总目标，团结各族人民、各民主党派、有关人民团体和无党派人士，团结广大台湾同胞、港澳同胞和海外侨胞，为推动"一国两制"的实施服务，为改革开放、建设社会主义物质文明和精神文明服务，为社会主义民主和法制建设服务。我坚信，民盟召开的这次会议，对于进一步开创民盟工作的新局面，必将起到有力的推动作用。八日上午，同陈丕显、宋任穷等在人民大会堂会见与会代表，出席中共中央统战部为代表们举行的茶话会。

1月7日 下午，在人民大会堂出席黄克诚[1]追悼会。黄克诚于一九八六年十二月二十八日在北京逝世，享年八十四岁。

1月12日 下午，同彭真、乔石、陈丕显、彭冲、张爱萍等在人民大会堂会见出席人民武装警察部队总部党委扩大会议的全体同志。

1月13日 晚上，出席中共中央统战部为招待国务院参事、中央文史研究馆馆员举行的春节招待会，代表中共中央向各位参事、馆员祝贺新春。

1月16日 出席由邓小平主持的中共中央政治局扩大会议。胡耀邦在会上检讨在担任中共中央总书记期间，违反党的集体领导原则、在重大的政治原则问题上的失误，并请求中央批准他辞去中共中央总书记职务。会议对胡耀邦进行了严肃的同志式的批评，同时也肯定了他工作中的成绩。会议通过公报，决定：一、一致同意接受胡耀邦辞去中共中央总书记职务的请求；二、一致推选赵紫阳代理中共中央总书记；三、以上两项决定，将提请党的下一次中央全会追认；四、继续保留胡耀邦中央政治局委员、中央政治局常委的职务。会议指出：全党要继续执行十一届三中全会以来党中央的路线、方针和各项内外政策，继续坚持四项基本原则，反对资产阶级自由化，继续坚持以经济建设为中心，集中力量发展社会生产力，继续实行全面改革，实行对外开放、对内搞活经济的政策，继续发展社会主义民主、完善社会主义法制、巩固和扩大爱国统一战线，动员、组织全党同志和全国各族人民，团结一致，艰苦奋斗，努力完满实现第七个五年计划的任务。

---

[1] 黄克诚，逝世前任中共中央军事委员会顾问。

同日 下午，同杨尚昆、秦基伟[1]、薄一波、宋任穷、彭冲等在人民大会堂出席国家体委举行的表彰大会，对一九八六年在重大国际比赛中取得优异成绩的运动员、教练员颁发体育运动荣誉奖章。

1月17日 上午，同胡启立在人民大会堂会见出席全国台联二届三次理事会的全体理事。

同日 下午，在民族文化宫参观秦俑、铜车马、青铜器等仿制品展览。

同日 在中共中央统战部《零讯》一月十五日刊载的《费孝通若干反映》一文上批示：费老对民盟发展组织的意见，同我们过去所定方针是一致的。应当赞成他经过深思熟虑的设想，民盟这样办了，就好让其他各民主党派也这样办。这也就是与我党长期合作的优良传统。

1月19日 晚上，在人民大会堂出席香港《经济导报》创刊四十周年招待会。

1月20日 下午，同杨静仁、钱昌照等出席全国侨联举办的"新春同乐会"，首都四百多名台胞和各界人士参加。

1月21日 上午，出席全国政协举行的招待已故政协委员和知名人士夫人的茶话会。

同日 下午，同万里、杨尚昆等在人民大会堂出席中共中央顾问委员会、中共中央组织部、人民解放军总政治部联合举行的老同志迎春茶话会。

同日 会见出席云南、广西边防民兵英模代表座谈会的英模代表。

1月26日 下午，在北京饭店出席中共中央统战部为招待

---

[1] 秦基伟，时任中共中央政治局候补委员、北京军区司令员。

定居北京的部分台湾知名人士举行的宴会。

1月29日 上午，在人民大会堂出席首都各界人士团拜会。

2月7日 晚上，在钓鱼台国宾馆会见并宴请以总书记波日高伊·伊姆雷为团长的匈牙利爱国人民阵线代表团。

2月8日 上午，同陈丕显、王震等会见出席中国国民党革命委员会全国代表会议的全体代表。

同日 上午，同陈丕显、王震等会见出席中国国际友谊促进会理事会第三次会议的全体代表。

2月11日—3月11日 在广东进行为期一个月的工作考察。先到深圳、珠海经济特区，后到中山、江门、佛山、广州、东莞、惠阳、肇庆，再北上怀集、连县、乳源、仁化、韶关等地，共二十三个市、县。其间，同省、市、地、县的有关负责同志及离退休的老同志谈话，考察城市建设、工厂、农村、学校、旅游设施和正在建设的大瑶山隧道，会见港澳知名人士霍英东、马万祺和胡应湘等。

2月11日—16日 视察深圳经济特区。十二日，视察沙头角。十四日，视察西丽湖度假村、宝安县南岭村。十五日下午，同中共深圳市委负责人座谈。在讲话中说：来这里是一看，二听，三了解，四学习。这第四条是我来深圳后加的，因为在你们这里看到值得学习的新东西真不少。"办特区是新事物，前人没有搞过，有点缺点不奇怪。特区建设六年多了，已初具规模，已打下了很好的基础，你们要在这个基础上总结经验，不断探索，不断前进。特区就好像一个实验大学，要大胆实验。"反对资产阶级自由化，一定要旗帜鲜明，立场坚定。要坚持四项基本原则，坚持开放、改革、搞活经济的方针，做到两个文明一起抓。我们要认真坚持民主集中制，处理重大问题要集体讨论决定。越是有不同意见，越是要坚持民主集中制的原则，即在民主基础上的集中，在集中指导下的民主。党内要有一个民主的、活跃的气氛。在改革、开放、搞活中，一定要加强和改善党的领导，加强思想政治工作。特区的各级党组织要注意加强自身建设，每个党员干部都要站在党的立场上，过好党性关，正确对待名、权、位。办特区没有现成的模式，你们担负的任务很艰巨，为了做好工作，始终要同心同德，加强团结。要特别注意团结有不同意见的同志，意见对也好，不对也好，都可以引起我们的注意。陈云同志最近讲到干部要搞五湖四海，这一条非常重要。他还讲到干部要就地取材。特区也一样，选干部要注意就地取材，选准选好。去年你们在基建上把过热的空气压缩了一下，这有好处，也符合中央和国务院的部署。应当走一步看一步，稳步前进。总的说，你们是在向好的方面走。我相信你们会不断取得新的胜利。

2月16日—20日 视察珠海经济特区，先后到中兴磁带厂、珠海啤酒厂、珠海度假村参观，游览珠海市容。十九日下午，同中共珠海市委负责人座谈。在听取梁广大[1]关于特区建设的工作汇报后说：没想到经济特区是这样的好，中央给了个特殊政策、灵活措施，会产生那样大的威力。几年来的实践证明，这个政策是完全正确的。南大门没有乱，不仅没有乱，而且更加安定团结了。讲话还说：我们要在群众中开展坚持四项基本原则的教育，讲清保持安定团结的重要性，群众是一定赞成的。我们讲坚持四项基本原则，核心是坚持共产党的领导。历史证明，只有我们的党能够担负起领导中国革命和建设的重任，任何削弱或取消党的领导的言行都是违背人民的根本利益的。坚持四项基本原则，为的是正确地、全面地执行党的十一届三中全会以来的路

---

〔1〕 梁广大，时任中共珠海市委书记、珠海市市长。

线，并不是限制、后退或者收缩，而是要更加开放。只有坚持四项基本原则，才能保证改革开放有个正确的方向，搞得更好。实事求是是马克思主义的精髓，搞社会主义四个现代化建设也必须坚持这个原则。我们办事要走群众路线，要依靠群众。实行民主集中制，是我们党的优良传统。各级党委一定要有正常的党内生活，健全民主集中制。做到生动活泼，既有民主，又有集中，这是个本事，是至关紧要的事。在领导班子中，要上下通气，要有搞好团结、合作共事的自觉性，要搞五湖四海。特区是一所实验大学，是一所如何搞好开放、改革的大学。你们要不断探讨，不断总结经验，不断前进。但要注意不能大起大落，每年都要稳步地有些增长。现在群众中还有人怕政策变。我们要理直气壮地向人民讲清楚，党的政策不会变。

2月21日 视察中山市。

2月22日 在江门市视察五邑大学、中共江门市委党校，听取叶家康[1]汇报学校的建立和发展过程。在讲话中说：要艰苦创业，勤俭办校。要成立研究所，面向生产，教学要与实际结合起来，培养有用人才。离开学校前，又说：当前要认真学习邓小平同志一九六二年《在扩大的中央工作会议上的讲话》，这就是马列主义、毛泽东思想的新发展。他讲的是民主集中制问题，最根本的就是实事求是。邓小平同志的讲话联系中国的实际，针对当时的问题，总结了经验教训。那时候，他是很大胆的，敢讲真话，这是很不容易的。

同日 接见江门市班子成员和正在江门开会的各县县委书记。

2月23日 上午，听取黎子流[2]关于江门市开放改革的工

---

[1] 叶家康，时任五邑大学党委书记、校长。
[2] 黎子流，时任中共江门市委书记。

作汇报。在讲话中说：请人家来投资，要注意政策，不能勉强。首先是将政策稳定下来，不稳定政策，人家有顾虑。已同人家签订了的合同要守信用，不可失信。我们的干部要注意工作作风。我们有些人和人家谈项目，一谈三年还定不下来，如果是这样就麻烦了。办公益事业要自愿，办企业要有利可图。所以，政策问题要注意。这是个政治问题。江门是个侨乡，叫"五邑两阳"，对海外的华侨做工作要想点办法，可以出去做，可以请进来做。要想些办法跟他们沟通，请他们回家乡来看看，使他们知道自己的祖宗原来是在这里的，这样他们就不会忘记自己的祖国了。讲话还说：党的各级负责干部要注意用一分为二的观点总结自己的工作。教育干部要突出坚持民主集中制，这也是党性关。一个马列主义的政党，党内民主生活一定要健全，既要有民主，又要有集中，这样党内才会有团结，有生龙活虎的政治局面。现在我们要加强政治思想工作，要了解青年在想什么，干部在想什么，群众在想什么，士兵在想什么。只有经常知道他们想什么，才能做好思想政治工作，加强和改善党的领导。经济建设要注意总体规划。哪些工业项目要上，哪些不上或慢上，都要在宏观上有所控制，要上下通气，左右通气，各地之间互相通气，特区之间也要通气。各个地方都有积极因素和消极因素，如果处理好了，消极因素会变为积极因素，积极因素会发挥得更好。每个领导干部任何时候都要保持清醒的头脑，做到这一点，不管有什么风吹来，都不会偏离方向。

同日 视察新会涤纶厂。

2月26日 在广州出席吴克华[1]悼念仪式。吴克华于二月十三日在广州逝世，享年七十五岁。

---

〔1〕 吴克华，逝世前任中共中央顾问委员会委员。

2月27日 视察广州老干部活动中心和白云山制药厂，听取白云山制药厂负责人汇报该厂近几年来的发展情况，同干部群众交谈。

2月28日—3月1日 在东莞视察部分工厂和农村。三月一日，听取郑锦滔[1]、黎桂康[2]、叶耀[3]关于东莞工作的汇报。在讲话中说：生产发展了，人富起来了，还要继续提倡艰苦奋斗、勤俭节约。要向老百姓讲，不要攀比谁家的房子盖得好，哪里的工厂盖得大，宾馆盖得多。要攀比的话就攀比搞生产，讲质量，讲经济效益和社会效益。我们不管做什么事情都要量力而行，现在年年能增加一点就好嘛。你们刚才汇报说还有七十多个乡集体企业年收入在两万元以下，生产发展不平衡，你们要研究好自己发展的总体规划，什么时候使这些乡也发展起来，要有个目标。当然，差距总是会有的，但差距不要太大。你们的水果种得很多，要注意研究水果的防病治病。再一个是质量问题。质量是个战略问题。质量不好，产品就没有人要，压在仓库里，造成损失。关于教育问题，可举办一些职业中学，培养专业人才，教材可根据自己的实际而设。广州有个老干部活动中心，对有病的老人也讲讲卫生知识，这很好，当然你们不要同广州攀比。安置老人要有个敬老院，要使老人老有所养，老有所用。

3月2日 在惠阳地区视察，听取邓华轩[4]汇报工作。当汇报到要改变惠阳面貌、需要上一批大项目时，习仲勋说：新项目要上就要上先进的，起码要上八十年代初的，不然经济效益和

---

[1] 郑锦滔，时任中共东莞市委副书记、东莞市市长。
[2] 黎桂康，时任中共东莞市委副书记。
[3] 叶耀，时任中共东莞市委副书记。
[4] 邓华轩，时任中共惠阳地委书记。

社会效益就不好。凡是上大的骨干企业，一定要同省联系，不能盲目重建。港商来办厂，我们的原则是要互利。汇报结束后，习仲勋说：我来这里看得不深，但觉得你们的条件好得很，优势很多。第一，你们的干部干劲大，有把惠阳地方搞好的愿望。第二，你们的土地较多，有把农业搞好的基础。农业首先是粮食，粮食要进行深加工。山地可开发种植大豆等经济作物。开发山地，要保持生态平衡。第三，你们的海岸线有五百四十公里，滩涂很多，可以发展海水养殖和淡水养殖。这些搞好了，一两年也可以变富。第四，你们这里的人民很勤劳，特别是女同志很勤劳。第五，你们毗邻香港、澳门，接近深圳、珠海经济特区，四通八达，在交通、运输方面可以做很多事。在铁路没有修好之前，可以组织公路、水路运输，组织一些集体的或者个人的运输队伍。最后一个优势是气候好。你们这里的优势这么多，只要根据自己的实际，认真总结经验，是大有希望、大有前途的，搞好了，三年就可以大变样。建议林若[1]同志回省后，组织一些退下来的同志来帮帮忙，智力、人力都可以帮。你们还是要持续、稳定、协调地向前发展。干部是决定一切的，有了政策还得靠人干。要尊重知识，尊重人才，要办一些专业学校，培养专业人才。改革还要深化，要一边研讨，一边发展，要边改边前进，不前进就是后退。过去，我们讲摸着石头过河，走一步看一步，就是走一步总结一步。我们的工作不能走回头路。不走回头路靠什么？靠实践。你们是从实践中来的，你们最有发言权。

3月4日 参观广州市南华西街，对南华西街精神文明建设的成绩予以肯定。

3月5日 参观广州珠江电影制片公司、五羊新城和天河体

---

[1] 林若，时任中共广东省委书记。

育中心。在广州中国大酒店会见香港知名人士胡应湘,在回答"政策会不会变,要不要继续改革"的问题时说:我们的改革开放政策是党中央集体决定的,是正确的,不会因为中央个别人事变动而改变。我们要充分利用当前的大好形势将改革开放进行下去。我们只能前进,不能后退。

3月6日 在肇庆市视察,听取中共肇庆地委负责人的工作汇报,参观部分利用山区资源发展经济的企业,勉励山区人民要充分利用山区资源,发展山区经济。

3月7日 参观怀集县微粒板厂,听取黄响[1]的工作汇报。对怀集利用山区自然资源优势办工业,引进外国先进设备和技术加快山区经济建设步伐的做法予以肯定,提出林区的建设要"合理砍伐,永续利用,青山常在"。

3月8日 参观乳源县南水电站、南水水库大坝、泉水电厂,听取盘才万[2]的工作汇报。在讲话中说:广东改革开放要关心少数民族地区的发展,培养少数民族干部,贯彻党的民族政策。乳源县优势、特点很多,有山、有水、有田地、有矿产,比单纯的农业生产地区的发展更有条件。有山可以发展林业,有林就有水,有水就可以发电。要保护自然生态平衡,做到有计划地砍伐,并向生产的深度和广度进军。除了种常规林之外,还要种些经济林和木本粮油等,做到地尽其用。要大力发展多种经营,大办乡镇企业,让瑶山富裕起来,经济繁荣起来。

3月9日 上午,考察衡广复线大瑶山隧道工地。在讲话中说:隧道建设者在极为困难的条件下,依靠科学,艰苦奋斗,发扬开拓精神,作出了很大成绩,有功于全国人民。在隧道深处的

---

[1] 黄响,时任中共怀集县委书记。
[2] 盘才万,时任中共乳源瑶族自治县委副书记、县长。

掌子面，叮嘱工人们：越是接近胜利的时候，越要坚持安全第一、质量第一。

3月11日 视察曲江县。在讲话中说：南大门要安定，就得靠发展生产，把经济搞上去。要坚持实事求是，坚持四项基本原则，坚决反对资产阶级自由化，坚持改革、开放、搞活的方针。各级党委一定要有正常的党内生活，健全民主集中制。

3月12日—16日 从广东返京途中，在湖南考察。

3月13日 听取中共湖南省委负责人的工作汇报。在谈到学校的思想政治工作时说：省里的负责同志在一定的时候到学校去讲讲形势。还可以请一些老同志讲一讲，他们经历过第一次国内战争、第二次国内战争、抗日战争、解放战争，经历过旧中国、新中国，请他们去讲讲，讲得又生动，又联系实际，使青年人懂历史，也懂现在。过去我在广东的时候，就动员政治部门机关的同志下去，下到农村一看，回来就不一样了，和群众有了共同语言，都知道应当对群众讲些什么。理论要联系实际，理论与实际脱节，两张皮，事情就搞不成。先要了解群众脑子里想的是什么，要有针对性地去做工作。你们的中学可以改一批职业学校，有计划地部署一下。在谈到党群关系时说：党员是工人阶级的先进分子，要给群众作模范，要为群众服务，为人民服务。吃苦在前，享受在后，这个精神不能忘，党的优良传统一定要保持。在湖南期间，看望陶峙岳[1]、周里[2]、程星龄[3]等老同志。

---

[1] 陶峙岳，时任全国政协副主席。
[2] 周里，曾任中共中央顾问委员会委员、中共湖南省委书记、湖南省政协主席等职。
[3] 程星龄，时任全国政协常务委员、湖南省政协主席。

3月15日 考察长沙市郊区东岸乡西龙村小学。在讲话中说：要加强学生的思想政治工作。教书要先教人。学生要从小教他们如何做人。过去革命战争年代是教学生革命，现在要培养他们有献身四化的理想。随后，考察长沙市岳麓山乡观沙村鞋厂、长沙毛纺厂，询问毛纺厂食堂的伙食情况。对毛纺厂负责人说：要在发展生产的基础上，不断地改善职工的生活。

3月24日 下午，在人民大会堂出席全国政协六届五次会议开幕式。

3月25日 下午，在人民大会堂出席六届全国人大五次会议开幕式。

3月26日 晚上，同陈丕显等出席全国政协和中共中央统战部为来京参加六届全国人大五次会议和全国政协六届五次会议的港澳地区的全国人大代表和政协委员举行的欢迎宴会。

3月27日 下午，在中南海怀仁堂主持中共中央召开的座谈会，就增选政协六届全国委员会副主席、常务委员和补选六届全国人大常委会委员问题，听取各民主党派中央、有关人民团体负责人和无党派人士代表的意见，同他们进行充分的民主协商。

3月28日 致信美籍华人蔡文治。信中说：去年在北京晤面叙谈，十分融洽，至今犹感欣慰，萦怀难忘。今又承赠雪豆种，礼物虽轻，却表达了您的盛情厚谊，使我深受感动，谨致衷心的谢意。尚望多多保重身体，继续为祖国的统一大业尽心出力，作出贡献。

3月29日 向中共中央报送关于广东之行的书面报告。报告说：深圳、珠海两个特区的建设出乎意料的好。深圳一九七八年是"反外逃"的前沿地带，一片荒凉。经过短短几年，现在已变成崭新的、现代化的工业城市。沙头角变化也相当惊人。昔日这里冷冷清清，贫穷落后，现在建成了成片的楼房，有工厂，有宾馆,有宿舍区,市场繁荣,购销两旺,明显胜过"中英街"一侧的香港地域。办经济特区这个试验是成功的,其"窗口"作用将会越来越充分地显示出来。实践证明,党中央和小平同志的决策是完全正确的。报告还说:珠江三角洲地区特别是"小三角"地区的发展令人鼓舞,粤北地区的经济建设也有不少新的起色,各地重视社会主义精神文明建设工作,广大群众和干部的生活水平显著提高,精神状态很好。接触到的干部和群众都称赞党的三中全会以来的路线、方针和政策。有些人还一再地说:"翻身不忘共产党,富裕不忘邓小平。"报告最后说:沿途所见所闻,我感到还有一些值得注意的问题。首先,不少人仍然担心党的基本政策发生变化。解决怕"变"的认识问题,除了继续从舆论上公开阐明我们的态度外,主要还是通过实际工作去体现党的基本政策不会改变。其次,肇庆、韶关、惠阳三个地、市的资源开发工作需要加强。第三,非生产性的建设搞得多了,重复建设的问题仍需抓紧解决。第四,工厂和住宅的占地面积应当严格控制。第五,抓社会主义精神文明建设要防止搞形式主义。省里的同志还反映几个政策性问题,一是关于广东省外贸出口许可证和配额方面的问题,二是关于侨汇汇率和华侨捐赠政策问题,三是甘蔗的价格问题,四是电力问题。究竟如何解决,建议国务院有关部门研究。

同日 晚上,在人民大会堂会见摩洛哥全国自由人士联盟主席、议会议长艾哈迈德·奥斯曼一行。

3月30日 下午,同万里、李鹏、胡启立、阿沛·阿旺晋美、班禅额尔德尼·确吉坚赞等在中共中央统战部礼堂会见出席六届全国人大五次会议的西藏代表和出席全国政协六届五次会议的西藏委员及正在北京的西藏自治区党委负责同志。

4月4日 晚上,在人民大会堂出席中共中央统战部、全国人大民委、国家民委为少数民族的人大代表和政协委员举行的茶话会。

4月5日 上午，全国人大华侨委员会召开座谈会，听取全国人大华侨代表和全国政协归侨界委员对侨务立法工作和侨务工作的意见和建议。会前，同彭真、陈丕显等会见与会的代表和委员。

同日 上午，在天坛公园参加义务植树劳动。

同日 下午，在人民大会堂出席全国政协六届五次会议闭幕式。

同日 晚上，在军事博物馆出席广东省利用外资、引进技术成果展览会。

4月9日 上午，同邓小平、赵紫阳、李先念、彭真、邓颖超、乌兰夫、万里等在人民大会堂会见出席六届全国人大五次会议和全国政协六届五次会议的全体委员、代表。

4月11日 下午，在人民大会堂出席六届全国人大五次会议闭幕式。

4月15日 同乌兰夫、田纪云、胡启立等在人民大会堂出席由班禅额尔德尼·确吉坚赞和阿沛·阿旺晋美联合发起的"援助西藏发展基金会"筹委会成立大会。

4月17日 同陈丕显等在人民大会堂出席中国烹饪协会第一次代表大会开幕式。

4月21日 晚上，在人民大会堂出席中国人民对外友好协会举行的庆贺新西兰友人路易·艾黎[1]来华工作六十周年招待会。

---

[1] 路易·艾黎，新西兰著名社会活动家。1927年来中国，在中国工作、生活长达60年。1987年11月27日在北京逝世，享年90岁。

4月22日 上午，在中南海怀仁堂参加北京市区县人大代表换届选举。在接受记者采访时说："不管官当得多大，也是普通公民。我想选真正为人民办事为人民服务的人当人民的代表。"

4月28日 上午，同乌兰夫、阿沛·阿旺晋美、班禅额尔德尼·确吉坚赞等出席在北京举行的西藏文化展览开幕式。

4月30日 晚上，同乌兰夫、万里等在人民大会堂出席首都群众庆祝五一国际劳动节文艺晚会。

4月 为《崔廷儒[1]》一书作序。序言说：《崔廷儒》一书，即将出版。这是对革命烈士的欣慰纪念，也是对广大群众，特别是青少年进行革命传统教育的生动教材。崔廷儒同志性格爽朗，待人热情，头脑机敏，作风果断，是个能干而又值得信赖的好同志。他对党无限忠诚，对共产主义理想坚信不移，对革命事业不畏艰险、勇于献身。崔廷儒同志英勇就义时，正当风华正茂，他为了革命的利益，为了人民的利益，临危不惧，视死如归。崔廷儒同志不愧是一个优秀的共产主义战士，是值得我们学习的一个好榜样。

同月 为西北国棉一厂赵梦桃[2]塑像题词：梦桃精神，代代相传。

同月 为《机构与编制》杂志题词：机构改革要有利于理顺关系，精兵简政，提高效率，克服官僚主义。

同月 为《机关行政事务管理学》一书题词：机关行政事务

---

[1] 崔廷儒，即崔景岳，曾任中共陕西临时省委秘书长、中共宁夏工委书记等职。1940年在宁夏被反动军阀马鸿逵逮捕，1941年英勇就义。

[2] 赵梦桃，1952年进入西北国棉一厂任纺织女工，1953年被评为全国纺织系统劳动模范，同年9月加入中国共产党，1956年当选为中共八大代表，1959年获全国先进生产者称号。1963年6月23日在西安病逝，年仅28岁。

管理工作要坚持改革创新，勤俭节约。

同月 为《中国烹饪》杂志题词：烹饪技艺要继承、开放、改革、创新。

5月4日 同赵紫阳、李鹏、余秋里、王兆国、王震、薄一波等在中南海怀仁堂出席由共青团中央举行的全国先进青年代表座谈会。

同日 下午，同赵紫阳、李鹏等接见出席农牧渔业部召集的部分农业劳动模范座谈会的二十八名农业劳动模范。

5月11日 晚上，在中国延安精神研究会四月二十七日就召开首次学术研讨会有关情况的汇报函上旁注："延安精神是全党必须坚持和发扬光大的优良传统，是保证建设四化大业胜利的武器，也是全党和全国各族人民的宝贵财富，全党都来重视和学习才对。"

5月12日 为第五届世界羽毛球锦标赛致贺词。贺词说：第五届世界羽毛球锦标赛在北京举行，我感到非常高兴，这是我国首次承办国际羽联的正式比赛，各国强手云集北京，互相学习，切磋球技，对提高世界羽毛球运动技术水平、增进各国人民和运动员之间的友谊和合作，无疑将起到重要作用。衷心祝愿第五届世界羽毛球锦标赛圆满成功。

5月16日 上午，同邓颖超、乌兰夫、乔石、王兆国在人民大会堂会见出席中共全国台湾省籍党员代表会议的代表。

5月18日 晚上，在北京饭店出席第五届世界羽毛球锦标赛开幕式。二十四日晚，在首都体育馆观看世锦赛五个项目的决赛。二十七日下午，在人民大会堂接见获得第五届世界羽毛球锦标赛各项比赛前三名的中国运动员和他们的教练员，出席国家体委、全国体总和中国羽毛球协会的祝捷茶话会。在讲话中说：在技术上要不断创新，高人一筹；在体育道德上也要永远让人称道。

5月21日 上午，同赵紫阳、万里等到车站迎接对我国进行正式友好访问的朝鲜劳动党中央委员会总书记、朝鲜民主主义人民共和国主席金日成。晚上，在人民大会堂出席欢迎宴会。

5月23日 晚上，同余秋里、胡启立等在北京展览馆剧场出席由文化部和解放军总政治部联合主办的纪念毛泽东《在延安文艺座谈会上的讲话》发表四十五周年文艺晚会。

5月25日 同康克清等在中国美术馆观看贵州少儿民族民间工艺美术作品展览。

5月26日 全国整党工作总结会议召开。会议宣布，历时三年半的全国整党工作基本结束。

5月28日 在人民大会堂会见由捷共中央委员、民族阵线中央副主席托马什·特拉夫尼切克率领的捷克斯洛伐克民族阵线代表团。

5月29日 下午，同田纪云、阿沛·阿旺晋美、班禅额尔德尼·确吉坚赞、杨静仁、包尔汉等在北京民族文化宫和穆斯林群众一起欢度开斋节。

5月30日 在人民大会堂会见以东京社会主义研究会会长、原日本社会党副书记长曾我祐次为团长的东京社会主义研究活动家代表团。

5月31日 同杨静仁、赵朴初、楚图南、钱昌照出席中华诗词学会成立大会。在讲话中说：首先，我热烈祝贺中华诗词学会的成立。我觉得这是一件大好事。过去，我们从来没有这样一个全国性的诗词组织。现在，把这个空白补起来了。中国的古老文化，我们研究得很不够。许多对古典诗词有很高造诣的老诗人、老同志，大多数已经是高龄了。许多年轻的同志，没有在这方面下工夫去钻研，有些甚至还不大知道。因此，对我国古典诗词这一优秀的文化遗产，不仅要努力加以抢救和研究，还要不断创新，使我国的古老文化能够发扬光大。这是摆在我们面前的一个重大任务。第二，这也是我个人的心愿，来这里看望许多老朋友、老同志、老诗人，特别是来自各省的许多老同志。你们远道而来，在这里欢聚一堂，共同商讨振兴中华诗词的大计。我相信，我们的事业一定能兴旺发达，取得更大的成就。第三，热烈欢迎美国、加拿大、日本、新加坡和香港地区的诗人、朋友，不远万里，亲自来出席中华诗词学会的成立大会，向你们表示深切的谢意。你们在海外，团结了许多热爱我国古典诗词的朋友，在创作和研究方面都取得了很高的成就。今后通过海内外学术交流的发展和加强，互相学习，密切配合，一定能使灿烂的中国文化，在国际上发生更大的影响。

同日 晚上，同乌兰夫、姚依林等在首都体育馆观看宋庆龄基金会举行的"为了明天"大型歌舞义演晚会。

6月1日 同王首道〔1〕、萧克〔2〕、王任重〔3〕等在人民大会堂同首都中外少年儿童一起欢度六一国际儿童节。

6月4日 同热地〔4〕谈话。在谈话中说：汉族干部和藏族干部要团结，藏族和其他少数民族干部要团结，各民族人民要团结，藏族干部之间也要团结，只有这样，我们民族才能兴旺，我们国家才能兴旺。西藏有很大的特殊性，不顾当地社会生产力发展的实际水平，什么事都要同内地看齐、攀比，这就违背了客观规律。人类历史发展的动力是社会生产力，我们可以促进生产力的发展，但不能随意去改变它的发展规律。按照客观规律积极工

---

〔1〕 王首道，时任中共中央顾问委员会常务委员。
〔2〕 萧克，时任中共中央顾问委员会常务委员。
〔3〕 王任重，时任全国人大常委会副委员长、全国人大财政经济委员会主任委员。
〔4〕 热地，时任中共西藏自治区委副书记、西藏自治区政协主席。

作，不等于急躁冒进。在西藏做什么事也不要不顾条件地"抢先"，不能把内地经验照搬到西藏去，而是要从西藏实际出发，借鉴内地经验。

6月5日 出席中国民主促进会全国代表会议，代表中共中央表示祝贺。在讲话中说：民进的老一辈领导人在长期的革命斗争和社会主义建设中，同中国共产党密切合作，作出了历史性的贡献，为社会各界所敬重，是年轻一代的榜样。我们衷心希望老同志们继续发挥自己的影响和作用。已经进入和将要进入民进领导班子的新一代同志年富力强，朝气蓬勃。我们相信，他们一定能够继承和发扬民进的光荣传统，担负起历史的重任，勤奋努力，进一步开创新局面，为实现新时期的总任务贡献力量。在讲到正在开展的反对资产阶级自由化的斗争时说：要把反对资产阶级自由化的斗争深入、健康、持久地进行下去。深入，不是搞运动，不是要人人过关，不是要把政治空气搞得很紧张，也不是要大家都去死抠某些理论概念，搞形式主义。深入，就是要坚持正面教育，使四项基本原则深入人心。如何深入，不是靠干巴巴的党八股，而是通过多种多样的形式和方法，做艰苦细致的工作，对人们所关心的各种实际问题从理论上作出正确的回答，使广大群众确确实实认识到，四项基本原则一定要坚持，资产阶级自由化一定不能搞。

6月9日 同乌兰夫、万里、田纪云等在人民大会堂接见参加全国牧区工作会议的代表。

6月10日 下午，同万里、田纪云等在人民大会堂接见获得北京优秀厨师证书的四百一十二名厨师。

同日 为《陕甘宁边区政府文件选编》一书题词：总结历史经验，继承革命传统。

同日 为《解放宁夏历史图集》一书题词：为解放宁夏光荣

献身的烈士永垂不朽。

6月12日　在中共中央统战部《统战信息摘报》六月九日刊载的《河北省纠正县级人大、政协换届中非党比例下降问题的情况》《贵州省分析党外人士安排比例下降的原因》等文目录旁批注："不要硬性凑数，一时无合适人选，不可轻易安排，留下名额，等选准了人再说，特别是县以上各级也可研究一下，总的情况有变化，各地情况也不一样。"

6月18日　同宋任穷、廖汉生[1]、刘澜涛等接见出席中国农工民主党全国代表会议的全体代表。

6月19日　上午，同严济慈[2]、雷洁琼等出席《英汉辞海》出版座谈会。

同日　同孙作宾[3]在《陕西日报》《甘肃日报》发表《深切缅怀任谦[4]同志》一文。文章说：任谦同志出生于甘肃省渭源县。他一生战斗在西北高原，与西北各族人民血肉相连，生死与共。任谦早年就有强烈的爱国主义思想。一九二六年到一九三〇年期间，他在爱国将领冯玉祥部受训和任职时，共产党员宣侠父曾担任教官，使他受到革命思想的影响，成为北伐战争的积极参加者，随部队从河南一直打到山东。在国民党统治时期，他反对蒋介石"攘外必先安内"的政策，联系进步人士，支持我党的正义斗争。任谦在一九四八年秘密地加入中国共产党。全国解放后，他先后担任许多重要领导职务，在巩固和发展政权建设，恢

---

[1] 廖汉生，时任全国人大常委会副委员长，1988年3月兼任全国人大外事委员会主任委员。
[2] 严济慈，时任全国人大常委会副委员长、九三学社中央副主席。
[3] 孙作宾，时任全国政协常务委员。
[4] 任谦，曾任陕西省副省长、甘肃省副省长、陕西省政协副主席、中国民主同盟中央委员等职。

复和发展生产，特别是在联系各方面人士，增强各民族团结，巩固和发展爱国统一战线、建设社会主义、促进祖国统一的工作中，付出了不少心血，作出了很大贡献。任谦在民族危难的年代，作为一位爱国军人，顺乎革命潮流，机智勇敢地与民族分裂和反动势力作顽强的斗争，成为一个深孚众望的爱国主义者，并经过曲折艰险而光荣的道路，转变为一个共产主义战士。任谦同志的一生，是革命的一生，光荣的一生。

6月20日 下午，在全国政协礼堂出席全国地方政协工作组（委）工作会议。在讲话中说：通过工作组（委）这种形式，把政协委员组织起来，经常参加政协活动和开展政协的工作，是周恩来同志在人民政协成立时提出来的，其目的是使各民主党派和无党派人士占很大比例的政协委员，真正发挥参与政治协商、民主监督和建设社会主义的重要作用。人民政协不但在全体会议和常委会议期间要组织委员们讨论重大问题，而且在平时要为委员们提供经常参加学习和工作的条件。这样，就可以充分发挥他们的积极性、主动性和创造性，使人民政协在国家的政治生活、经济生活和社会生活中进一步显示出旺盛的活力，作出更大的贡献。这一点已经在多年的工作实践中得到了证明。工作组（委）的工作经验，是整个人民政协工作经验的重要组成部分，需要好好总结。各级政协及其工作组（委）要深入地学习和贯彻中共十一届三中全会以来的路线、方针和政策，不断地克服和排除资产阶级自由化和僵化的影响和干扰。"我想在这里特别讲一下，中国共产党是执政党，我们的一些干部还有官僚主义和以权谋私等不正之风，我们的工作还有缺点和失误，党中央真诚地希望各民主党派和无党派人士进一步发挥监督批评作用，提出改进工作的意见和建议，帮助我们党克服缺点，纠正不良现象，做我们党的诤友。"

6月23日 在新华社《参考清样》六月二十三日刊载的《澳门〈华侨报〉批评珠海拱北区黑市倒卖严重》一文中"如何将珠澳两地的经济关系建立在正常和合理的基础上，是应该认真检讨和研究的"一句作出旁注：这总可以搞好吧，珠澳两地应该商谈解决。这种现象不能放任自流，要大刹一下才好。

6月25日 出席中国长城学会成立大会。

6月26日 在八宝山革命公墓礼堂出席张启龙[1]追悼会。张启龙于六月三日在上海逝世，享年八十七岁。

6月 为《王首道回忆录》作序。序言说：我和首道同志是一九三五年党中央率领红军长征到达陕北以后相识的。首道同志在革命斗争中的经历是多方面的，经验是相当丰富的。他把自己亲身的经历写成回忆录，其中凝聚着的正是一位老同志的革命精神和实践经验。长期的革命实践充分证明，中国各族人民只有在共产党领导之下，通过艰苦卓绝的武装斗争、曲折复杂的统一战线工作和波澜壮阔的群众运动，才能取得彻底的翻身解放，并从新民主主义革命进一步走上社会主义革命和建设的光明大道。没有共产党就没有新中国，这已经是中国革命的历史所反复证明了的颠扑不破的真理。首道同志和其他老同志的革命回忆录，都是从各个侧面反映了这一真理。我相信热情的读者会从中得到一定的教益和启示；特别是青年一代，更可以从中得到有关树立革命人生观、理论与实践相结合等一些基本问题的启发和教育。

7月4日 听取中共中央统战部、国务院宗教事务局等部门关于宗教工作的情况汇报。在讲话中说：要把宗教工作放到改革、开放、搞活的新形势下加以考虑。宗教问题处理不好，也会

---

[1] 张启龙，曾任中共中央顾问委员会委员、中共中央纪律检查委员会副书记等职。

成为社会不安定因素。做好宗教工作不能光靠宗教事务部门和爱国宗教组织，关键要靠各级党委和政府加强对宗教工作的领导。县委书记、县长，区委书记、区长，乡党委书记、乡长，要亲自过问宗教工作。要从党的富国富民政策想些办法，帮助群众解决一些实际困难问题，包括文化教育、医疗卫生等问题。同时，要抓紧宗教立法工作，逐步把对宗教的管理纳入法制的轨道。要充实和加强宗教工作机构。研究国内宗教问题，要了解和掌握国外宗教状况。对于存在的问题要抓紧解决，不要等出了乱子再来做工作。

7月7日 上午，出席首都各界纪念七七事变五十周年集会。

7月14日 为中国人民解放军第四军医大学题词：改革创新，建设第一流的军医大学。

同日 为中国医学科学院与中国协和医科大学合并三十年题词：坚持改革、开放，不断提高医学科研、教学水平，多出成果，多出人才。

同日 为车向忱[1]题词：学习车向忱同志的高尚品德和优良作风，为统一祖国，振兴中华而努力奋斗！

7月28日—8月5日 受中共中央、全国人大常委会、国务院委托，以副团长身份，同团长乌兰夫率中央代表团参加内蒙古自治区成立四十周年庆祝活动。

7月28日 晚上，随中央代表团乘火车离开北京，前往呼和浩特。

7月29日 上午，抵达呼和浩特。下午，同中央代表团成

---

[1] 车向忱，曾任全国政协常务委员、辽宁省副省长、中国民主促进会中央副主席等职。1971年在辽宁盘锦含冤逝世，享年74岁。1977年底，中共辽宁省委为其平反昭雪。

员在住地听取张曙光[1]、布赫[2]关于庆祝活动的安排。乌兰夫、习仲勋等说：下车以后看到呼和浩特市容有了很大的变化，群众热情高涨，很感人。同时还提出：天气正值盛暑高温，要特别注意防火、防汛。庆祝活动要从简安排，宴会要改革，不要让中小学生过多参加迎送。

7月30日 上午，同乌兰夫等在中央代表团下榻的新城宾馆大厅会见内蒙古自治区省军级离休干部、各民主党派组织负责人和各族各界知名人士以及各行各业先进模范的代表。下午，参观内蒙古彩电中心微波机房。

7月31日 上午，出席庆祝内蒙古自治区成立四十周年干部大会，代表中共中央、全国人大常委会、国务院讲话。在讲话中说：内蒙古自治区成立四十年来，走过了光辉的历程。发展社会生产力，是全国压倒一切的中心任务，也是内蒙古压倒一切的中心任务。加快发展社会生产力，促进各项建设事业，必须坚持四项基本原则，坚持改革、开放、搞活的总方针、总政策。热切地希望内蒙古的蒙古族、汉族和其他民族，发扬优良传统，坚持改革的思想，增强商品经济意识，打破封闭、半封闭状态，面向全国，面向世界，吸取先进的科学技术、管理知识和其他优秀的精神财富，充实自己，武装自己，努力使自己成为开放的民族、不断奋发进取的民族。党中央、全国人大常委会和国务院都很关心《民族区域自治法》的实施，希望内蒙古自治区在这方面能有新的建树。在新的历史时期，我们要不断巩固和发展社会主义的新型民族关系，进一步加强各族人民的团结。推进内蒙古的四化建设和各项改革事业，全区各族各级干部担负着特别重要的责

---

[1] 张曙光，时任中共内蒙古自治区委书记。
[2] 布赫，时任中共内蒙古自治区委副书记、内蒙古自治区人民政府主席。

任。广大干部必须努力提高自己的领导水平和工作水平，发扬党的相信群众、依靠群众、密切联系群众的优良传统，全心全意为人民服务，坚决反对以权谋私，坚决反对官僚主义。要坚持搞五湖四海，加强团结。大家办事情、想问题，都要顾大局、讲风格，处处事事要想到群众的利益。

同日 下午，在呼和浩特市人民公园向烈士纪念塔献花圈。晚上，在自治区政府礼堂观看庆祝自治区成立四十周年文艺演出。

同日 在呼和浩特会见前来参加庆祝活动的香港人士和外国朋友。

8月1日 上午，同乌兰夫、秦基伟、杨静仁、包尔汉、费孝通、司马义·艾买提、阎明复、李贵在呼和浩特市人民体育场出席内蒙古自治区成立四十周年集会，观看"民族团结花盛开"大型文艺表演。

同日 下午，出席内蒙古军区庆祝自治区成立四十周年、中国人民解放军建军六十周年招待会，观看内蒙古军区部队、武警内蒙古总队、呼和浩特预备役部队和民兵的军事训练成果汇报表演。

8月2日 上午，在呼和浩特赛马场观看传统的体育表演。下午，会见在内蒙古工作过的郑天翔[1]、高克林[2]等老同志，为新落成的内蒙古展览馆剪彩并参观展览。

8月3日 下午，同杨静仁、阎明复、李贵到包头钢铁公司考察慰问。到伊克昭盟[3]伊金霍洛旗拜谒成吉思汗陵，考察附

---

[1] 郑天翔，时任中共中央顾问委员会委员、最高人民法院院长。
[2] 高克林，时任中共中央顾问委员会委员。
[3] 伊克昭盟，今内蒙古鄂尔多斯市。

近的哈日呼舒牧业生产合作社,到牧民沙格沙岱家慰问。

8月5日 上午,同乌兰夫等出席在呼和浩特新城宾馆举行的告别座谈会。在讲话中说:(一)代表团所到之处,受到了广大群众和干部的热烈欢迎和盛情接待,充分表达了他们对党中央的深情厚谊,表达了他们对伟大祖国的无限热爱,表达了他们对社会主义的坚强信念。特别使我们深受感动的是,勤劳、勇敢、智慧的内蒙古各族人民热情豪爽,忠厚朴实,殷勤好客,能歌善舞,生动地体现了民族之间的亲密团结、和睦相处、平等互爱的兄弟关系。现在,中央代表团的任务已经圆满完成。整个庆祝活动,始终贯穿了中央所要求的"隆重、热情、节俭"的精神。(二)内蒙古自治区到处都呈现出日新月异、欣欣向荣的兴旺景象。中央对自治区四化建设和改革事业所取得的巨大成就,给予了充分的肯定和高度的评价。我们认为,这是十分确当的。你们得到中央的赞扬,是受之无愧的。(三)为了进一步开创内蒙古自治区的新局面,必须全面地贯彻三中全会以来党的路线,以经济建设为中心,大力发展社会生产力。这是压倒一切的中心任务,必须紧抓到底,绝不能有丝毫的放松。同时,要坚持从实际情况出发,从自己的优势出发,贯彻落实"林牧为主,多种经营"的方针,做到宜牧则牧,宜农则农,宜工则工。要统筹兼顾,全面发展,决不可"单打一"或"一刀切"。在贯彻落实《民族区域自治法》中,要注意联系自己的政治、经济、文化特点和民族情况,充分行使自治权利,特别要注意解决好经济权益方面的问题。(四)要更高地举起改革的旗帜,突出改革的地位。只有改革,才能促进生产力的发展,促进社会的进步,促进人民生活的改善,八年来全国的改革实践已经充分证明了这一点。

同日 下午三时,乘飞机返回北京。

8月14日 复信美籍华人吴允祥、吴黎耀华。信中说:来函阅悉,前次在京握别,一载有余。你们对民族的亲情和对我的厚谊音犹在耳。思念中见信甚慰。得知耀华竞选洛杉矶学区校董大获全胜,非常欣悦。此次成功,固然如报道中所说,有华人社会和当地政要的支持,我想亦与耀华女士的聪慧、达干和执著的努力密不可分。由此带来的声望为炎黄子孙争得了荣耀,实为可喜可贺之胜事。我将此事告知阎明复先生,他亦分享到一份喜悦,明复先生亦表示诚挚地欢迎同你们联系。

8月25日 同乌兰夫以中央代表团名义向党中央、全国人大常委会、国务院报送《参加内蒙古自治区成立四十周年活动的情况汇报》。《情况汇报》对做好内蒙古的工作提出四点建议。(一)自治区要坚持以经济建设为中心,从自己的优势出发,贯彻落实"林牧为主,多种经营"的方针,宜牧则牧,宜农则农,宜工则工。粮食生产不可有丝毫的疏忽。要注意统筹兼顾,全面发展,不"单打一"或"一刀切"。实行分类指导,发挥各自的优势,促进经济持续稳定发展。(二)按照《民族区域自治法》,尽快制定自治区自治条例。要发展本民族的传统经济,把民族地区的发展同民族自身发展结合起来。要不断加强民族团结、军民团结。关键是搞好领导班子的团结,使自治区党委成为各民族团结的核心。(三)在任何时候都要坚持四项基本原则,坚持改革、开放、搞活,把十一届三中全会以来党的基本路线贯穿到全部工作中去。要更高地举起改革的旗帜,突出改革的地位。在改革中,既要反"左",又要反右,特别注意克服"左"的习惯势力的干扰,以保证改革沿着正确的轨道不断深化,不断发展。(四)自治区党政领导要把这次庆祝活动激发出来的人民群众的政治热情,及时引导到社会主义现代化建设上去,使自治区各族人民同心同德,奋发努力,为建设团结、富裕、文明的内蒙古自治区,作出新的更大的贡献。

8月26日 晚上，在人民大会堂会见并宴请以中央委员、党中央总务技术局局长奥斯曼·贾马·阿里为团长的索马里革命社会主义党代表团。

8月28日 为《民族团结》杂志题词：民族之友。

8月29日 出席中共中央统战部召开的党外人士座谈会。会议征求对中共十三大报告稿的修改意见。在讲话中说：党的十三大举世瞩目，国内外都十分关心。大会的基调如何，将决定我们党今后五年甚至更长时间的建设和改革，关系到党的十一届三中全会以来的路线的连续性和稳定性。今年以来，邓小平同志在会见外宾的谈话中，多次谈到十三大，提出了召开十三大的指导思想和主要任务。小平同志指出，党的十三大将重申十一届三中全会以来所制定的一系列方针、政策，主要是改革开放政策。改革开放不但要继续下去，还要搞得更大胆一些，而且要把政治体制改革提到日程上来。十三大另一个议程是人事问题。我们的中央委员会、政治局、政治局常委都要年轻化一些。考虑到十三大报告的重要性，中央书记处决定，在中央政治局审定之前，在党内征求意见的同时，在党外一定范围内征求意见。这样广泛征求意见，集思广益，就可能使文件修改得更完善一些。我们是肝胆相照、荣辱与共、经过患难考验的朋友，请大家各抒所见，畅所欲言，帮助我们把十三大的报告修改好，使它成为全党和全国各族人民都比较满意的好文件，成为能够指导我们沿着有中国特色的社会主义道路继续前进的好文件。

8月30日 在政协礼堂出席中国天主教爱国会成立三十周年纪念会。在讲话中说：中国天主教所走的独立自主自办教会的道路是正确的，是符合全国人民利益的，在国际上日益赢得天主教界友好人士的理解、同情和支持。中国天主教要继续坚持走独立自主自办教会的道路，绝不允许外国的宗教组织和个人干预我国的宗教事务。希望中国天主教界朋友和广大教徒与全国各族人民一道，在社会主义建设和促进祖国统一大业、维护世界和平方面作出新的更大的贡献。

9月1日 上午，同邓颖超、胡启立等出席中国藏语系高级佛学院成立典礼。

9月4日 上午，在人民大会堂出席黄炎培[1]诞辰一一〇周年暨中华职业教育社建社七十周年纪念大会。在讲话中说：黄任老是一位杰出的民主战士、忠诚的爱国主义者、著名的政治活动家和中国职业教育的先驱，是新中国德高望重的老一辈国家领导人之一，也是同中国共产党长期风雨同舟、休戚与共的亲密朋友。黄任老的一生，紧紧跟随着历史发展的脚步，不断前进。他为国为民、追求真理的崇高思想和不屈不挠的斗争精神，使他从一个科举出身的举人成为一位杰出的民主主义战士和真诚的爱国主义者，走上了与中国共产党合作的道路，献身于祖国的人民革命和社会主义事业，实现了他救国救民的夙愿。黄任老所走过的光辉道路，使我们大家受到宝贵的教益。他的高尚思想和革命情操是值得我们学习和纪念的。

9月5日 下午，在人民大会堂出席中国医学基金会成立大会。

同日 晚上，在首都体育馆出席首届中国艺术节开幕式。

9月6日 在中国美术馆出席首届中国艺术节美术展览开幕式并剪彩。

9月7日 出席中国医学科学院建院三十周年和中国协和医科大学建校七十周年庆祝大会。在讲话中说：努力做好知识分子

---

[1] 黄炎培，字任之，曾任政务院副总理、全国人大常委会副委员长、全国政协副主席、中国民主建国会中央主任委员等职。

工作是一项战略性任务，要充分发挥老专家的作用，给他们配助手，把他们的宝贵知识和丰富经验学过来，传下去；要特别重视选拔、培育、任用中青年技术人员，敢于破格提拔，建立起一支强大的生力军；要努力创造条件，改善中年知识分子的工作条件和生活条件。

9月8日 下午，同费孝通、司马义·艾买提、洛布桑[1]出席《民族词典》出版发行座谈会。

9月12日 在中共中央统战部一期内部刊物上批示："有关民主党派内部及与其有关事务，切记由他们自己自主调解，比我们出面干预要好得多。无数事例都说明了这个道理。这就是改善党的作风和工作方法，也就是真正加强党的领导。这个本领一定要学，而且必须学会学好。"

9月14日 晚上，在人民大会堂会见并宴请马里人民民主联盟休假团团长、联盟中央执行局成员达乌达·迪亚洛和夫人。

9月15日 同乌兰夫、班禅额尔德尼·确吉坚赞和费孝通等在北京民族文化宫出席彝族服饰展览开幕式。

9月16日 对落实蔡廷锴[2]夫人罗西欧房产政策一事批示："广东省委对落实罗西欧房产政策问题的处理很好。核实情况，合情合理地解决，既不拖延时间，又不遗留尾巴，干脆利索，皆大欢喜，可算是落实政策中的一个范例。各地都能这样做就好啦！希望统战部能收集几个范例，加按语综合通报一下，或可起到积极效果。"

---

[1] 洛布桑，时任国家民族事务委员会副主任。

[2] 蔡廷锴，曾任全国人大常委会委员、国防委员会副主席、全国政协副主席、中国国民党革命委员会中央副主席等职。

9月21日 同杨尚昆、程子华〔1〕、黄华等在北京出席美国纽约州立大学布法罗分校向马海德〔2〕医生授予荣誉理学博士学位仪式。

9月25日 出席党外人士座谈会，通报七届全国人大和全国政协人事安排工作的方针原则，听取意见，进行协商。在讲话中说：全国人大和全国政协的换届工作，关键是要适应当前新形势、新任务的要求，保证安定团结，有利于发扬社会主义民主，促进改革、开放，加速社会主义两个文明的建设。这次人事安排应当贯彻"统筹兼顾、全面安排"的方针，要根据人大和政协的性质和任务，妥善处理民族、党派、界别、地域、年龄、性别等比例关系，照顾历史情况，减少兼职，使人大代表和政协委员有各方面的人士参加，具有比较广泛的代表性和议政能力。对于少数年事过高、生活不能自理的老朋友，退下来后，在生活上要安排照顾好；对他们同中国共产党长期合作，在我国革命和建设事业中所作的贡献，要充分肯定，给以表彰。至于新提名准备选举或安排为全国人大代表和全国政协委员的，一般应是年富力强的、有议政能力和能够进行社会活动的人。搞好全国人大和全国政协换届的人事安排，事关全局。为了把这项工作做得细致周到，中央成立了七届全国人大、全国政协人事安排小组，由宋平同志任组长，彭冲、马文瑞和阎明复同志任副组长。中央还决定召开今天的这个会议，来听取大家的意见。

---

〔1〕 程子华，时任中共中央顾问委员会常务委员、全国政协副主席。
〔2〕 马海德，医学专家，祖籍黎巴嫩，生于美国。1933年到中国，1936年到延安，1937年加入中国共产党，1950年加入中国国籍。时任全国政协常务委员、卫生部首席顾问、中国麻风病防治协会会长、中国麻风病防治研究中心主任。

9月26日 上午,同赵紫阳、胡启立等在北京医院向庄希泉[1]祝贺百岁大寿。

9月27日 晚上,同乌兰夫、乔石等在人民大会堂观看中国残疾人艺术团的演出。

9月29日 晚上,同万里、方毅、胡启立等出席叶飞在人民大会堂为来京参加国庆活动的海外侨胞举行的招待会。

9月30日 中午,在钓鱼台国宾馆会见并宴请由罗马尼亚社会主义民主和团结阵线全国委员会副主席约瑟夫·乌格拉尔率领的罗马尼亚社会主义民主和团结阵线代表团。

同日 晚上,在人民大会堂会见由日本众议院议员、日本社会党日中特别委员会事务局长串原义直率领的日中友好国民运动联络会议访华团。

10月4日 下午,同胡启立、叶飞、谷牧在人民大会堂会见出席中国新闻社第三届理事会的理事。

10月5日 出席中共中央统战部、国务院办公厅在北京联合举办的国务院参事、中央文史研究馆馆员中秋招待会。在致词中说:值此中秋、国庆和党的十三大即将召开之际,我们的聚会更有意义。在座的都是老朋友、老大哥、老大姐,你们保持身体健康就是对革命的贡献。

10月16日 在《人民日报》发表《如闻其声 如见其人——序〈陶铸文集〉》一文。文章说:陶铸是一位杰出的无产阶级革命家。本书是他四十多年来丰富的革命经验的一些总结。这些植根于中国土壤上、生长于现实生活中的作品,不但在当时起过重要的历史作用,而且直到今天、乃至今后悠久的岁月里,亦将迸射出熠熠的光芒。他的著作同实际生活、实际工作是密切结合着

---

[1] 庄希泉,时任全国政协副主席、中华全国归国华侨联合会名誉主席。

的，现在虽然事隔多年了，但读起来依然有如闻其声、如见其人之感。陶铸又是我们党的一位理论家和宣传鼓动家，非常注意以马克思主义、毛泽东思想为武器，指导和解决实际问题。因为他实事求是，从实际出发，所以写出的文章总是有针对性的，容易为人们所理解。重读陶铸的文章，温故而知新，这对改进我们的思想作风和工作作风，对实行全面改革和对外开放，对加强社会主义物质文明和精神文明的建设，都是很有裨益的。

10月17日 晚上，在人民大会堂会见并宴请由中央执行委员会委员哈维尔·阿里斯图率领的西班牙共产党干部团。

10月18日 参加中共十二届七中全会预备会中委第九组讨论。在谈到《政治体制改革总体设想》时说："政治体制改革非搞不可。政治体制不改，经济体制改革也要受阻。《设想》要写成熟的，成熟一条，写一条，不成熟的不要写。"

10月20日 出席中共十二届七中全会。全会确认一月十六日中共中央政治局扩大会议关于接受胡耀邦辞去中共中央总书记职务的请求的决定和推选赵紫阳代理中共中央总书记的决定；决定于十月二十五日在北京召开中国共产党第十三次全国代表大会。

10月21日 下午，在民族文化宫出席庆祝《民族团结》杂志创刊三十周年茶话会。

10月22日 晚上，同陈丕显、邓力群等在民族文化宫观看内蒙古呼和浩特民族歌舞团、民间歌剧团演出的歌舞剧《塞上昭君》。

10月23日 下午，同李鹏、邓力群、彭冲等出席中国人民大学建校五十周年庆祝会。

10月24日 中国共产党第十三次全国代表大会预备会议在北京召开。在会上当选为中共十三大主席团成员。随后，在中共十三大主席团第一次会议上当选为主席团常务委员会委员。

10月25日—11月1日 中国共产党第十三次全国代表大会在北京举行。大会正式代表一千九百三十六人，特邀代表六十一人，代表全国四千六百多万党员。大会通过的报告《沿着有中国特色的社会主义道路前进》，阐述社会主义初级阶段理论，提出党在社会主义初级阶段的基本路线，制定到二十一世纪中叶分三步走、实现现代化的发展战略。大会通过《中国共产党章程部分条文修正案》。十一月二日，中共十三届一中全会选举赵紫阳为中共中央总书记，决定邓小平为中共中央军事委员会主席，批准陈云为中共中央顾问委员会主任，批准乔石为中共中央纪律检查委员会书记。

10月25日 上午，在人民大会堂出席中共十三大开幕式。

10月26日 下午，同广东省代表一起审议中共十三大报告。在谈到党风问题时说：要欢迎批评，不要怕批评。从中央到省、地、市、县、乡镇领导，特别是刚上来的年轻同志，要听得进人家的批评。因为一个政党、一个团体或个人，总得做工作，要做工作都难免犯错误。又说：改革开放是前人没有干过的事业，哪能没有一点失误，没有一点错误？除非不干工作。不怕犯错误，争取不犯大的错误，犯了就改，"文化大革命"这么大错误也改了嘛！在听到林若讲到"加快改革开放步伐，放手发展商品经济，广东经济的发展速度可以保持两位数水平，本世纪末我们就有可能达到亚洲'四小龙'八十年代初的水平"时插话说："应该比他们快一些。"讲话最后说：希望广东在改革、开放、搞活经济中，走在全国的前列。

10月30日 为《屈武文选》作序，题为《霜叶红于二月花》。序言说：屈武同志是德高望重的革命前辈、著名的政治活动家，亲身经历了从旧中国到新中国、从民主革命到社会主义革命和建设的历史进程，参与了许多重大事件。屈武同志在新中国成立后历任重要职务，在人大、政府和政协工作中多所建树。他为民革工作付出了很大的精力，对民革的成长和发展起了重要作用。从《屈武文选》所载的文章、讲话中，生动地反映出这位革命老人的一片爱国赤诚。我和屈武同志都是陕西人，很早就知道他的名字，以后相识、交往，到现在已几十年了。屈武同志坚强的革命意志，鲜明的原则立场，刚正不阿的性格，丰富的政治阅历，是我一向钦佩的。特别是在几十年的风风雨雨中，尽管受到严峻的考验，屈武同志始终保持乐观的心情，对我国前途充满信心，革命热情至老不衰，更是难能可贵。我相信，《屈武文选》的出版，将会使人们从中得到启迪，受到鼓舞，更加奋发地为建设有中国特色的社会主义，统一祖国、振兴中华的宏图大略贡献力量，无愧于我们所处的伟大的时代。

11月1日 上午，出席中共十三大闭幕式。

11月7日 在人民大会堂出席农工民主党中央举行的纪念彭泽民[1]诞辰一一〇周年座谈会。在讲话中说：彭泽民先生是孙中山先生三大政策的竭诚拥护者，是一位著名的爱国主义战士和政治活动家，是中国共产党的挚友。他从旧民主主义、新民主主义到社会主义，终生为建立一个独立、统一、民主、富强的新中国而奋斗不息，受到广大人民群众和爱国华侨的尊敬和爱戴。彭泽民先生是中国农工民主党的创建人和杰出的领导人之一，为农工民主党的建设、进步和发展，为巩固和扩大爱国统一战线作出了重要贡献。彭泽民先生所走过的道路，反映了一个坚定的爱国主义者的战斗历程。他崇高的爱国精神，同中国共产党合作的

---

[1] 彭泽民，曾任全国人大常委会委员、全国政协常务委员、中国农工民主党中央副主席、中华全国归国华侨联合会副主席等职。

坚定立场，向黑暗势力坚决斗争和为人民的事业鞠躬尽瘁的高尚品德，是中国知识分子和爱国华侨的楷模，我们要永远学习他，纪念他。

11月14日 下午，同赵紫阳、邓颖超、李鹏、胡启立在全国政协礼堂出席党外人士茶话会，听取党外人士对党和国家当前工作的意见和建议。

11月20日 为中国记协成立五十周年题词：要做一个不脱离人民群众、不脱离生活实际的优秀记者。

同日 为《怀念曹靖华[1]》文集题词：靖华同志一生为革命事业和文学、教育工作奋斗不懈，功劳卓著。他是我的良师益友，高风亮节，殊堪怀念。

11月23日 上午，同乌兰夫、黄华等出席第一届世界针灸学术大会开幕式。

同日 下午，在人民大会堂出席台湾民主自治同盟成立四十周年暨第四次全盟代表大会开幕式，代表中共中央致贺词。在讲话中说：台盟是一九四七年十一月十二日由一部分从事爱国民主运动的台湾省人士发起成立的，四十年来走过了爱国的革命的光荣历程。四十年来，台盟的工作取得了显著的成绩，并将随着历史的发展，进一步在我们国家政治生活中发挥重要作用。振兴中华、统一祖国是中华民族包括台湾同胞、港澳同胞、国外侨胞的共同愿望。我们争取和平统一祖国，实行"一国两制"的方针和政策，已经产生巨大的影响。台盟继承了台湾人民的爱国传统，同台湾人民有着血肉联系。我们希望台盟今后继续团结广大成员和所联系的台胞，为祖国大陆的社会主义现代化建设贡献力量；

---

[1] 曹靖华，北京大学教授，1987年8月荣获苏联最高苏维埃主席团授予的各国人民友谊勋章。

广泛联系台湾各界人士，反映他们对国是的意见、建议，沟通海峡两岸之间的交流往来，增进大陆同胞同台湾同胞的相互了解，高举起爱国主义的伟大旗帜，为实现祖国统一而奋斗。

11月29日 下午，同杨得志[1]、朱学范、黄华、杨静仁、赵朴初在人民大会堂出席三十七集大型电视系列片《万里长城》首播式。

12月5日—19日 在湖南考察。先后到长沙、岳阳、常德、湘西等地参观访问。

12月6日—7日 在毛致用[2]陪同下视察岳阳，参观岳阳楼。看到毛泽东、朱德的题词后说：共产党就是靠忧天下民众之疾苦而赢得群众的。视察中，对中共岳阳市委开展忧乐观大讨论活动给予肯定，认为把先忧后乐、团结求索的忧乐精神和任弼时同志服务人民的骆驼精神等结合起来，倡导和推介具有时代意义和新的内涵的岳阳精神，这样的活动很好。对市委负责人说：岳阳很出名，岳阳楼确实了不起。岳阳要打好名楼这张牌，念好名楼这本经，加大推介力度，多请几个当今的范仲淹，把名楼牌推到国外去。一句话，你们岳阳人要以岳阳楼为骄傲，把岳阳建设好，把岳阳自己的事办好。在参观任弼时故居时题词：革命先驱，开国元勋。并说：这应该是全国老百姓心里对弼时同志共同的真实评价。对汨罗市负责人说：你们既要维修好、守护好弼时同志故居，更要把陈列展览做得更好，要发挥教育基地的作用，让人们永远记住弼时同志。

12月9日 参观常德卷烟厂。随后，前往桑植县。

---

[1] 杨得志，时任中共中央顾问委员会常务委员、中华人民共和国中央军事委员会委员。
[2] 毛致用，时任中共湖南省委书记。

12月13日 下午,在桑植县洪家关参观贺龙故居,并题词:资兼文武、勋功伟绩、高风亮节、一身正气。随后,到吉首等地考察,参观龙山烟厂乾州车间、吉首纺织印染厂等。十五日下午,为湘西各族干部群众题词:团结一心,建设湘西。

12月19日 听取毛致用的工作汇报。

12月24日 在广州向中共中央报告同湖南省委、省顾委、省人大常委六位主要负责同志座谈的情况。报告说:离开湖南前,我同六位同志进行了座谈。他们谈道:中央决定把广东作为综合改革试验区,海南要采取比特区更开放的政策,这对促进湖南商品经济的发展带来了很好的机遇。同时,对湖南的物价、工资、外贸以及人才流向等也会带来更大的冲击。在这种新形势下,湖南要以加快开放来适应广东、海南的全面开放,要大胆放手地开展与广东、海南以及其他省市区的经济联合。为此,湖南除了充分利用本省的有利条件做好各项工作外,省委希望中央在物价、外贸、财政等方面给湖南以更多的自主权。有关的具体情况和要求,湖南省委和省政府将向中央专题上报。湖南省资源丰富,潜力很大,农业是一大优势。几年来,湖南在对外开放方面做了大量工作,但是步子迈得还不够大,很需要加快开放,同时由中央部门多下放一些自主权。据我在沿途各地的了解,湖南省市地县的领导班子基本上是好的,年富力强,团结合作,有朝气。换届的时候,要注意做好协调工作,对干部的调整幅度不宜过大,还是相对稳定为好。对少数民族干部的调整更要慎重。

12月26日—翌年1月7日 在海南岛调研。先后到文昌、琼海、万宁、陵水、三亚、通什[1]、琼中、儋县[2]等县市,

―――――――

[1] 通什,今海南五指山市。
[2] 儋县,今海南儋州市。

察看工厂，走访农村，看望种植、养殖专业户。在考察中希望干部群众认清新的形势，进一步增强团结，认真贯彻落实党的十三大精神和中央关于建设海南的各项方针政策，解放思想，实事求是，艰苦创业，加快改革开放的步伐，使海南的经济建设获得新的发展。

1988年 七十五岁

1月19日 在广东湛江向中共中央报告海南建省筹备工作的有关问题。报告说：（一）海南的形势很好，建省筹备工作进展顺利。中央决定海南建省以来，岛上各族干部和群众十分高兴，到处都在进一步探索促进改革开放和四化建设的路子。建省筹备组从政策、机构、干部、整体规划和基础设施五个方面，做了大量工作，正在逐步落实。"同时，我也感到，海南的资源虽然丰富，但经济基础比较薄弱，特别是能源、交通和通讯条件很差，急需加强建设。当前海南面临的困难和问题还相当多。一方面要加快改革开放的步伐，实行比特区更为优惠的政策和有力措施，另一方面还要发扬艰苦创业的精神，集中时间和力量，扎扎实实地打好基础，改善投资环境。否则，想快也快不了。"（二）当前岛内外人们最关注的一个问题是中央关于建设海南的政策。建省筹备组的同志以及我接触到的各级干部，都希望中央关于建设海南的政策要比特区更加开放，更加优惠。特别是在人员出国、港澳同胞和外商入境、货物进出和免税，以及资金进出等方面，能够放得更宽一些。海南的投资环境还相当差，只有实行更为特殊的政策，才能对港澳和外国商人有更大的吸引力。（三）海南的干部和群众对如何组建好各级领导班子的问题，也极为关注。在组建领导班子时，首先要考虑选拔海南本地的干部，包括外省在海南工作多年的干部；二是要考虑选拔海南的少数民族干部；三是要根据需要从中央部门和外省选派一些骨干。建省筹备组已经注意到了这些问题，正在进行反复酝酿，提出人选。建议中央有关部门帮助他们把这项工作搞好。新的领导班子要稳定，团结合作，严格执行民主集中制，树立好的工作作风。（四）建省筹备组成员王越丰[1]同志提出，海南与广东分开后，建议将广东民族学院改为华南民族学院，由国家民委直接领导，负责培训广东、海南的少数民族人才，海南可不另建民族学院。现在的主要问题是，如建立华南民族学院，其办学经费需由国家帮助解决。王越丰同志要我向中央反映，希望得到有关部门的积极支持。

1月31日 在陕西省第六届人民代表大会第六次会议上当选为陕西省出席第七届全国人民代表大会的代表。

2月15日 同荣毅仁等在深圳的老同志以及中共深圳市委、市政府负责人欢度春节。在吃团年饭时说：深圳是大有前途、大有希望的。团年饭后，在深圳会堂出席深圳市春节联欢晚会。

2月17日 农历正月初一。上午，前往深圳皇岗口岸施工工地慰问正在建设口岸的干部职工。

3月15日—19日 列席中共十三届二中全会。

3月24日 上午，出席七届全国人大一次会议预备会议和主席团会议。同万里、乌兰夫等十七人被推选为主席团常务主席。

同日 下午，出席全国政协七届一次会议开幕式。四月十日下午，出席闭幕式。会议选举李先念为全国政协主席。

3月25日 出席七届全国人大一次会议开幕会。

3月26日 上午，主持七届全国人大一次会议第二次全体会议。晚上，在北京饭店出席全国政协和中共中央统战部为欢迎

---

[1] 王越丰，1988年4月任海南省（筹建）人民政府副省长，8月任海南省人民政府副省长，9月又任中共海南省委常委。

来自港澳地区的全国人大代表和政协委员举行的宴会。

3月28日 当选为全国人大内务司法委员会主任委员。此后，亲自主持多部法律、条例的审议，领导内务司法委员会审议妇女权益保障法、未成年人保护法、残疾人保障法等一批法律草案，落实宪法规定的公民基本权利。

3月31日 上午，同王丙乾在人民大会堂陕西厅出席全国人大陕西代表团联组会。在讲话中说：建设和改革要以解放思想为先导。但是，一切事情都要从实际出发，领导思想要解放，重要的是群众思想解放。陕西发展并不慢，但老习惯、老思想多，总难一下子克服，要动脑筋，想办法，坚决干。李代总理[1]报告是个很好的报告，要联系实际进行讨论。要切忌盲目，防止不顾条件的蛮干，要谦虚，量力而行。陕西同沿海、同广东不一样，对我们自己要有认识，先迈小步，再迈大步，讲实际，干实事。要讲民主，要听取不同意见，学会这个本事，少犯错误，但这个本事学到老也学不完。陕西过去有贡献，是老革命根据地，有延安精神，要发扬延安时期的三大作风，要自力更生，艰苦奋斗，实事求是，不图虚名。搞出成绩，抹煞不了，缺点要说够。只要我们不脱离群众，经济一定能够发展。在座的大小都是个领导，对你们周围的同志一要爱护，二要批评，不能说一好百好，一坏百坏，自然、社会现象都不可能是这样。

4月7日 主持全国人大内务司法委员会第一次会议并讲话。会议讨论《关于内务司法委员会工作任务的设想（初稿）》。

4月8日 当选为全国人大常委会副委员长。晚上，出席全国人大华侨委员会、国务院侨办、全国侨联为参加七届全国人大一次会议、全国政协七届一次会议的归侨代表和归侨委员举行的

---

[1] 李代总理，指国务院代总理李鹏。

联欢会。

4月9日 晚上，出席中共中央统战部等为少数民族全国人大代表和全国政协委员举行的茶话会。

4月12日 下午，出席七届全国人大常委会第一次委员长会议[1]。会议听取王汉斌[2]汇报关于全民所有制工业企业法草案的修改意见；听取彭冲[3]汇报关于召开七届全国人大常委会第一次会议的安排意见，决定四月十三日下午召开常委会第一次会议，会期半天；同意将七届全国人大常委会代表资格审查委员会主任委员、副主任委员、委员名单草案，提请常委会第一次会议审议。

4月13日 上午，出席七届全国人大一次会议闭幕会。会议通过《中华人民共和国全民所有制工业企业法》《中华人民共和国中外合作经营企业法》和宪法修正案；决定设立海南省，建立海南经济特区。会议选举杨尚昆为中华人民共和国主席，万里为全国人大常委会委员长，邓小平为中华人民共和国中央军事委员会主席；决定李鹏为国务院总理。

同日 下午，出席七届全国人大常委会第一次会议。

4月19日 出席杨尚昆为欢迎希腊总统赫里斯托斯·萨采塔基斯及其夫人访华举行的宴会。

4月21日 同邓颖超、王震[4]等出席中国人民对外友好协会为纪念路易·艾黎举行的大会。

4月25日 下午，在人民大会堂会见由波兰议会副议长、

---

[1] 这次会议也是七届全国人大一次会议主席团常务主席会议。
[2] 王汉斌，时任全国人大常委会副委员长、全国人大法律委员会主任委员。
[3] 彭冲，时任全国人大常委会副委员长兼秘书长。
[4] 王震，时任中华人民共和国副主席。

波兰民主党副主席马莱克·维乔莱克率领的波兰民主党访华代表团。在会谈中说：改革要有魄力，有勇气，坚持到底，不光说还要做，才能收到效果。八十年代是改革的时代，全世界包括社会主义国家，第三世界、第一世界的国家都在改革，不改革就不能生存。时间不等人，迟一年问题就很大，不能停，停就等于走了回头路。改革就是改变落后贫穷。现在中国对中共十三大制定的政策有足够的信心。解决好吃的问题，其他问题就好解决得多。当然，不可能齐头并进，到任何时候都有先富后富，搞得不好差距就大，我们通过调整使后进跟上来。我们最基本的一个特点是十亿人口八亿农民，没有粮食吃怎么得了。还有一个就是民族问题。"中国有五十六个民族，除汉族以外，少数民族有八千五百万人口，不搞好民族团结，就会发生问题。我们要实现民族的大团结，共同发展，共同富裕。这是中国的一个国情。中国地方大，东方不亮西方亮。每年都有受灾的地方，互相支援就没问题了。"讲话还说：我们的民主还不够，要进一步发展民主、健全法制。现在还不配套。七届人大有个计划，在七届二次会议上要提出一系列法律法规。

同日 出席第一次全国民族团结进步先进集体先进个人表彰大会开幕式。二十八日，同赵紫阳、杨尚昆、李鹏、万里等接见参加会议的五百多位代表。二十九日，出席大会闭幕式。

4月 为纪念转战陕北胜利四十周年，撰写《英明的决策，伟大的胜利》一文。文章说：四十年前的今天，革命圣地延安在被蒋胡[1]军占领一年一个月零三天后，又重新回到人民的手中。这一年，是最艰苦、最严峻、最困难的一年，也是我西北野战军运用"蘑菇"战术，在运动中歼敌有生力量，以少胜多，创

―――――――

[1] 蒋胡，指蒋介石、胡宗南。

造奇迹的一年。广大军民在党中央和毛泽东同志直接指挥下，用血与火写成的战争史诗，将载入中国革命史册，永放光辉。每当我回忆起这段艰辛岁月，就深切怀念毛泽东、周恩来、任弼时、彭德怀等老一辈无产阶级革命家，怀念那些驰骋疆场、无私奉献、长眠在陕北大地的英勇将士，怀念边区勤劳勇敢、信念坚定、忘我支援战争的英雄人民。"转战陕北的战争，是人民的战争，胜利也是人民的胜利。""人心的向背是战争胜负的决定因素。有全边区的人民竭诚至亲地拥护我军，无私无畏地支援我军，必然陷敌于人民战争的汪洋大海之中而遭到灭亡。"

5月4日 下午，出席中国共产主义青年团第十二次全国代表大会开幕式。

同日 为第三届中国新闻纪录电影优秀影片展题词：脚踏实地，面向群众，深入生活，勇于创新。

5月5日 晚上，前往机场迎接由洪都拉斯副议长何塞·安东尼奥·费尔南德斯·古斯曼率领的洪都拉斯国民议会代表团。六日下午，同代表团举行会谈。晚上，宴请代表团。在宴会上说：虽然中、洪两国意识形态和社会制度不同，但都是发展中国家，没有根本的利害冲突。中国愿意按照和平共处五项原则，发展同洪都拉斯的友好合作关系。中国赞赏并支持中美洲五国政府和人民为实现地区和平所进行的努力，希望同该地区冲突的有关各方能够尊重中美洲人民的和平意愿，使这个地区的人民早日享受到和平与安定的生活。七日上午，参加万里同代表团的会谈。九日上午，参加杨尚昆同代表团的会谈。

5月8日 接见出席共青团十二大的陕西代表团。在讲话中说：（一）为了把这次会议精神贯彻好，我希望你们传达会议文件，一要认真，二要把文件精神和实际结合起来，创造性地执行。国有国情，省有省情，县有县情，区乡有区乡的情况，陕西不用说南北二山[1]，就是关中各县的情况也不相同，必须从具体情况出发，这就叫实事求是，这样做才叫认真。（二）搞工作是为群众服务，为群众排忧解难。现在有些同志总想论功摆好，愿意听恭维的话，不愿听逆耳之言，不那么谦虚，这不好。我们的干部，包括我们在座的青年团干部，不要去求名。你把工作做好了，就会得到群众的称赞，名也就有了。现在的工作条件比过去好多了。我们参加革命的时候，多少日子都吃不上一顿热饭。温室里是培养不出人才的。你们要找苦吃。所谓找苦吃，就是干工作不要怕艰苦，就是发扬党的艰苦奋斗作风。（三）做工作千万要不尚空谈，要实干，要敢担风险，要敢于去干预妨碍社会秩序、违法犯纪的事情。要廉洁，高效率，务实，大家都要当一个开拓进取的实干家。做团的工作的同志，首先是团干部，要经常地教育引导所有的团员以自己的模范行动去影响带动群众。一个单位搞好了，一个地区搞好了，会带动一大片。对于一些社会现象，什么是对的，什么是不对的，我们都应有个清醒的头脑，多去想一想，不要人云亦云。（四）要学习，要关心国家大事。我虽然年纪大了，但是生活方式、工作方式、思想观念的许多方面还保持着青年人的朝气。别人说我工作辛苦，很累，其实我很快乐，并不觉得是什么负担。像我们这样的人，一月不学习，不做工作，整天趴在那儿，非病不可。经常跟青年人在一起，你们的朝气就影响了我们，激励了我们，振奋了我们。所以老同志也要向青年人学习，要互相勉励，携手前进。（五）共青团要团结、教育、引导广大青年为实现党在社会主义初级阶段的基本路线而奋斗。我们党的事业，国家的事业，都寄希望于青年身上，你们

---

[1] 南北二山，指关中南部的秦岭山脉和关中北部的乔山山脉，陕西当地人称南山、北山。

一定要勇敢地肩负起历史所赋予的光荣艰巨的任务，努力为祖国实现四化，振兴中华作出应有的贡献；同时，把自己锻炼成为有理想、有道德、有文化、有纪律的新人。

同日 为谢子长烈士陵园题词：子长同志的革命精神和光辉业绩永垂不朽。

同日 为邓宝珊题词：党的挚友，人民功臣。

5月9日 同陈慕华[1]在北京国际饭店出席第二届全国烹饪技术比赛开幕式。十八日，出席闭幕式。

5月10日 出席全国人大内务司法委员会第二次全体会议。在讲话中说：内务司法委员会是七届全国人大新设的专门机构。要做好委员会的工作，首先是按照宪法赋予全国人大及其常委会的职权，认真履行委员会的职责，努力完成各项任务，做到既不失职，又不越权。第二是坚持民主集中制，讨论问题时，要充分发扬民主，畅所欲言，各抒己见，在此基础上，按照少数服从多数的原则，自觉地遵守和维护集体作出的决定。第三是实行集体领导和分工负责相结合的原则，充分发挥每个成员的积极性和创造性，各尽其能，各施所长，为全国人大及其常委会做好服务。在谈到内务司法委员会今后五年工作规划时说：（一）进一步加强审议和参与拟订法律草案的工作。立法工作还很繁重，内务司法委员会要通盘进行考虑，分轻重缓急和难易程度，制定五年工作规划，与人大法律委员会和有关部门会商研究，通力合作，一项一项地、一年一年地落实。（二）为人大及其常委会加强对内务司法各部门的监督工作做好服务，使监督工作逐步走向制度化、法律化。（三）加强自身建设。首先，要加强宪法和法律的

---

[1] 陈慕华，时任全国人大常委会副委员长、全国人大财政经济委员会主任委员，1988年9月又任全国妇联主席。

学习，做到知法、懂法、执法，依法办事，用法管理，并在这方面起模范带头作用。第二，要深入实际，调查研究。第三，要密切同全国人大代表和人民群众的联系。委员会要广泛听取和收集来自基层、来自群众的意见和要求，认真处理好人大代表的议案、建议和人民来信来访，切实做到件件有着落，重要的要作出答复或公开进行报道，认真接受群众的监督。第四，要树立优良的工作作风。委员会在办理职责范围内的事项中，必须实事求是，公正廉明，严谨细致，讲求效率，注意防止和克服官僚主义作风。讲话还对内务司法委员会工作规则及副主任委员、委员的分工作了说明。

同日 出席中国民主同盟中央委员会举行的杜斌丞诞辰一百周年纪念会。

同日 致信北京服装学院。信中说：借此贵院正式命名之际，谨向你们表示热烈的祝贺！北京服装学院是我国第一所全面性的以服装科学、工程、艺术为主体的高等学府。希望你们造就大批科学上的艺术家和艺术上的科学家，为提高我国纺织工业的现代化水平、美化人民生活作出新的贡献。

5月12日 出席由中华护理学会等单位主办的五一二国际护士节表彰暨纪念大会。

5月14日 参加中共中央顾问委员会、解放军总政治部等九单位为迎接六一国际儿童节举行的"为小苗浇上泉水"首届象征性马拉松竞走大赛。

同日 晚上，同胡启立、阎明复[1]等在民族文化宫观看藏族歌舞团的汇报演出。

---

[1] 阎明复，时任中共中央书记处书记、中共中央统战部部长、全国政协副主席。

5月20日 为陕西汉中师范学院题词：坚持改革，全面发展，德才兼备，面向中等教育。

5月21日 致电新华社香港分社。电文说：获悉热爱祖国、德高望重的费彝民[1]先生病逝，不胜哀痛，特电致唁。请代向费先生的亲属表达我对他们的诚挚慰问，并以我个人的名义献一花圈，以示悼念。三十一日下午，在八宝山革命公墓礼堂出席费彝民骨灰安放仪式。费彝民于五月十八日在香港逝世，享年八十岁。

5月26日 主持全国人大内务司法委员会第二次主任委员会议。会议审议通过内务司法委员会的五年工作设想、工作规则和议事规则，研究委员会当前的几项紧要工作。

5月27日 下午，在八宝山革命公墓礼堂出席庄希泉[2]遗体告别仪式。庄希泉于五月十四日在北京逝世，享年一百岁。

同日 下午，出席中共中央顾问委员会、中共中央组织部、全国老龄委员会、共青团中央联合召开的"关心下一代"工作座谈会。

5月30日 列席中共中央政治局会议，漫谈形势和党政机关廉洁的有关文件。

6月1日 同赵紫阳、杨尚昆、李鹏、万里等在中南海怀仁堂接见参加全国儿童少年工作者座谈会的全体代表。

同日 致信洛阳耐火材料厂。信中说：欣悉洛耐建厂三十周年，我怀着十分高兴的心情，向全厂职工同志们表示热烈的祝贺和诚挚的问候！三十年来，你们在党和政府的领导下，艰苦创业，奋发图强，辛勤劳动，把洛耐建成了我国颇具规模的中高档

---

[1] 费彝民，逝世前任全国人大法律委员会副主任委员、香港特别行政区基本法起草委员会副主任委员、香港《大公报》社长。
[2] 庄希泉，逝世前任中华全国归国华侨联合会名誉主席。

耐火材料生产基地，为发展国民经济作出了应有的贡献。我在一九六〇年五月，曾经到你厂参观视察，在七十年代受"四人帮"迫害期间，我又在你厂居住了较长的一段时间。厂里广大职工对我的热情关怀和照顾，至今仍铭记在心，萦怀难忘。当前，我们国家在党的十三大精神指引下，全面深入地进行四化建设和改革，作为洛耐的一个老朋友，我衷心地希望全厂的职工团结一心，发扬艰苦奋斗的光荣传统，勇于开拓进取，加速技术改造，改善经营管理，搞好两个文明建设，为把你厂建设成为现代化的新型企业作出新的更大的贡献！

同日 为洛阳耐火材料厂题词：坚持改革开放，艰苦奋斗，精心管理，为把洛耐建成现代化企业作出新的贡献。

6月4日 复信黎子流。信中说：五月二十八日来函阅悉。欣闻江门外海大桥提前四个月建成通车，十分高兴。外海大桥是江门市积极执行改革开放的丰硕成果，是成功引进国外先进技术的丰硕成果。这座公路大桥的建成，必将进一步促进侨乡商品经济的繁荣发展，加快江门市和毗邻地区四化建设和改革开放的步伐。我衷心祝愿江门市在开发珠江三角洲经济中，取得新的更大的成绩！

6月10日 下午，接见中国羽毛球代表团全体成员。在讲话中说：你们再次夺得汤姆斯杯和尤伯杯，不仅我这个名誉主席高兴，全国人民都高兴。羽毛球队是一支很好的队伍。今后要加倍努力，刻苦训练，技术上要不断创新，战术上要灵活运用，有应变能力。要按照小平同志讲的那样，要从娃娃抓起。各级体委要重视对羽毛球后备力量的培养，只有这样我们才能保持羽毛球在世界上的领先地位。

6月11日 会见由巴西立宪议会秘书长马·科尔德罗率领的民主运动党代表团。

同日 主持全国人大内务司法委员会第三次主任委员办公会议，审议委员会拟在七届全国人大常委会二次会议上的发言稿，讨论委员会自身建设问题。

6月12日—18日 在广东省江门市和深圳经济特区参观。十三日下午，参加江门外海大桥暨浮法玻璃厂、北街大桥、江门体育馆、江礼大桥、六千门程控电话交换机五项工程落成典礼。十五日，到达深圳。在深圳期间，听取中共深圳市委、市政府负责人的工作汇报和情况介绍。

6月24日 向中共中央报告在广东江门和深圳经济特区参观的有关情况。报告说：李灏[1]同志向我谈了以下几个问题，希望中央在体制和政策上进一步给予支持。（一）关于深圳市实行计划单列问题。今年初，深圳市向国务院和广东省提出报告，要求原由国家通过省下达的固定资产投资、利用外资、财政、外贸、物资以及信贷、劳动工资等计划实行全面单列，由国家直接管理，赋予深圳市以相当于省一级的权限。不久以前，厦门市的计划单列报告已经批准，希望国务院和广东省对深圳市的计划单列报告早日予以批准。（二）关于在管好"二线"的基础上逐步放开"一线"的问题。特区管理线（二线）自一九八六年四月正式启用以来，已实施了有效的管理。特别是随着外向型经济的迅速发展，深圳特区与国际市场尤其是香港的交往越来越多，外商也强烈要求放开"一线"。建议在管好"二线"的基础上，将深圳与香港接壤的"一线"有计划地逐步放开，实行境外商品、物资不出"二线"不视为进口，内地进入深圳特区的商品、物资不出"一线"不视为出口。即特区自用的生产资料和生活资料，均免税进口。特区免税进口的货物和商品，如运往内地则应严格按

---

[1] 李灏，时任中共深圳市委书记、深圳市市长。

照海关有关规定执行，并照章补税。（三）关于立法权问题。深圳特区目前实行的法规，主要是由广东省人大及其常委会制定。法规草案由深圳市政府拟定报广东省政府审定后提请省人大或常委会审议通过。这种程序，层次多，时间长，难以适应特区发展的需要，而且当法规公布实施后，在实践中发现有些法规条款不适应变化了的情况，也难以及时作出相应的修改。为此，希望全国人大和国务院在深圳市成立人大以前，授予深圳市政府制定特区地方行政法规的权力。

6月25日 出席七届全国人大常委会第二次会议，听取中央军委对《关于授予军队离休干部中国人民解放军功勋荣誉章的规定》的修改意见、法律委员会对《中国人民解放军军官军衔条例（草案）》审议结果的报告等文件；审议《国务院关于报请审议海南建省筹备组筹备召开海南省人民代表会议的请示》等文件。二十八日，出席全体会议，听取关于七届全国人大常委会工作要点和各专门委员会工作规划的汇报、财经委员会关于一九八七年国家决算的审查报告。七月一日下午，出席闭幕会。会议通过关于批准中央军事委员会《关于授予军队离休干部中国人民解放军功勋荣誉章的规定》的决定和《中国人民解放军军官军衔条例》等。

6月27日 同胡启立等在人民大会堂出席中共中央宣传部和公安部召开的人民群众见义勇为与犯罪分子作斗争先进分子表彰大会。

6月或7月初 就派往香港工作的人员中存在的违法乱纪问题致信中共中央政治局常委。七月四日，邓小平批示："各方面反映，派在香港的人和机构（公司等）非常庞杂和混乱，贪污腐化、违法乱纪的人不是个别的。建议设立一个专门小组，花一年时间，进行整顿，撤回一批机构。对于犯罪的人，不管其后台是谁，都要迅速、从严处理，发现一个处理一个，发现一批处理一批，决不手软。"

7月1日 上午，出席全国人大常委会委员长会议。会议同意在全国人大常委会工作要点的立法工作部分，增加有关香港特别行政区基本法和澳门特别行政区基本法起草工作的内容，提请这次常委会议审议；同意关于批准一九八七年国家决算的决议草案，提请常委会议审议通过。

7月6日 主持全国人大内务司法委员会主任委员会议。会议讨论并原则通过《内务司法委员会一九八八年下半年工作安排》。在讨论信访工作时指出：要切实纠正历史遗留的久拖不决的冤假错案，对于投诉专门委员会的来信来访，由信访部门统一负责处理。

7月7日 在北京医院出席梁漱溟[1]遗体告别仪式。梁漱溟于六月二十三日在北京逝世，享年九十五岁。

7月8日—15日 应朝鲜最高人民会议常设会议的邀请，率全国人大代表团对朝鲜进行友好访问。八日上午，离开北京，乘飞机前往朝鲜。中午，抵达平壤。晚上，出席朝鲜最高人民会议常设会议在平壤万寿台议事堂举行的欢迎宴会。在讲话中说：中朝友谊之花是中朝两国无数先烈用鲜血和生命浇灌出来的，是两国老一代无产阶级革命家精心培育起来的，必须倍加珍惜。衷心希望这次访问能够为增进两国人民和两国议会之间的友谊作出自己的贡献。十二日，到清津市访问，参观金策钢铁厂、镜城瓷厂和西头水电站，出席在咸镜北道举行的欢迎宴会。十三日，同朝鲜民主主义人民共和国主席金日成举行会晤，介绍中国政治、经济体制改革的情况。十五日，结束对朝鲜的访问，率代表团乘飞

---

[1] 梁漱溟，著名爱国民主人士，逝世前任全国政协常务委员。

机离开平壤回国。

7月18日 上午,同赵紫阳、彭真、乔石等会见出席全国法院工作会议和全国公安边防工作会议的代表。

7月22日 上午,会见瑞士基督教民主党主席埃娃·泽格米勒一行。

7月30日 下午,出席中央军委授予军队离休干部功勋荣誉章仪式。随后出席庆祝中国人民解放军建军六十一周年招待会。

7月 撰写《学习和发扬贺龙同志的高尚品德和优良作风》一文。文章说:"贺总党性坚强,一切服从党的利益,视党为第一生命。而作为一个长期独当一面的军队高级将领,又体现为他始终把军队置于党的领导之下,坚守党指挥枪的原则。至于个人,他也是党叫干啥就干啥,不计名利进退,勇挑革命重担,心悦诚服地听从党的调动和安排。"贺总作为卓越的马克思主义军事家,不仅具有高超的指挥艺术,而且还长于建军治军,重视教育训练。他不仅是革命家、军事家,而且懂经济,善理财,会建设。新中国成立后,贺总作为党和国家的领导人,更加显示了他左宜右有,资兼文武的才干。

8月2日 上午,在八宝山革命公墓礼堂出席纪登奎[1]遗体告别仪式。纪登奎于七月十三日在北京逝世,享年六十五岁。

8月5日 下午,同胡启立、王震、李铁映[2]、芮杏文[3]、方毅[4]、康克清等前往北戴河国家教委教工活动中心,看望正

---

[1] 纪登奎,逝世前任国务院农村发展研究中心研究员。
[2] 李铁映,时任中共中央政治局委员、国务委员、国家教育委员会主任。
[3] 芮杏文,时任中共中央书记处书记。
[4] 方毅,时任全国政协副主席。

在参加夏令营的优秀教师代表。

8月10日 在新华社《国内动态清样》八月十日刊载的《喀什开放后国外宗教势力渗透情况严重》一文上批示：应是一个深切关注的问题。

8月18日 在北戴河为《办公室工作规范》一书作序。序言说：办公室工作很重要。一九八五年全国秘书长、办公厅主任座谈会时，我讲过办公厅、办公室是个"瓶子口"，领导的决策、指示下达，下边的请示、报告上报都经过这里。这是个比喻，是讲它的重要性。它要对各种文件、信息和其他事务进行加工处理，使信息畅通、运转高效能，为领导工作做好服务。如果每个办公室都恪尽职责，认真细致地把为领导办事和当参谋的工作做好，那对国家法律、法令和党的方针、政策的贯彻执行，是个很有力的推动。在改革开放和四化建设中，各级办公室无疑会发挥积极的促进作用。"关于办公室工作，我希望各级领导牢牢抓住这么两点：一是要以改革创新的精神，总结好经验，进一步完善办公室工作的运转机制，把办文、办事的效率搞上去，坚决克服官僚主义作风；二是要把为领导决策服务的参谋职能发挥好，主要是搞好调查研究和信息工作，搞好文字工作。当然，其他工作，如查办、信访等等，也都应搞好。大事要抓住，小事也不可疏忽。"

8月21日 在国家经济信息中心《经济消息（快报）》增刊八月四日刊载的《美籍华人刘遵义教授就当前中国经济的主要问题发表意见》一文上批示："当作学习，务必三读，结合实际，反复考虑。"此前，美国斯坦福大学教授、台湾"中央研究院"院士刘遵义于七月应邀到南京和北京讲学，就中国经济改革问题提出以下意见：（一）控制总需求。这是当前中国最重要最紧迫的任务。（二）正确看待增长速度。（三）物价改革与工资改革。工资绝对不能与价格指数挂钩。（四）企业改革。大型企业的高级管理人员很重要。（五）人民币汇率。（六）产业政策问题。（七）海峡两岸经济发展问题。

8月23日 上午，同杨尚昆、李鹏、彭真、乔石、彭冲、王芳[1]、任建新[2]、刘复之[3]等在人民大会堂会见全国国家安全厅局长会议参会代表。

8月28日 为《绥德文工团史》题词：深入生活扎根群众，开拓创新繁荣文艺。

同日 为延安大学四十七周年校庆题词：坚持教育改革，发扬光荣传统，办好延安大学。

同日 为中国记者协会创办的《中国之友》题词：广交朋友，增进情谊。

同日 为河南省社科学会联合会《学术百家》题词：繁荣学术研究，服务经济建设。

同日 为《党政机关秘书工作丛书》题词：认真总结我国秘书工作的丰富经验，更好地为新时期的领导工作服务。

同日 为陕西省档案馆三十周年馆庆题词：加强档案的保管利用工作，为社会主义现代化建设服务。

8月29日 出席全国人大常委会委员长会议。会议研究委员们对常委会第三次会议议程草案提出的意见，决定增加一项议程：听取姚依林关于制定价格、工资改革初步方案的情况介绍。

同日 上午，出席七届全国人大常委会第三次会议，向会议提交《关于全国人大代表团访问朝鲜民主主义人民共和国情况的报告》。三十日上午，出席全体会议，听取关于社会治安情况的

---

[1] 王芳，时任国务委员兼公安部部长。
[2] 任建新，时任最高人民法院院长。
[3] 刘复之，时任中共中央顾问委员会委员、最高人民检察院检察长。

汇报和文物保护法实施情况的汇报。九月五日下午，出席闭幕会。会议通过《中华人民共和国保守国家秘密法》和《中国人民解放军现役军官服役条例》，任命周杰、李钟英为全国人大常委会副秘书长。

8月31日 主持全国人大内务司法委员会主任委员会议。会议听取邹瑜[1]汇报全国人大常委会秘书处批准的《内务司法委员会编制方案》和《委员长会议关于在内务司法委员会设立妇女儿童和青少年专门小组的决定》；讨论和确定委员会机构设置和干部配备问题以及委员会一九八八年后四个月的工作。

9月1日 上午，同赵紫阳、杨尚昆、李鹏、万里、邓颖超、乔石、胡启立、姚依林等出席中国妇女第六次全国代表大会开幕式。

9月3日 上午，出席全国人大常委会委员长会议。会议讨论全国人大常委会副秘书长人选问题。

9月7日 在新华社《国内动态清样》九月七日刊载的《湖南省检察院研究室对解决当前政法工作几个问题的建议》一文上批示："符合实际，值得注意。"该文提出，政法机关要树立以变应变的战略思想，切实解决和防止斗争方式上的简单化和形式主义；要坚持罪刑相一致的原则，注意防止和克服"重于治民，轻于治吏"的现象；要坚持有法必依、执法必严、违法必究的原则，防止和克服"经济主义"思想的侵蚀；要坚持以惩罚犯罪、保护人民为己任，防止和克服"一手抓案子，一手抓票子"的思想；要坚持从严治警，及时清除各种害群之马，纯洁政法队伍。

同日 晚上，同吴学谦[2]、马文瑞出席中国人民对外友好

---

[1] 邹瑜，时任全国人大常委会委员、全国人大内务司法委员会副主任委员。
[2] 吴学谦，时任中共中央政治局委员、国务院副总理。

协会和中朝友好协会举行的庆祝朝鲜民主主义人民共和国建国四十周年招待会。

9月10日 晚上，同田纪云等参观全国轻工业出口产品展览会。

9月14日 在中南海怀仁堂出席中央军委授予中国人民解放军上将军官军衔仪式。

9月15日—21日 出席中共中央政治局召开的中央工作会议。会议作出治理经济环境、整顿经济秩序、全面深化改革的决定。

9月19日 下午，在八宝山革命公墓礼堂出席缪云台遗体告别仪式。缪云台于九月三日在北京逝世，享年九十四岁。

9月20日 晚上，同李铁映、宋任穷、阎明复等出席由宋庆龄基金会举行的"九二〇国际和平日"——中国儿童与和平文艺晚会。

9月26日—30日 列席中共十三届三中全会。全会批准中共中央政治局提出的治理经济环境、整顿经济秩序、全面深化改革的方针，决定从加快改革步伐转向其后两年以治理经济环境和整顿经济秩序为重点，强调价格改革不能孤军突出，改革必须是全面的配套改革。

9月28日 晚上，在首都人民剧场观看粤剧表演艺术家红线女的个人演唱会。

9月29日 晚上，在人民大会堂出席全国人大常委会举行的国庆三十九周年招待会。

9月30日 下午，在人民大会堂出席国务院举行的国庆三十九周年招待会。

10月5日 《朱自清全集》第一、二、三卷出版发行仪式在北京举行。此前，为《朱自清全集》前三卷的出版撰写贺信。

同日 晚上，同杨尚昆、李鹏、胡启立、李铁映、秦基伟、宋任穷、程子华、彭冲、荣毅仁出席由国家体委、全国体总、中国奥委会举行的招待会，欢迎从第二十四届夏季奥运会凯旋的中国体育代表团。第二十四届夏季奥运会于九月十七日至十月二日在韩国汉城（今称首尔）举行，中国代表团获得五枚金牌、十一枚银牌、十二枚铜牌。

10月8日 上午，同宋平、宋任穷、阎明复、朱学范、周谷城、王任重〔1〕、程思远〔2〕、孙晓村〔3〕等会见出席中国民主同盟第六次全国代表大会的代表。

10月9日 下午，同杨尚昆、李鹏、万里、王震、田纪云、李铁映、李锡铭〔4〕、彭冲、王任重、康克清等在北京先农坛体育场出席首届全国农民运动会开幕式。

10月10日 在新华社《国内动态清样》十月十日刊载的《浙江省委常委讨论贯彻十三届三中全会精神》一文上批示："这个清样值得一看。"该文反映，浙江省委常委认为，贯彻十三届三中全会和中央工作会议精神，关键在于统一思想，拿出过硬的措施来，真正落实到行动上；要特别强调顾全大局；我们发生的许多问题，都和头脑过热有关，这次要在指导思想上来一个转变。有的同志认为，经济过热的教训一是思想过热，急于求成；二是宏观失控。要正确处理开放搞活与宏观调控的关系，不能把两者对立起来，要把抑制总需求同增加供给很好地结合起来。

同日 在新华社一个刊物十月十日刊载的《河南省今年粮食

---

〔1〕 王任重，时任全国政协副主席。
〔2〕 程思远，时任全国政协副主席兼祖国统一联谊委员会副主任、中国和平统一促进会会长。
〔3〕 孙晓村，时任全国政协副主席兼文史资料委员会主任。
〔4〕 李锡铭，时任中共中央政治局委员、中共北京市委书记。

产量有多少？——对一些上报数字的调查与分析》一文上批示："说假话的风气一定要治一治才好，不然会坏大事。"该文说：通过实地调查、走访，发现河南各地存在着夏粮多报、秋粮少报的现象。原因主要有：（一）受责任目标左右，为了完成夏粮"目标"，不得不加点虚数。（二）今年河南有些县级班子换届，刚上任为了面子，硬撑着报产量。（三）秋季大家普遍吵着受灾减产，趁机少报，既可弥补夏粮虚数，又不丢人。（四）市场粮价一涨再涨，粮食不好收购，报秋粮减产一是想减少定购任务，二是想向上边要救济。

同日 在新华社《国内动态清样》十月十日刊载的《神府东胜煤田开发建设中存在的问题》一文上批示："多头领导常常坏事，总有个统一指挥机构好。"该文反映，煤田开发建设存在的主要问题是：（一）体制不顺，矿区建设多层管理，造成一定程度的混乱。（二）对精煤公司统一组织产运销争议很大。产地县领导担心，在产量大于运力的情况下，地方自办矿生产的煤运不出去，影响地方财政和农民收入。（三）矿区规划不尽合理，影响了乡镇和农民办矿的积极性。

10月15日 会见并宴请墨西哥社会党执行委员、书记处书记一行六人。

10月16日 为武衡[1]《延安时代科技史》一书作序。序言说：早在延安时代，武衡同志就做过科技工作。新中国成立后，他又长期在科技战线担负领导工作，知识渊博，经验丰富。这本书将延安时代陕甘宁边区依靠党的正确政策，充分发挥科学技术作用，迅速发展经济的一段历史翔实地记载下来，是极有价值的。在延安时代，党提出了科学技术为国防和经济建设服务的

---

[1] 武衡，时任中共中央顾问委员会委员。

方针；现在我们要把科学技术力量放在经济建设的主战场，为实现社会主义现代化努力奋斗。在延安时代，党采取了一系列政策措施，团结、教育知识分子，充分发挥他们的专长和积极性；现在我们更要尊重知识、尊重人才、培养人才、使用人才，使人才脱颖而出。在延安时代，既然能够在异常贫穷落后的条件下，使经济科技得到适当发展，从而做到丰衣足食；现在我们更要坚持改革开放，自力更生，艰苦创业，实事求是，把我国建设成为富强、民主、文明的社会主义现代化国家。

同日 为《信访工作手册》题词：密切联系群众做好信访工作。

10月17日 主持全国人大内务司法委员会第六次会议，审议并原则通过七届全国人大一次会议主席团交付审议的代表议案结果的报告稿。

10月18日 在新华社《国内动态清样》十月十八日刊载的《黑龙江省一些领导干部提出贯彻中央会议精神应注意几个问题》一文上批示："一个好的材料。"该文反映，黑龙江省委就贯彻中共十三届三中全会和中央工作会议精神，提出了一些值得重视的意见，主要有：（一）说到做到，说话才灵。一是领导以身作则，二是敢于碰硬。（二）总结教训更重要。压缩基建规模，第一步该停的马上要停下来，第二步对决策失误的项目，必须追查当事者的责任。（三）党要管党，也要用党。（四）做好思想政治工作是个大问题。（五）不能走回头路。

10月19日 下午，同杨得志、黄华、乌兰夫[1]、廖汉生、王任重等在人民大会堂出席中国共产主义青年团五四青年奖章授奖仪式。

---

[1] 乌兰夫，时任全国人大常委会副委员长。

同日 晚上，在天安门广场出席一九八八年全国城市运动会火炬点火仪式，将点燃的火炬转交给专程从济南前来北京迎接火炬的山东省运动员代表。全国城市运动会于二十三日在济南开幕。

10月21日 上午，出席全国人大常委会委员长会议。会议决定十月三十一日召开七届全国人大常委会第四次会议，会期约八天；同意曹志[1]汇报的关于会议议程草案的安排意见；原则同意《全国人民代表大会常务委员会关于加强民主法制，维护安定团结，保障改革和建设顺利进行的决定（草案）》。

10月22日 上午，同赵紫阳、杨尚昆、李鹏、万里、胡启立、王震等在人民大会堂出席中国工会第十一次全国代表大会开幕式。

同日 同李锡铭、阎明复、阿沛·阿旺晋美、赛福鼎·艾则孜和司马义·艾买提等出席第二届首都民族团结进步表彰大会。

10月24日 同杨尚昆、王震等出席纪念彭德怀诞辰九十周年座谈会。

10月26日 会见巴西众议员卢西奥·阿尔坎塔拉一行。

10月27日 同万里、彭冲接见参加各省、自治区、直辖市代表联络工作座谈会的同志。

同日 在新华社《国内动态清样》十月二十七日刊载的《从"放"到"造"：改革面临重大战略转折——广东理论界部分专家学者对当前改革的思考》一文上批示："此件很好，要反复阅读研究。"该文反映，广东部分专家学者认为，改革必须从以往的以"放"来冲击旧体制生长新体制的战略，转向以"造"来建立新体制的战略。只有这样，才能从当前改革所面临的困境中走出

---

[1] 曹志，时任全国人大常委会副秘书长。

来，尽快缩短改革的"阵痛"期。

10月29日 同李铁映、宋任穷、廖汉生、王任重等出席国家体委和中国伤残人联合会为第八届国际伤残人奥运会中国代表团举行的欢迎庆功会。第八届国际伤残人奥运会于十月十六日至二十四日在韩国汉城（今称首尔）举行。中国代表团获十七枚金牌、十七枚银牌、十枚铜牌，并打破六项伤残人世界纪录和伤残人奥运会纪录。

10月31日 出席七届全国人大常委会第四次会议。十一月二日下午，出席全体会议，听取有关法律草案的审议情况的汇报和议案的说明。三日上午，主持全体会议，听取何康[1]关于当前农业生产形势和一九八九年工作安排的汇报。八日下午，出席闭幕会。会议通过《中华人民共和国野生动物保护法》《全国人民代表大会常务委员会关于加强民主法制，维护安定团结，保障改革和建设顺利进行的决定》等法律和文件。

同日 下午，在八宝山革命公墓礼堂出席萨空了[2]遗体告别仪式。萨空了于十月十六日在北京逝世，享年八十一岁。

11月4日 下午，同彭真、乔石、陈丕显[3]、彭冲、王汉斌、王芳、任建新、刘复之等在人民大会堂会见出席全国检察长工作会议的全体代表。

11月5日 下午，出席全国人大常委会委员长会议。听取曹志《关于加强民主法制，维护安定团结，保障改革和建设顺利进行的决定（草案）》修改情况的汇报。

11月8日 同邓小平、赵紫阳、杨尚昆、李鹏、万里、彭

---

[1] 何康，时任农业部部长。
[2] 萨空了，逝世前任中国民主同盟中央副主席。
[3] 陈丕显，时任中共中央顾问委员会常务委员。

真等在人民大会堂会见出席中国文学艺术界联合会第五次代表大会的代表。

同日 主持全国人大内务司法委员会主任委员办公会议，审议杨纪珂[1]等提出的《请内务司法委员会对杭州市两院行使监督权的议案》[2]。在讲话中说：所提议案很重要，一定要认真对待，组成小组抓紧调查，争取在年底第三次常委会开会前向委员长会议提出报告，请李瑞山[3]同志负责。一定要客观公正，实事求是，不要感情用事，不要以权压人，以势压人，坚持以事实为依据，以法律为准绳，查清案情。此案情况复杂，涉及面广，影响较大，但不要怕。会后，同邹瑜谈话，叮嘱说："如果在调查中遇到阻力要及时向我汇报，要向人大常委会作书面报告，和最高人民法院、最高人民检察院、公安部协商，克服困难，查明真相，依法处理。"此后，经过调查组近两个月的调查，全案得到平反，并由最高人民法院和最高人民检察院对杭州市违法人员进行处理。

11月12日 同田纪云、阎明复、程子华等出席中国国民党革命委员会第七次全国代表大会开幕式。

---

[1] 杨纪珂，时任全国人大常委会委员、安徽省人大常委会副主任、致公党中央常务副主席。

[2] 1986年，杭州市公安局认定民办科技机构浙江精细化工研究所所长戴晓钟犯有投机倒把罪，对其执行逮捕并超期拘押。1988年8月19日，杭州市中级人民法院作出无罪判决，但在判决书中仍保留"欺骗违法"的提法，案件中的一些问题未能澄清。10月23日，杨纪珂等十多名全国人大常委会委员联名提出《请内务司法委员会对杭州市两院行使监督权的议案》，全国人大常委会委员长会议决定交付内务司法委员会审议和调查。

[3] 李瑞山，时任全国人大常委会委员、全国人大内务司法委员会副主任委员。

11月14日 为《甘肃省志》题词：编好志书是件益国利民的千秋大业。

11月15日 视察武警北京总队训练基地和武警特警学校。

11月19日 下午，同陈锡联〔1〕、陈慕华等出席全国十六城市少年儿童"改革在我心中、我在改革中成长"主题教育活动总结表彰大会。

11月24日 听取阎明复、胡锦涛〔2〕关于西藏情况的汇报。

11月26日 出席爱国卫生运动委员会第八次委员扩大会议。

11月27日 同田纪云、张劲夫〔3〕等出席中华全国工商业联合会第六届会员代表大会开幕式。

11月28日 晚上，同宋任穷出席首届中国戏剧节开幕式。

11月29日 下午，同吴学谦、阎明复、杨静仁等在人民大会堂出席中国天主教自选自圣主教三十周年庆祝大会。

12月4日—20日 在广东视察工作。先后到广州、东莞、深圳、珠海、中山等市以及番禺县和宝安县，了解治理经济环境、整顿经济秩序、全面深化改革以及当地群众生活的状况。在视察中提出：（一）要搞好企业的经营管理，提高经济效益，大力增加有效的供给。要艰苦奋斗，保持我国人民勤俭办事的传统美德，紧缩开支，精打细算，节约一度电、一滴水，把有限的资金用在刀刃上，使特区艰苦创业的精神在新形势下得到发扬。（二）农业是国民经济的基础，粮食是基础的基础。任何时候都不能忽视粮食生产。要特别重视山区和沿海滩涂的综合开发与利用。要积极应用先进的科学技术，增加投入，增强农业发展的后

---

〔1〕 陈锡联，时任中共中央顾问委员会常务委员。
〔2〕 胡锦涛，时任中共西藏自治区委书记、西藏军区党委第一书记。
〔3〕 张劲夫，时任中共中央顾问委员会常务委员。

劲。一定要加强国土管理，坚决杜绝滥占耕地的现象。（三）要处理好局部与全局的关系。遇到对局部有利而影响全局的问题时，要顾全大局，要有自我牺牲精神。（四）各级干部要廉洁奉公，遵纪守法，联系群众，发展安定、团结、民主、和谐的环境，把各项工作搞得更好。

12月7日 向中共中央报送《广东等地当前需要注意的几个问题》的报告。报告说：我请假来广东治病，顺便视察了几个地方，了解各地贯彻落实十三届三中全会精神的情况。总的说，反映出来的情况是好的，行动快，措施坚决，效果明显，社会影响很好。当前广东地区（也包括沿海开放的其他城市）主要存在这样一些突出问题：（一）压缩了"三资"企业固定资产的投资，造成了单方不履行合同的后果，使引进的外资和原材料供应受阻，致我国对外经济政策的信誉降低。建议对"三资"和"三来一补"企业固定资产的投资与其他行业应有所区别。（二）内地人口盲目流向广东及其他沿海地区，造成交通运输和食品供应紧张，给社会治安也带来诸多不利因素。建议中央通知各省，加强对外流劳力的管理，采取切实措施减轻沿海地区的压力。（三）广东地区（也包括沿海开放的其他城市）嫖娼卖淫的丑恶现象有蔓延发展的趋势，导致性病的发生，社会风气的败坏，治安情况的恶化。建议采取措施，严厉打击，尽快煞住这股歪风邪气。

12月7日—15日 在深圳视察。走访深圳市区的部分服务行业和宝安县农村。在南岭村详细询问对外来劳动力的管理问题，了解外来临时工的招收、培训和粮食供应办法，肯定宝安县让外来的临时工实行自然轮换的做法。其间，听取中共深圳市委、市政府负责人的工作汇报。在讲话中说：改革是一项十分艰巨的任务，难免出现某些失误，但改革的方向必须坚定不移，不能踏步不前，决不能走回头路。"十亿人口搞改革，这是一篇大文章，要在实践中不断总结经验。改革开放，深圳走在前头，实践经验比较多，要把这些经验提高到理论上进行总结，深化改革，加快改革的步伐。"在视察中还提出，要吸收外国的先进管理经验，结合中国的实际，创造特区自己的管理制度。

12月15日—17日　在珠海视察。十五日下午，抵达珠海。十六日，视察珠海部分工厂，听取中共珠海市委、市政府负责人的工作汇报。在讲话中说：珠海党员干部和群众的精神面貌很好，积极拥护党中央关于治理整顿的决定，拥护改革。珠海结合具体实际来搞建设，城市规划合理，农业发展很快，围海造地开辟了大量农田，珠海特区的试办获得了国内外友好人士的赞扬。希望珠海继续贯彻中央精神，保持协调、团结、尊重群众的民主气氛，正视改革中不可避免出现的问题，总结经验，统一认识，抓好重点建设，坚持改革开放。相信珠海一定能走在全国前列，不断开创新的局面。十七日，途经中山市返回广州。

12月18日　听取中共广东省委、广东省人大常委会负责人关于进一步搞好广东工作的汇报。在讲话中说：此行所了解的几个城市落实"两会"[1]精神的态度是积极的，方针是正确的，工农业生产发展的势头不错，广大干部群众的精神面貌很好。当前广东的任务艰巨。面对银根抽紧、原材料和能源紧张的困难，要根据当地实际情况，通过整治环境，深化改革，调动一切积极因素，使广东各项工作在原来的基础上更加稳步协调地发展。希望广东的同志坚持用马克思主义的观点，实事求是地研究新情况新问题；要顾全大局，结合实际，脚踏实地地把中央"两会"精神落实到基层。对该压的项目一定要压，对该保的项目一定要

---

〔1〕　这里指1988年召开的中央工作会议和中共十三届三中全会。

保，态度一定要坚决。要把治理经济环境、整顿经济秩序同实施沿海经济发展战略很好地结合起来。大家要不断总结经验，充分发挥改革开放综合试验区先走一步的作用，争取各项工作走在全国的前列。

同日 下午，在解放军总后勤部礼堂出席乌兰夫遗体告别仪式。乌兰夫于十二月八日在北京逝世，享年八十二岁。

12月23日 上午，出席七届全国人大常委会第五次会议，听取标准化法草案、土地管理法修正案草案审议结果的报告和进出口商品检验法草案、传染病防治法草案的说明等文件。

12月26日 下午，出席七届全国人大常委会第五次会议。会议审议《中华人民共和国传染病防治法（草案）》《中华人民共和国进出口商品检验法（草案）》等议案。在谈到传染病防治问题时说：对于传染病以及传染病的防治办法要加强研究，不然，你没有搞清楚它是什么东西，就没有办法对付它。再一个问题，有些大饭店、大机关，卫生部门能否进去检查？这些地方就那么卫生？不一定。

12月27日 上午，主持七届全国人大常委会第五次会议的大会发言。委员们就治理经济环境、整顿经济秩序、发展粮食生产等问题提出意见和建议。

12月29日 下午，出席七届全国人大常委会第五次会议闭幕会。会议通过《中华人民共和国标准化法》《全国人民代表大会常务委员会关于修改〈中华人民共和国土地管理法〉的决定》等，还通过任免事项，任命罗干为国务院秘书长。

12月30日 下午，在人民大会堂出席纪念全国人大常委会《告台湾同胞书》发表十周年座谈会。

同日 向中共中央政治局常委并万里、彭冲等报送《广东之行见闻》的报告。报告说：广东贯彻中央确定的治理经济环境、整顿经济秩序、全面深化改革的方针，是积极认真的，已取得一定的成效。首先，大力压缩固定资产投资规模。全省在建项目八千八百八十个，投资规模四百二十三亿元，截至十一月底，已确定其中停缓建七百七十八个，压缩投资五十二亿元。在确定的停缓建项目中楼堂馆所占近四分之一。全省下一步将按年度计划规模压缩百分之二十五，项目总投资压缩百分之三十至四十。其次，坚决压缩社会集团购买力。确定各部门、各单位对国家控购的商品除特许者外，两年内一律不许购买。第三，对三万六千个公司进行整顿，清理出一批"官倒"和不法商贩。省里在治理、整顿方面还碰到几个难题。主要有：粮食紧张，资金紧缺，原材料紧缺，清理公司的难度很大。深圳、珠海两市的负责同志托我向中央反映以下一些要求。深圳：（一）希望中央在关税、物资进口和人员进出方面多给他们一点自主权。（二）希望中央把深圳业务部门人员同香港业务对口单位人员会晤的审批权给深圳市下放一些。（三）深圳是否设立人大及其常委会，希望中央研究确定。珠海：（一）中央原定特区引进项目资金在三千万美元以下的，由特区审批。现在中央有关部门又规定要归口审批，实际上是把特区使用外汇的审批权收回去了。希望不要改变原来的规定。（二）希望中央允许特区在银根收紧、缺乏人民币配套资金的情况下，在国外银行贷款，利用外资替代。报告还说：十年改革在广东取得的成绩是很大的，经济效益和社会效益是突出的，得到广大干部和群众的衷心拥护。坚持改革、坚持开放是大势所趋，人心所向，不可逆转。但是，也要看到在改革的进程中，还存在不少困难和问题，治理和整顿工作还只是个开始，不容乐观。对这一点，省委领导的认识是清醒的。他们准备进一步加强党的领导，对干部和群众进行深入细致的形势教育，在调整经济结构上狠下功夫，坚持沿海地区经济发展战略，全面落实十三届三中全会的精神和国务院的部署，促进经济持续、协调、全面的发展，进一步巩固安定团结的政治局面。

12月31日 出席九三学社第五次全国代表大会开幕式。

本年 撰写《回忆黄子文[1]》一文。文章说：黄子文的一生有一个最大的特点，就是为革命不怕困难，不怕牺牲，有一股拼到底的决心。为了创立渭北革命根据地，他被敌人多次逮捕，宁死不屈；他的家被敌人多次抄烧，从不妥协，以坚强的革命意志同敌人一直斗争到底。最可贵的是他的无私精神，为了建立革命武装，他几乎把全部家产无私地奉献给了革命。黄子文的家可以说是一个革命之家，家中好几个人为革命献出了生命。黄子文其所以在渭北一带很受群众拥戴，和他能联系群众，关心群众疾苦的优良作风是分不开的，他一生从事的工作，正是为了解放劳苦大众为目的，因而他在群众中威信很高，号召力很强。黄子文从参加革命搞枪杆子开始，到牺牲在对敌斗争的战场上，为党的事业战斗了一生。看待一个人的历史就是要全面地看他的整个历史。黄子文的革命事迹是永垂不朽的，黄子文的高贵品质是值得我们永远学习的。

---

[1] 黄子文，曾任陕甘边区游击队总指挥、陕甘边南区革命委员会主席等职，1947年6月在同国民党军队作战中牺牲。

1989年 七十六岁

1月1日 上午，出席全国政协举行的新年茶话会。

同日 就人民群众来信来访题词：人民群众来信来访是发扬社会主义民主，行使人民民主权利的重要形式。重视信访工作，加强与人民的联系，倾听人民的呼声，接受人民的批评和监督，是各级党委和政府的重要职责。

1月6日 主持全国人大内务司法委员会第七次会议，听取余叔通[1]关于杭州"戴晓钟案"调查情况的汇报，关于部分省市自治区人大内务司法工作座谈会筹备情况的汇报，胡德华[2]、刘延东[3]关于妇女儿童专门小组、青少年专门小组组成人员的说明。会议同意上述两个专门小组成员名单，由胡德华、刘延东分别任组长。

1月7日 同宋任穷、芮杏文出席"第一届振兴话剧奖"颁奖仪式。

1月10日 出席全国人大内务司法委员会召开的部分省市、自治区人大内务司法工作座谈会开幕式。十四日，出席座谈会闭幕会并讲话。在讲话中说：内务司法委员会协助人大及其常委会行使监督权，主要通过听取汇报、审议议案、检查执法情况等方

---

[1] 余叔通，时任全国人大内务司法委员会顾问。
[2] 胡德华，时任全国人大常委会委员。
[3] 刘延东，时任全国人大常委会委员、共青团中央书记处书记。

式进行。检查执法情况，是实施监督的基础工作。我们打算每年都要有计划地、有重点地对内务司法各部门的执法情况进行检查。人大及其常委会在履行宪法赋予的监督权时，要敢于监督，善于监督，做到既不失职，又不越权，使之逐步法律化、制度化。其间，同万里、彭冲会见与会代表。

1月13日 在新华社《参考清样》一月十二日刊载的《台湾企业家谈大陆应改进的十处弊端》一文上批示：意见是友好的，也是真实的。所指"十处弊端"带有普遍现象，到处可见，如不尽力改进，则将造成很坏影响和政治、经济上的极大损失。但要改进也不容易，有思想问题，又有制度问题，而且是一个长期目标。不管难度多大都必须认真对待。也只有调整和治理好这个政治、经济、社会的大环境，才能把全面深化改革的方针、任务和措施落到实处，稳步前进。该文指出的十处弊端是：公厕极脏；商店、饭店服务态度差，甚至以假充真、卖假货；交通拥挤，司机态度恶劣；外汇黑市猖獗；卫生条件差；日程、计划像"猫眼"；不会推销产品；生硬安排"领导人接见"，影响不好；文物保护、环境美化差；飞机没有安全感。

1月23日 为《韩江纵队史》一书题词：韩纵健儿，精神永存。

1月24日 为《乌兰夫回忆录》题词：不朽功绩，光照千秋。为《乌兰夫年谱》题词：光荣的历史，奋进的历程。为《乌兰夫纪念文集》题词：杰出的无产阶级革命家乌兰夫同志永远活在全国各族人民的心中。

同日 为《青年艺术剧院、联政宣传队回忆录》题词：（一）延安的文学艺术工作是为人民服务的，这是我们一条最宝贵的经验，应当坚持和发扬。（二）发扬延安文艺工作为人民服务的精神和艰苦奋斗的作风。

同日 为"北京市普通中学十年教学改革成果展览会"题词：深化教育改革，培养四有[1]人才。

同日 为《中华人民共和国标准化法》颁布题词：实施标准化法，保护企业的合法权益。《中华人民共和国标准化法》于一九八八年十二月二十九日公布，自一九八九年四月一日起施行。

1月25日 下午，同阎明复等邀请四十多位国务院参事和中央文史研究馆馆员到中共中央统战部机关聚会。

1月26日 主持全国人大内务司法委员会第八次会议。会议审议关于杨纪珂等委员提出的对杭州两院行政监督权的议案和调查报告稿；听取李瑞山汇报就"戴晓钟案"与浙江省委、省人大等部门主要负责人交换意见的情况。在此前后，在听取调查组汇报时指示：一定要从此案中吸取经验教训，进一步提高司法人员的法制观念，提高对维护公民人身权利的认识。一定要学习经济、科技新知识，才能更好地为改革开放提供法律保障。当调查组汇报到戴晓钟提出的赔偿金额无法可依和民办科技市场的活动缺少法律规定时，习仲勋说：要向人大常委会建议加快赔偿法的立法步伐。

1月31日—2月14日 在陕西省视察。

2月1日 下午，抵达西安。出席中共陕西省委、省顾问委员会、省人大常委会、省政府、省政协、省纪委召开的迎春联欢会。

2月3日 上午，出席中共陕西省顾问委员会举行的春节团拜会。

2月6日 农历正月初一。上午，在西安交通大学出席西安地区二十二所大专院校联合举办的春节茶话会。在讲话中说：我

---

[1] 四有，指有理想、有道德、有文化、有纪律。

有机会与大家一起过年，感到十分高兴。借此机会，我向陕西全省的教育、科技工作者以及广大学生表示亲切的问候。陕西省有五十多所大专院校、三百零四个科研机构、五万多名教职员工，还有许多专家、教授，可谓人才济济，实力雄厚。这是陕西的一大优势。希望大家在新的一年，继续努力，辛勤耕耘，进一步提高教育质量，教书育人，培养好下一代，为实现省委、省政府提出的"教育奠基，科技兴陕"发展战略作出新的更大的贡献。茶话会结束后，参观西安交通大学校园和西安交通大学建校九十周年校史展览。

同日 晚上，观看春节文艺晚会，会见西安地区文艺工作者代表。

2月7日 下午，在西安人民大厦出席陕西省、市新闻单位负责人座谈会。在讲话中说：在延安时，许多记者、编辑是我的朋友，常和我谈下面的情况，拉问题，互相交流，对西北局的工作很有帮助。新中国成立后，我无论到哪里去工作，都和新闻界有着亲密的交往。从历史的经验中，我深感新闻对我们党和国家的事业，有着巨大的推动作用，在当前的改革中，更是这样。新闻工作者工作是辛苦的，但功劳也是巨大的。在这新春节日里，我们愉快地相见了，我向你们问好，并向你们祝贺。在延安时，我们的新闻队伍不过几百人，现在全国已发展到三十多万人，陕西也有一万多人了。新闻工作本身的改革也取得了很大成绩，真是可喜可贺！我们有了这样一支强大的新闻队伍，一定会在促进我们事业的发展上作出更大的成绩，特别是今后在舆论监督方面将发挥出更大的作用。我预祝新闻事业更兴旺发达，成为千千万万读者、听众、观众亲密的朋友。

2月8日—9日 在陕西省宝鸡市视察，参观工厂和农村，访问干部、工人和农民。八日，视察国营长岭机器厂，了解生产情况，察看工人的生活，慰问坚守在第一线的工人和技术人员，向他们拜年。在电冰箱生产车间，听取工厂的情况介绍。在讲话中说：要搞先进技术，要日新月异，争取时间，搞竞争不争取时间不行。接着到中美合资的秦明医学仪器有限公司，考察心脏起搏器的生产情况。九日，前往宝鸡市河滨公园，瞻仰宝天铁路纪念碑，对陪同人员讲述新中国成立伊始恢复国民经济的情景，并说：在新的历史时期，我们要继承和发扬英烈们忘我劳动、不怕牺牲、勇当开路先锋的革命精神，把宝鸡建设得更美好，把陕西建设得更美好。随后在宝鸡市委礼堂同宝鸡市及其十二个县的党政领导、离退休干部及各民主党派负责人座谈。在讲话中说：一定要搞好团结，上下左右都要团结，消除过去的恩恩怨怨，把关系理顺，要时刻想着人民群众的利益。我们当干部，就只有一个目标：为人民服务。

2月10日 上午，前往凤翔县纸坊乡六营村看望群众，观看农民泥塑家胡新民的彩绘泥塑现场表演。对胡新民说：你们的彩绘工艺很有特色，古色古香，生动质朴，这就是我国民间艺术的魅力。现在党和政府支持你们，要大胆地干，往前闯，把我们的民间艺术挖掘出来，并且有所创新，有所提高。

2月15日 下午，在人民大会堂出席班禅额尔德尼·确吉坚赞追悼会。追悼会由杨尚昆主持。班禅额尔德尼·确吉坚赞于一月二十八日在西藏日喀则市逝世，享年五十一岁。

2月15日—21日 出席七届全国人大常委会第六次会议。十五日，听取有关法律草案审议结果报告等文件。二十日，同叶飞主持大会发言，委员们就会议审议的一些法律草案和社会普遍关注的问题发表意见。二十一日下午，出席闭幕会。会议通过《中华人民共和国进出口商品检验法》《中华人民共和国传染病防治法》；决定将《中华人民共和国行政诉讼法（草案）》《中华人民共和国全国人民代表大会议事规则（草案）》提请七届全国人大二次会议审议；通过关于公布《中华人民共和国香港特别行政区基本法（草案）》的决议。

2月20日 在《人民日报》发表《深切怀念中国共产党的忠诚朋友班禅大师》一文。文章说：班禅额尔德尼·确吉坚赞大师因心脏病突发，溘然长逝，中国共产党失去了一位忠诚朋友，我失去了一位合作共事四十个春秋的知心朋友。班禅大师生前一再说，他从幼年起就热爱共产党，对党怀有深厚的感情。他说，没有中国共产党的领导，就没有今天的西藏。从我同他长期的交往中，深深感到，他的这种感情是非常诚挚的，他一生的实践也充分说明了这一点。"班禅大师作为藏传佛教的杰出领袖，他热爱自己信仰的宗教；作为藏民族的优秀代表，他热爱自己的民族；作为伟大的爱国主义者，他热爱祖国；作为党的忠诚朋友，他热爱中国共产党。把爱教、爱民族和爱国、爱党完美地统一起来，这正是班禅大师一生的写照。"

同日 下午，出席全国人大常委会委员长会议。会议同意将全国人大常委会委员刘大年在二月二十日下午大会讨论中关于"日本当局为什么在侵华战争性质问题上倒退"的发言，在二十一日《人民日报》发表。

2月21日 向中共中央政治局常委报送《陕西之行见闻》。报告说：（一）去年陕西省经济工作情况总的来说是好的。省里对发展城镇集体经济和"科技兴陕"这两个带有战略性的问题进行了调查研究，提出了突破口，探索了发展路子。这两件事情，得到了各方面的支持。去年，陕西省经济工作是在克服困难中度过的，出现的问题很多。一是农业徘徊，主要指的粮食生产徘徊。二是市场波动，集中表现在去年三月、六月、九月发生的三次抢购风上。三是银行信贷和财政紧张。（二）去年省上按照党的十三届三中全会精神，把治理经济环境、整顿经济秩序、全面深化改革作为一切工作的重点，着重抓了以下几个方面。一是坚决压缩基本建设规模，全面清理在建项目。二是收紧财政。三是收紧信贷。四是调整，重点是工业调整。（三）今年陕西省经济工作的有利因素不少，主要表现在人们对改革的信心增加了。群众普遍关心的是如何克服经济工作中的困难，普遍要求的是加强思想政治工作，普遍希望的是安定团结、为政清廉、坚持改革。当前存在的主要问题是：财政难过、物价难控、能源难保、原材料紧缺，突出的是纺织企业原棉紧缺。面对这些困难，省上的态度，一是承认困难，重视困难，教育干部群众充分认识困难的严重性，树立克服困难的信心，不悲观，不埋怨，团结一致，共渡难关。二是落实克服困难的措施，要在困难中求发展，找出路。三是加强思想政治工作。最近省委提出要把稳定形势作为一个战略问题来抓，要求各级领导部门在抓好经济工作的同时，要分级归口，落实责任，加强思想政治工作，切实采取有力措施，及时地把不安定因素消除在萌芽状态。

同日 上午，出席全国人大常委会委员长会议。万里向参加全国人大常委会第六次会议的各组召集人传达二月二十日下午委员长会议的决定；吴学谦就中日关系问题谈了意见。

3月2日 出席全国人大常委会委员长会议。会议决定：（一）三月九日召开七届全国人大常委会第七次会议，会期三天。（二）同意曹志汇报的关于会议议程草案和会议日程的安排意见，提请常委会第七次会议审议。（三）会议讨论并原则通过全国人大常委会工作报告。（四）同意曹志汇报的第七届全国人民代表大会第二次会议议程草案。（五）同意彭冲汇报的关于七届全国人大二次会议主席团和秘书长名单草案的意见。

3月7日 上午，同杨尚昆、胡启立、宋任穷、阎明复、陈丕显、雷洁琼、康克清等出席三八国际劳动妇女节暨全国妇联成立四十周年庆祝大会。

3月9日 上午，出席七届全国人大常委会第七次会议。十一日下午，出席闭幕会。会议原则通过《全国人大常委会工作报告》，经修改后提请七届全国人大二次会议审议；通过《第七届全国人民代表大会第二次会议主席团和秘书长名单（草案）》《第七届全国人民代表大会第二次会议议程（草案）》等文件。

3月16日 为《秘书工作》杂志题词：研究秘书学，做好秘书工作。

3月17日 在解放军总后勤部礼堂出席董其武[1]遗体告别仪式。董其武于三月三日在北京逝世，享年九十岁。十九日，在《人民日报》发表《一生爱国爱人民——悼念董其武将军》一文。文章说：董其武同志是位伟大的爱国者，他把自己的一生始终维系在中华民族的安危兴衰上。每当祖国危难之际，他总是挺身而出，投入到卫国卫民的正义斗争中去。他于一九二七年参加北伐，从一九三三年长城抗战到一九四五年日寇投降，身经百战，建立了不朽功勋，成为当时万众敬仰的爱国将领。新中国诞生不久，他志愿赴朝，率部与朝鲜军民并肩作战。记得他凯旋时，我去迎接他，看着年过半百的老将军一身征尘，和那老当益壮的英雄气概，我们都深受感动。董其武同志一向追求光明、追求进步。一九四九年九月十九日他率部通电起义，为和平解放绥远和迅速解放全国作出重大贡献。董其武同志在与中国共产党的交往和合作共事中，逐步加深了对党的认识，萌发了加入党，为共产主义事业奋斗终身的愿望。当他获悉上级党委批准他成为一名中

---

[1] 董其武，曾任绥远省人民政府主席、中国人民志愿军第二十三兵团司令员、全国人大常委会委员、全国政协副主席等职。

国共产党党员时，激动得热泪盈眶，庆幸自己晚年有了光荣的归宿。他挥笔写下《入党感怀》："欣逢盛世开太平，愿为苍生献此生。行见华夏乐小康，更期世界跻大同。"

3月19日 上午，出席七届全国人大二次会议预备会议，当选为会议主席团成员。随后，出席主席团第一次会议，当选为主席团常务主席。

同日 下午，出席全国政协七届二次会议开幕式。

同日 晚上，在北京饭店出席全国政协和中共中央统战部为欢迎来自港澳地区的全国人大代表和政协委员举行的宴会。

3月20日—4月4日 出席七届全国人大二次会议。会议通过《关于一九八九年国民经济和社会发展计划的决议》《关于一九八八年国家预算执行情况和一九八九年国家预算的决议》《中华人民共和国行政诉讼法》《中华人民共和国全国人民代表大会议事规则》《关于国务院提请审议授权深圳市制定深圳经济特区法规和规章的议案的决定》。

3月20日 出席七届全国人大二次会议开幕式。

3月21日 上午，主持七届全国人大二次会议第二次全体会议。

3月24日 下午，同姚依林前往七届全国人大二次会议陕西代表团驻地出席分组讨论，审议政府工作报告。在谈到延安精神时说：延安精神，就是实事求是，自力更生，艰苦奋斗，全心全意为人民服务，同群众同甘共苦。延安精神任何时候也不能丢掉。发扬延安精神，在陕西有特殊的意义。要改变干部作风，不能只靠向群众作报告，主要靠以身作则，决不能脱离群众。

同日 在延安大学新疆校友会三月十日来信上批示："宋汉良[1]、铁木尔[2]同志：送上延安大学新疆校友会给我的信，其中所提问题很重要，也很复杂，请予以重视，并乘在京之便，向国务院有关部门请示，以便你们回去后作出决策，妥善处理。"来信请求解决四五十年代毕业于延安大学、西北人民革命大学学员的学历问题。

3月26日 主持全国人大内务司法委员会第九次会议，对《中华人民共和国行政诉讼法》（修改稿）进行讨论。

3月30日、31日 参加七届全国人大二次会议陕西代表团的讨论，审议全国人大常委会工作报告和最高人民检察院、最高人民法院工作报告。在发言中说：我同意"社会治安基本稳定"这个估计。改革搞了十年，就实际情况也应该这样估计，要不全国人民都会灰溜溜的。我们面临的形势是严峻的、困难的，但两个方面都要看到。对形势估计不准确，制定的方针、政策就不会准确。目前主要是增强信心，振奋精神，认真抓好落实的问题。首先要从我们领导机关、领导干部做起，我看这样事情就好办了。不在讲得多，高调唱得太多，老百姓反感，我们也反感。中国是个大国，人口占世界的五分之一还多。中国的事情办不好，对全世界的和平与发展都有很大影响。所以，看中国，要从世界的角度来看；看陕西，要从全国出发。在谈到抓基层问题时说：我们要下去，要到群众中去，这样才能听到真话。当然，群众给你讲不讲真话，还要看你是不是"官僚"。我们要经常总结经验，

---

[1] 宋汉良，时任中共新疆维吾尔自治区委书记、新疆生产建设兵团第一政治委员。

[2] 铁木尔，即铁木尔·达瓦买提，时任中共新疆维吾尔自治区委副书记、新疆维吾尔自治区人民政府主席。

吸取教训，从自己做起。要抓基层，下面不办，乡镇不办，照样落实不了。四月四日下午，出席七届全国人大二次会议闭幕式。

3月 同王汉斌等研究《中华人民共和国行政诉讼法（草案）》修改问题。

同月 为粤赣湘边纵队成立四十周年题词：光辉历程，严峻考验，重大的贡献！

同月 为《陕西原关中分区部队史》题词：学习革命历史，发扬优良传统。加速四化建设，建军再立新功。

同月 为《纪念西安解放四十周年历史资料专辑》一书题词：发扬革命传统，开发大西北，建设新西安！

4月7日 为中国少先队全国工作委员会编写的《为了祖国的未来》一书作序。序言说：青少年是祖国的希望，民族的未来。把我国建设成为富强、民主、文明的社会主义现代化国家，实现全国各族人民的共同理想，希望就在青少年一代。四十年来，我国的经济有了很大发展，人民的生活有了较大改善，初步摆脱了贫穷和落后。目前我国社会生产力水平还比较低，仍处于社会主义的初级阶段，实现中华民族的繁荣富强，还要走很长、很远的路程，还要继续艰苦奋斗。建设社会主义现代化强国的任务，已经历史地落在青少年一代肩上。我们老同志要发扬革命战争年代无私无畏的奉献精神，把教育青少年一代作为自己的崇高职责。要用我们党在长期革命斗争中形成的好传统、好作风去影响熏陶青少年一代，使他们树立科学的人生观和世界观，加深爱国主义思想，坚定共产主义信念。同时，要用我们的实际行动去沟通融洽与青少年一代的感情，照顾到青少年的特点，爱护他们善于接受新事物的长处，发挥他们在工作中的创造精神，积极引导，使他们迅速成长，在改革开放和四化建设事业中发挥更大的作用。

4月12日 为《南方日报》创刊四十四周年题词：把报纸办得可读、可信、可亲，真正成为人民群众的益友和知音。

同日 为第六届戏剧梅花奖题词：梅香四溢，人才辈出。

4月17日 上午，在人民大会堂出席中共中央召开的座谈会。会议征求各民主党派和无党派人士对《中共中央关于教育发展和改革若干问题的决定（草案）》的意见。

4月21日 主持全国人大内务司法委员会妇女儿童专门小组和青少年专门小组成立会议，并向小组成员颁发聘书。

4月22日 上午，在人民大会堂出席胡耀邦追悼大会。胡耀邦于四月十五日在北京逝世，享年七十三岁。

同日 为西北文艺工作团成立五十周年题词：西工团是延安文坛一劲旅。

同日 为《长江日报》创刊四十周年题词：充分发挥报纸的优势，在社会主义物质文明和精神文明建设中做出更大的贡献。

4月26日 下午，在八宝山革命公墓礼堂出席胡厥文[1]遗体告别仪式。胡厥文于四月十六日在北京逝世，享年九十四岁。

4月30日 上午，同乔石、田纪云、阎明复、阿沛·阿旺晋美、廖汉生、杨静仁、司马义·艾买提等在中南海怀仁堂接见西藏干部参观团全体成员。

4月 在《中共中央关于教育发展和改革若干问题的决定（草案）》征求意见稿上批示：评价十年中的教育问题，不能不联系"文化大革命"十年历史，否则也不会准确。同时离开当时的具体历史条件，也会不确切的。

5月1日 同李鹏、姚依林、李铁映、芮杏文、黄华、王丙

---

[1] 胡厥文，逝世前任中国民主建国会中央名誉主席、中华职业教育社理事长。

乾、宋健[1]、邹家华[2]等出席第三次全国环境保护会议闭幕式。会议于四月二十八日至五月一日在北京召开。

5月3日 出席由共青团中央、全国青联和全国学联共同主办的五四运动七十周年纪念大会。

5月4日 复信西安市邮票公司、西安市集邮协会。信中说：你们四月十五日来函收悉。你们在纪念西安市解放四十周年之际举办大型邮展，对此表示支持和祝贺。你们三月二十七日函称要我题词并制作纪念封发行，这是很不妥当的。请拟制更有历史纪念意义的图案，制作纪念封发行岂不是更好。此次就不题词了，等我活到西安市解放五十周年时再题词，好吗！

5月5日 晚上，同吴学谦、廖汉生出席中国人民对外友好协会成立三十五周年"友好日"联欢活动。

5月6日 上午，同阎明复、孙起孟[3]、李铁映等在人民大会堂出席中华职业教育社一九八九年全国社员代表大会。

同日 下午，同胡启立、李铁映、芮杏文、黄镇[4]、周谷城、方毅等在人民大会堂会见出席全国文物工作会议的代表。

5月8日 下午，在解放军总后勤部礼堂出席李井泉[5]遗体告别仪式。李井泉于四月二十四日在北京逝世，享年七十九岁。

5月11日 致信西安市卫生局并转姜哲家属。信中说：我在关中工作时期，姜哲同志就是当时特委机关医务工作的负责

---

[1] 宋健，时任国务委员、国家科学技术委员会主任。
[2] 邹家华，时任国务委员、机械电子工业部部长。
[3] 孙起孟，时任全国人大常委会副委员长、中国民主建国会中央主席。
[4] 黄镇，时任中共中央顾问委员会常务委员。
[5] 李井泉，曾任中共中央政治局委员、中共中央顾问委员会常务委员、全国人大常委会副委员长等职。

人，也是一位很好的医务工作者。在给干部或群众行医时，从无彼此之分，都以热情和诚恳态度，负责到底。他作风严谨，勤奋好学，吃苦耐劳，从无怨言，给我留下了深刻的印象。今闻姜哲同志不幸因病逝世，深为怀念，特向姜哲同志的家属致以亲切的慰问，并请以我的名义敬献花圈。

5月25日 在新华社《国内动态清样》五月二十五日刊载的《浙江省委抓紧落实稳定局势的五条意见》一文上批示："懂得做好群众工作来稳定局势的做法很好，值得推广。"浙江省委提出的五条意见主要是：（一）坚决拥护党中央和国务院制止动乱、稳定局势的方针和措施。（二）当前最紧迫最重要的任务是稳定大局，重点做好大专院校学生的工作，要继续坚持疏导的方针。（三）稳定机关、企业，稳定职工队伍。（四）维护社会治安。（五）继续抓紧搞好治理整顿和深化改革工作，切实加强廉政建设，努力消除各种腐败现象，推进民主法制建设，以实际行动取信于民。

5月26日 下午二时，致信王震并转报中共中央。信中说：今天上午十时，您受小平、先念、陈云同志的委托，约我谈了当前首都发生的动乱。我坚决拥护小平同志对这场动乱的指示，拥护李鹏、尚昆同志的讲话，拥护党中央和国务院为制止这场动乱采取的决策和措施。这完全符合党和国家的根本利益，符合全国各族人民的根本利益。

6月1日 在北京游乐园同首都少年儿童共庆六一国际儿童节。

6月11日 在中共中央办公厅秘书局《每日汇报》六月十一日刊载的《大兴安岭林区防火工作得到重视和加强》一文上批示：一切困难只要认真对待，都能解决得很好。大兴安岭林区防火工作就深刻说明了这个问题。

6月14日 下午，在中南海怀仁堂出席中共中央召开的会议。会议向全国人大常委会副委员长、全国政协副主席、各民主党派主要负责人传达邓小平六月九日在接见首都戒严部队军以上干部时的讲话。邓小平指出，这场风波迟早要来。这是国际的大气候和中国自己的小气候所决定了的，是一定要来的，是不以人们的意志为转移的。邓小平强调，党的十一届三中全会以来制定的路线、方针、政策，包括发展战略的"三部曲"没有错，党的十三大概括的"一个中心、两个基本点"的基本路线没有错，要坚定不移地干下去。

6月15日 同全国人大常委会其他十四位副委员长慰问执行首都戒严任务的全体解放军官兵、武装警察和公安干警，并前往三〇五医院看望伤员。

6月17日 下午，在中南海怀仁堂出席中共中央召开的党外人士座谈会。会议讨论邓小平在接见首都戒严部队军以上干部时的讲话和中共中央、国务院六月五日发布的《告全体共产党员和全国人民书》，同时听取党外人士对当前工作的意见和建议。

6月23日—24日 列席中共十三届四中全会。全会分析了近两个月来全国的政治形势，认为在这场同极少数人利用学潮策动的动乱和反革命暴乱的斗争中，党中央的决策和采取的一系列重大措施都是必要的和正确的。全会高度评价以邓小平为代表的老一代无产阶级革命家在这场斗争中发挥的重大作用，高度评价在平息暴乱中解放军、武警和公安干警的巨大贡献。全会审议通过《关于赵紫阳同志在反党反社会主义的动乱中所犯错误的报告》，撤销赵紫阳中共中央总书记、中央政治局常委、中央政治局委员、中央委员、中共中央军事委员会第一副主席的职务。全会选举江泽民为中共中央总书记，中央政治局常委会由江泽民、李鹏、乔石、姚依林、宋平、李瑞环组成。二十四日，江泽民在全会上讲话指出，在对待党的十一届三中全会以来的路线和基本政策这个最基本的问题上，要明确两句话：一句是坚定不移，毫不动摇；一句是全面执行，一以贯之。

6月24日 在新华社《国内动态清样》六月二十四日刊载的《"臭老九"变"穷老九"人心思走——浙江企业工程技术人员奖金分配现状调查（上篇）》《调动工程技术人员的积极性是推进企业技术进步的关键——浙江企业工程技术人员奖金分配现状调查（下篇）》上批示：这是个大问题，要研究立法，用法制来改变这个不合理的现状。

6月29日 上午，出席七届全国人大常委会第八次会议开幕会。三十日上午，出席七届全国人大常委会第八次会议。

7月3日 上午，主持七届全国人大常委会第八次会议全体会议。会议听取王丙乾关于一九八八年国家决算的报告、王芳关于《中华人民共和国集会游行示威法（草案）》的说明等。

同日 出席七届全国人大常委会委员长会议。会议讨论《关于制止动乱和平息反革命暴乱的决议》，同意修改后印发委员征求意见；听取李朋[1]《关于一九八八年国家决算的审查报告》；听取曹志汇报关于李桂英等十一位全国人大常委会委员联名提出的《关于最高人民法院可以授权走私毒品、贩毒犯罪严重的省的高级人民法院对判处死刑的走私毒品、贩毒案件行使核准权的决定》的议案。

7月4日 下午，出席七届全国人大常委会第八次会议。在发言中说：党的十三届四中全会是在我们党和国家面临生死存亡的关键时刻召开的，是在我们取得了粉碎反革命暴乱决定性胜利的形势下召开的，是我们党的历史发展上的一次重要的会议。它

---

[1] 李朋，时任全国人大常委会委员、全国人大财经委员会副主任委员。

不仅对于当前进一步稳定全国局势具有重大作用，而且对于保证十一届三中全会以来的路线、方针、政策的连续性，必将产生深远的影响。回顾过去的十年，我们在经济建设和改革开放方面做了许多工作，取得了很大的成绩，这是举世瞩目的。但是我们也要承认，在工作中还存在不少的失误。正如小平同志指出，我们坚持四项基本原则还不够一贯，没有把它作为基本思想来教育人民，教育学生，教育全体干部和共产党员。今后我们要扎扎实实地坚持四项基本原则，认认真真地反对资产阶级自由化，贯穿到各项工作中去，长期坚持不懈。在抓紧社会主义物质文明建设的同时，要抓紧社会主义精神文明建设。改革开放必须坚持四项基本原则，否则，就会走到邪路上去，这是党和人民绝对不能允许的。四中全会提出的当前要特别注意抓好的四件大事[1]是切合实际，顺乎民心的。稳定是国家的大局，是全国各族人民的最高利益。没有稳定的社会环境什么也干不成。我们的民主和法制建设必须坚持党的领导，坚持社会主义的方向，必须维护宪法和法律的尊严，只有这样，才能使我们国家长治久安，巩固安定团结的政治局面，才能把我们的国家尽快建设成为富强、民主、文明的社会主义强国。我们应当认真总结人大工作的经验，好好研究一下如何在党的领导下，按照宪法规定的职权，进一步完善人民代表大会制度，这是社会主义民主和法制建设的一个重要课题，

---

[1] 四件大事是指：1.彻底制止动乱、平息反革命暴乱，严格区分两类不同性质的矛盾，进一步稳定全国局势；2.继续搞好治理整顿，更好地坚持改革开放，促进经济持续、稳定、协调发展；3.认真加强思想政治工作，努力开展爱国主义、社会主义、独立自主、艰苦奋斗的教育，切实反对资产阶级自由化；4.大力加强党的建设，大力加强民主和法制建设，坚决惩治腐败，切实做好几件人民普遍关心的事情，决不辜负人民对党的期望。

我们应当有所建树，有所作为，决不辜负人民的重托和期望。

7月6日 下午，出席七届全国人大常委会第八次会议闭幕会。会议决定撤销赵紫阳的中华人民共和国中央军事委员会副主席职务；通过关于制止动乱和平息反革命暴乱的决议、批准一九八八年国家决算的决议；初步审议《中华人民共和国集会游行示威法（草案）》，决定公布这个草案，广泛征求各界意见，研究修改，再提请全国人大常委会议审议。

7月7日 参加江泽民同来京出席七届全国人大常委会第八次会议和七届全国政协常委会第七次会议的马万祺〔1〕、唐翔千〔2〕等港澳人士的会见。

7月7日—8日 出席七届全国人大常委会委员长会议，讨论全国人大常委会当前的工作。十二日，出席会议，继续讨论全国人大常委会当前的工作。

7月12日 下午，同王震、廖汉生、赛福鼎·艾则孜、费孝通等出席穆斯林同胞代表为庆祝"古尔邦节"举行的联欢会。

7月13日 同赛福鼎·艾则孜等在中国美术馆出席"丝绸之路美术作品大展"开幕式。

7月15日 上午，同康克清等在中国儿童少年活动中心出席全国第六届少年夏令营开营式。

7月18日 上午，在北京图书馆出席"全国文明图书馆经验交流会"闭幕式，为获得"文明图书馆""图书馆工作先进集体""图书馆先进工作者"等荣誉称号的单位、集体和个人分别颁发奖状和证书。

7月19日 晚上，出席中国人民对外友好协会、中国波兰

---

〔1〕 马万祺，时任全国人大常委会委员、澳门中华总商会会长。

〔2〕 唐翔千，时任全国政协常务委员、香港半岛针织有限公司董事长。

友好协会为庆祝波兰人民共和国国家复兴四十五周年举行的招待会并讲话。

7月20日 下午，在钓鱼台国宾馆会见古巴共产党中央委员，古共中央亚洲、大洋洲研究中心主任梅尔瓦·埃尔南德斯一行。

7月22日 同赛福鼎·艾则孜在北京美术馆出席西域农垦风采摄影展开幕式。

7月27日 召集邹瑜、李瑞山等研究内务司法委员会近期工作。

同日 出席文化部为庆祝建军六十二周年举办的文艺晚会。

7月29日 为武警黄金部队创建十周年题词：为振兴中国的黄金事业而奋斗。

7月30日 下午，在人民大会堂出席民政部、解放军总政治部和北京市政府联合主办的军民联欢会。

7月31日 主持全国人大内务司法委员会第十一次会议，审议《中华人民共和国集会游行示威法（草案）》。

同日 下午，在人民大会堂出席国防部举行的庆祝建军六十二周年招待会。

同日 为广州陈李济药厂创业三百八十九周年题词：发扬祖国医学遗产，为造福人类做贡献。

7月 就有关法制建设写下批语：出入留学都有规定办法，就是不执行。任何一个法规，没有广泛人民群众的理解和支持就会行不通，将来也就很难有权威性。引导人家往大处看，往深处看，往远处看。思想转弯关键在于立场变化，但不可要求齐步走。

8月3日—4日 主持全国人大内务司法委员会第十二次会

议，听取林准[1]、梁国庆[2]关于贯彻中共十三届四中全会精神，查处贪污、受贿犯罪案件工作的汇报。

8月5日 会见巴拉圭真正激进自由党国际书记拉斐尔·萨吉尔。

8月10日 在新华社《国内动态清样》八月十日刊载的《全国第九次抗震工作会议总结澜沧耿马和巴塘地震的教训》一文上批示：要及早制定抗御地震灾害法，纳入法律轨道加强这一工作。内务司法委可以询问一下这一立法情况。

8月12日 为陕西富平县红二方面军改编誓师纪念碑题词：发扬红军的光荣传统，为建设社会主义现代化而奋斗。

8月13日 在新华社《国内动态清样》八月十三日刊载的《一项没人感兴趣的事业——福建石狮教育状况调查》一文上批示："这个调查十分可贵，都应看和深思，用大力改变这个局面已成为刻不容缓的大事。"该文反映，石狮私营企业的发展，击碎了人们"十年寒窗，一举成名"的传统思想意识，教育事业因不能马上带来经济效益，成为一项没人感兴趣的事业。教师不思教，学生大量流失。

8月15日 出席七届全国人大常委会委员长会议。会议决定八月二十九日召开七届全国人大常委会第九次会议，会期约一周；同意曹志汇报的关于会议议程草案和会议日程的安排意见，提请常委会第九次会议审议。会议还听取宋汝棼[3]关于对《中华人民共和国集会游行示威法（草案）》征求意见的情况汇报、

---

[1] 林准，时任最高人民法院副院长。
[2] 梁国庆，时任最高人民检察院副检察长。
[3] 宋汝棼，时任全国人大常委会委员、全国人大法律委员会副主任委员。

叶林[1]关于上半年国家财政经济的情况和意见的汇报。

8月23日 下午，在人民大会堂会见以捷克斯洛伐克共产党中央委员、中央政治组织部长弗拉吉米尔·帕特克率领的捷克斯洛伐克共产党中央休假团。

8月28日 同刘澜涛、荣高棠[2]等接见参加全国少年儿童校外教育研究会成立大会的全体同志。成立大会于二十五日至二十八日在北京官园举行。

8月29日 上午，在解放军总后勤部礼堂出席包尔汉[3]遗体告别仪式。包尔汉于八月二十七日在北京逝世，享年九十五岁。

同日 出席七届全国人大常委会第九次会议开幕会。三十一日下午，主持全体会议。九月四日下午，出席闭幕会。会议通过全国人大常委会关于将香港特别行政区基本法草案的征求意见时间延长至十月底止的决议，关于县、乡两级人民代表大会代表选举时间的决定，关于批准中蒙两国政府关于中蒙边界制度和处理边境问题的条约的决定，关于批准联合国禁止非法贩运麻醉药品和精神药物公约的决定。

9月2日 同王震、康克清出席卫生部、全国政协医药卫生体育委员会、中国人民对外友好协会和国家外国专家局在人民大会堂举行的马海德逝世一周年纪念会。

9月5日 主持全国人大内务司法委员会第七次主任委员办公会议，总结一九八九年前八个月的工作，研究后四个月的工作。

9月6日 同乔石、彭冲、陈慕华、王汉斌、任建新等在人民大会堂出席《中华人民共和国法律全书》首发式。

---

[1] 叶林，时任全国人大财政经济委员会副主任委员。
[2] 荣高棠，时任中共中央顾问委员会委员。
[3] 包尔汉，逝世前任中国伊斯兰教协会名誉会长。

同日 中午，到机场迎接由副议长孙圣弼率领的朝鲜民主主义人民共和国最高人民会议代表团；晚上，主持欢迎宴会。七日下午，参加万里同代表团的会见。十九日下午，参加江泽民同代表团的会见。二十日下午，到机场为代表团送行。

9月8日 上午，在北京体育学院看望即将赴日本参加第五届远东及南太平洋地区伤残人运动会的中国代表团，鼓励他们发扬顽强拼搏精神，争取好成绩。二十三日，在人民大会堂出席国家体委和中国残联为参赛归来的中国代表团举行的庆功大会。在讲话中说：你们胸怀祖国、发奋图强、艰苦奋斗、勇于克服困难去争取胜利的爱国主义精神和互相关心、互相支持、团结一心的集体主义精神，是非常值得我们学习的。作为一个老同志，我更殷切地希望青年们都来学习这种精神，为我国的社会主义现代化建设和改革开放事业贡献力量。

同日 同江泽民、李鹏、宋平、李瑞环、王震、李铁映等在人民大会堂出席庆祝教师节表彰大会。

9月9日 在人民大会堂出席《纪念毛泽东》《纪念周恩来》《纪念刘少奇》《纪念朱德》等传记图册发行座谈会。

同日 下午，同万里、彭冲、朱学范、严济慈、陈慕华、王汉斌等与人民大会堂一千多名干部、职工庆祝中华人民共和国成立四十周年、人民大会堂建成三十周年。

9月12日 为外国专家局刊物《国际人才交流》题词：积极开展国际人才交流，推进现代化建设事业。

同日 为《中国戏剧》梅兰芳专刊题词：继承祖国优秀文化传统，繁荣戏剧事业。

同日 为华北大学革命同志在西北工作四十周年题词：发扬延安精神，艰苦奋斗，艰苦创业，廉洁奉公，团结群众建设大西北。

同日　为全国老龄委员会、老年书画会在日本举办中国画展题词：加强文化艺术交流，发展中日友好关系。

同日　为《国防教育实用手册》一书题词：加强国防教育，促进国防现代化建设。

9月14日　下午，出席中共中央统战部举办的中秋招待会。对出席招待会的国务院参事和中央文史馆馆员说：社会主义来之不易，我们要团结起来保卫社会主义制度。现在，一些青年人不大了解中国实际，在座的各位要以现身说法教育青年。

9月15日　晚上，在人民大会堂出席第二届中国艺术节开幕式。十月五日晚，在北京工人体育馆出席闭幕式。

9月18日　出席第七届全国美术作品展览颁奖大会，为获奖者颁发奖牌和证书。

同日　为人民大会堂建成三十周年画展题词：弘扬中华民族优秀文化，继承中国书画艺术传统。

9月20日　上午，同江泽民、乔石、田纪云、陈俊生[1]、司马义·艾买提等在京西宾馆与出席全国少数民族地区扶贫工作会议的代表座谈，探讨如何推进少数民族贫困地区经济开发进程，尽快解决贫困地区群众温饱，进而脱贫致富等问题。

9月21日　出席中国人民政治协商会议全国委员会成立四十周年联欢会。

9月25日　同阿沛·阿旺晋美、康克清、马文瑞出席文化部为近两年获奖的九十二位艺术家举行的表彰会。

同日　在人民大会堂出席国家民委举办的庆祝中华人民共和国成立四十周年文艺晚会。

9月26日　在人民大会堂出席共青团中央召开的各界青年

---

[1] 陈俊生，时任国务委员。

迎国庆四十周年座谈会。在讲话中说：中华人民共和国成立四十周年的实践充分证明，中国共产党不仅是我国革命事业的领导核心，而且也是我国建设事业的领导核心。只有社会主义能够救中国，只有社会主义才能发展中国。不走社会主义道路，中国就没有前途。任何怀疑党的领导和社会主义的观念和行为都是错误的。青年历来是革命和建设事业中的突击队和生力军。"青年要热爱自己的祖国，要勇于将毕生的精力奉献给自己的祖国，奉献给社会主义现代化建设和改革开放事业，奉献给伟大的共产主义事业；要把远大的志向和强烈的爱国热情紧紧联系在一起，把个人的利害得失和国家的兴衰荣辱紧紧联系在一起，把自己的命运和人民的命运紧紧联系在一起。希望青年们要在四化建设和改革开放中成为爱国主义和延安精神的最好实践者。"青年有强烈的爱国热情是非常可贵的，但是还必须有坚定的正确的政治方向，才能发挥积极的作用。我希望青年们要坚持学习马克思主义和毛泽东思想，学习时事政治和中国近代史，用马克思主义的立场、观点和方法观察事物，研究问题，指导自己的行动；要旗帜鲜明地坚持四项基本原则，反对资产阶级自由化；要正确认识社会主义民主的本质，划清社会主义民主与资本主义民主的界限，划清社会主义民主与极端民主化、无政府主义的界限；要加强法制观念，明确认识民主必须以健全的法制和社会秩序为保障，要做遵纪守法的模范。同时，要努力学习科学文化知识，提高自己的素质。青年们要积极投身到社会实践中去，到工农兵群众中去，刻苦锻炼自己，不断增长才干。要立志做狂风暴雨中展翅飞翔的雄鹰，决不能做温室里娇生惯养的花草。

9月27日 出席中共中央统战部举行的国庆招待会，代表全国人大常委会向参加招待会的各民主党派中央、全国工商联负责人和无党派爱国人士致以节日祝贺。

9月28日 上午,同江泽民、杨尚昆、李鹏、万里在人民大会堂出席全国劳动模范和先进工作者表彰大会。

9月29日 下午,在人民大会堂出席中华人民共和国成立四十周年庆祝大会。

9月30日 晚上,在人民大会堂出席国庆四十周年招待会。

10月1日 中午,同王震会见并宴请朝鲜劳动党中央政治局委员、朝鲜民主主义人民共和国国家副主席李钟玉一行。

同日 晚上,在天安门城楼参加国庆四十周年联欢活动。

10月2日 上午,同江泽民、杨尚昆、李鹏、万里、乔石、宋平等在人民大会堂会见参加国庆四十周年活动的全国少数民族参观团、少数民族艺术家联合演出团、人民解放军基层先进代表、全国著名烈军属等优抚对象代表、第二届中国艺术节的演员代表。

同日 下午,同彭冲、阿沛·阿旺晋美、廖汉生、倪志福[1]、陈俊生、司马义·艾买提等出席国家民委举办的国庆四十周年各民族联欢会。

同日 晚上,在人民大会堂会见并宴请美国国际姐妹城协会会长理查德·纽海塞尔一行。

10月4日 在北京饭店出席中国和几内亚共和国建交三十周年招待会。

同日 在新华社《国内动态清样》九月三十日刊载的《湖南省高法院院长詹顺初建议革除执法部门罚没款提成的弊端》一文上批示:我赞成詹顺初院长的建议,请建新[2]同志予以全面考虑,提出改进意见。

---

[1] 倪志福,时任全国人大常委会副委员长、中华全国总工会主席。
[2] 建新,指任建新。

10月6日 下午,出席中国和朝鲜建交四十周年招待会。

10月7日 下午,出席中国和波兰建交四十周年招待会。

10月8日 同陈慕华、雷洁琼、康克清、王照华为在"全国金婚佳侣评选纪念活动"中获奖的金婚老人代表颁发奖杯。

10月12日 下午,同王首道、余秋里、马文瑞出席首届"金唱片"奖颁奖大会。

10月13日 下午,在人民大会堂出席中国少年先锋队成立四十周年纪念大会。

10月16日 在人民大会堂会见并宴请由马里人民民主联盟中央执行局成员、经济书记迪安卡·迪亚吉泰率领的马里人民民主联盟休假团。

10月17日 上午,同万里、彭冲、阿沛·阿旺晋美前往北京医院祝贺许德珩[1]百岁生日。

同日 主持全国人大内务司法委员会第十四次会议,听取尉健行[2]《关于监察机关今年内以来开展反腐败斗争的情况及下一步工作部署》的汇报。

10月18日 出席七届全国人大常委会委员长会议。会议决定,十月二十五日召开七届全国人大常委会第十次会议,会期约一周;同意曹志汇报的关于会议议程草案和会议日程的安排意见,提请常委会第十次会议审议。会议听取王汉斌关于《中华人民共和国集会游行示威法(草案)》和《中华人民共和国城市居民委员会组织法(草案)》修改情况的汇报,同意将修改后的草案提请常委会第十次会议审议。

10月23日 同李瑞环前往梅兰芳纪念馆为梅兰芳塑像揭幕。

---

[1] 许德珩,时任九三学社中央名誉主席。
[2] 尉健行,时任监察部部长。

10月24日 致信甘肃山丹培黎农林牧学校全体师生员工。信中说："欣悉路易·艾黎故居落成，谨向你们致以热烈的祝贺。我因全国人大常委会第十次会议即将在京召开，不能亲赴甘肃与你们一起参加故居落成典礼，请予鉴谅。希望你们继承和发扬路易·艾黎的高尚革命精神和优良品德作风，紧密结合学校的实际情况，认真贯彻落实党的十三届四中全会和江泽民总书记国庆讲话的精神，坚持社会主义的方向，不断改革创新，提高教学水平，努力为国家培养优秀人才，在社会主义的物质文明和精神文明建设中作出更多的贡献。"一九四二年，路易·艾黎同英国工运积极分子乔治·何克在甘肃山丹创办培黎工艺学校，并在这所学校工作多年。

10月25日 下午，在人民大会堂出席民革中央举行的纪念陈铭枢[1]诞辰一百周年座谈会并讲话。

10月25日—31日 出席七届全国人大常委会第十次会议。二十五日，出席全体会议。三十日下午，主持大会发言。三十一日下午，出席闭幕会。会议通过《中华人民共和国集会游行示威法》。

10月26日 晚上，在人民大会堂会见并宴请菲律宾参议员阿基里诺·皮门特尔一行。在宴会致词中说：菲律宾是一个美丽的国家，菲律宾人民是勤劳、勇敢的人民。中菲两国友好交往始于一千六百多年前。回想昔日我们两国的先辈们在交通工具极不发达的情况下所开创的友好交往的业绩，我们就会强烈地感受到我们现在为加深两国人民的相互了解和友谊所进行的工作是何等光荣。中菲两国自一九七五年建交以来，两国在政治、经济、文

---

[1] 陈铭枢，曾任中央人民政府委员、中南军政委员会副主席、全国人大常委会委员、全国政协常务委员、中国国民党革命委员会中央副主席等职。

化等方面的交流日益增加，两国领导人互访频繁。近年来，贵国国会与我全国人大的交往也不断增加，我们真诚地希望与菲律宾国会的同行们加强交流，为增进两国的友好合作关系作出贡献。中菲两国都是发展中国家，同属第三世界，我们都面临着维护世界和本地区和平、发展民族经济、提高人民生活的共同任务。我们认为，在和平共处五项原则的基础上建立和发展我们两国的睦邻友好关系，符合两国人民的根本利益和愿望，也有利于世界和本地区的和平与稳定。

10月28日 在中南海怀仁堂出席中共中央举行的李大钊诞辰一百周年纪念大会。

11月3日 上午，同江泽民、李鹏、万里、阿沛·阿旺晋美、廖汉生、费孝通、司马义·艾买提等在人民大会堂会见参加全国省、自治区、直辖市人大民委主任会议的全体代表。

11月5日 在新华社《国内动态清样》十一月三日刊载的《辽宁一些高校负责人学习江泽民国庆讲话认为学校应真正把德育放到首位》一文上批示：这是一个好材料，值得重视，认真读读，切实改进一下现状十分必要。

11月6日 在人民大会堂会见并宴请美国黑人民权运动领袖罗伯特·威廉及其夫人。

11月6日—9日 列席中共十三届五中全会。全会作出《中共中央关于进一步治理整顿和深化改革的决定》；通过《关于同意邓小平同志辞去中共中央军事委员会主席职务的决定》，决定江泽民为中共中央军事委员会主席。在会上讨论《中共中央关于进一步治理整顿和深化改革的决定》稿时发言说：中央提出要加强党对治理整顿的领导，我认为，首先是加强思想政治工作，使各地方、各部门和各单位，使全党同志和全国人民都了解到当前国家经济困难的真实情况，真正认识到治理整顿和深化改革的必要性和紧迫性，既要正视困难，又要看到有利条件。只要大家的思想认识一致了，行动也就一致了。第二是加强监督，严肃纪律。各级党委有责任检查和督促各地方、各部门和各单位，按照中央的部署，结合实际情况，认真搞好治理整顿和深化改革的各项工作。同时，在党的领导下，要充分发挥人大、政协和群众团体的监督作用。不管在哪个地方、哪个部门、哪个单位，谁要是不顾大局，阳奉阴违，搞本位主义、分散主义，一定要坚决予以纠正，情节严重的要给予必要的处分。第三是各级党组织要充分发挥战斗堡垒作用，共产党员要起模范带头作用，团结广大群众共同努力完成治理整顿和深化改革的任务。第四是整顿党风，克服各种腐败现象，反对官僚主义等不良作风。

11月8日 晚上，会见并宴请由主席姆兰博率领的阿扎尼亚泛非主义者大会代表团。

11月11日 上午，在人民大会堂出席中国人民对外友好协会主办的白求恩逝世五十周年、诞辰一百周年纪念大会。

同日 主持全国人大内务司法委员会党员委员和局级干部会议，传达中共十三届五中全会精神。

11月12日 出席第一届国际传统康复医学学术交流会开幕式。在讲话中说：世界上许多国家和民族都有着自己独特的、行之有效的传统康复医学。中国的传统康复医学有着悠久的历史、系统的理论和丰富的实践经验，对保护人民健康曾经发挥并且继续发挥着重要的作用。我国政府对传统康复医学的发展十分重视，不仅在各类医疗机构中大力支持传统康复工作的开展，而且建立了一批具有中国特色的机构，培养了一批传统康复医学人才，并积极组织开展了各种形式的传统康复医学学术交流。但是，传统康复医学的发展任重而道远，还有大量工作需要我们努力去做。一方面，必须认真继承发掘和整理长期形成的传统康复医学的宝贵经验；另一方面，必须充分利用先进的科学技术和现代化手段，使之不断提高发展。希望世界各国的专家学者们，今后进一步加强联系与协作，更多更好地开展学术交流，为发展传统康复医学，为人类的健康事业作出更大贡献。

11月14日 为中日医学科技交流协会题词：加强中日医学交流，造福人类。

同日 为《珠江纵队史》题词：继承发扬珠江纵队的爱国主义精神，建设有中国特色的社会主义。

11月15日 同王震、王首道、伍修权[1]出席在人民大会堂举行的《王稼祥选集》首发式。

同日 下午，同江泽民、乔石、宋平、丁关根[2]、雷洁琼、邓兆祥[3]、康克清、陈慕华等在人民大会堂会见出席全国妇联六届二次执委会的全体执委，并和部分执委进行座谈。

同日 致信高占祥[4]。信中说：昨晚八时回家，正好见到杜近芳[5]同志，她向我说了很多有关京剧艺术方面的意见，并要我转达给您考虑。今天早上我们通话时，已简要地说了说。建议您见她一面，听听她的意见为好。祝您静心治疗，早日康复为要。齐心问您好！附上杜信一件。

11月17日 在人民大会堂会见由朝鲜行政经济指导委员会副委员长李清日率领的朝鲜江原道友好代表团。

---

[1] 伍修权，时任中共中央顾问委员会常务委员、中苏友好协会会长。
[2] 丁关根，时任中共中央政治局候补委员、中共中央书记处书记。
[3] 邓兆祥，时任全国政协副主席。
[4] 高占祥，时任文化部副部长。
[5] 杜近芳，京剧表演艺术家。1989年11月14日晚，杜近芳向习仲勋面交一封书信，表达对习仲勋等老一辈革命家对民族传统艺术亲切关怀的感激之情。

同日 在北京饭店会见从台湾回大陆探亲的陈建中[1]之子陈西京。

11月18日 上午，同周培源、费孝通等在清华大学出席张奚若[2]百年诞辰纪念会。

11月23日 上午，同刘澜涛、费孝通、苏步青[3]等在全国政协礼堂出席民盟中央举行的邓初民[4]诞辰一百周年纪念座谈会。在讲话中说：邓初民同志是中国民主同盟的一位卓越的领导人、中国共产党优秀党员、著名的社会科学家和教育家，终身为我国新民主主义革命、社会主义革命和建设事业，特别是为在我国传播马克思主义作出了杰出的贡献。他九十高龄时说："知识分子只有依靠共产党，依靠集体，依靠人民，才能找到前进的方向，获得前进的勇气，也才能在革命和建设中贡献自己的力量。"这是他一生经历过四个不同历史时代的经验总结，也是我国广大知识分子前进的方向。邓初民的一生，是从一名爱国主义者转变为共产主义者的一生；邓初民所走过的道路，是中国知识分子追求真理、追求进步、献身人民、献身社会、不断努力、不断前进的光辉道路。他为我国广大知识分子树立了可贵的榜样。

11月 为《曾三[5]档案工作文集》作序。序言说："档案

---

[1] 陈建中，原名程建文，早年参加革命，曾任中共渭北特委委员、陕西省委组织部秘书等职，1933年4月被国民党地方当局逮捕后脱离革命阵营。1949年到台湾，曾任国民党中央执委会评议委员，20世纪80年代初提出缓和两岸敌对情绪的主张。

[2] 张奚若，曾任政务院政治法律委员会副主任、教育部部长、中国人民外交学会会长、对外文化联络委员会主任等职。

[3] 苏步青，时任全国政协副主席。

[4] 邓初民，曾任全国人大常委会委员、全国政协常务委员、中国民主同盟中央副主席等职。

[5] 曾三，曾任中共中央办公厅副主任、中央档案馆馆长等职。

是历史的真实记录。它记录了人类社会发展的历史进程，反映了人们在进行阶级斗争、生产斗争、科学实验等项社会活动中所积累的丰富经验和成果。我们党和国家的档案，是党和政府领导革命和建设的记录，是我国历史的记录，是进行革命和建设的重要条件。档案工作是一项十分重要的事业。"《文集》既反映了曾三同志从事档案工作的实践活动，也反映了这一时期我国档案事业发展的许多情况，是一本有历史价值的好书。我为这本文集的出版感到十分高兴。

12月2日—4日 在广东省东莞市视察工作。

12月7日 为纪念乌兰夫逝世一周年，在《人民日报》发表《乌兰夫同志永远活在各族人民心中》一文。文章说：乌兰夫同志是党和国家民族工作的卓越领导人之一。他一贯坚持马克思主义理论和实际相结合，创造性地开展民族工作，在实践和理论上都有许多重要建树。从一九四七年到一九六六年，内蒙古自治区的民主革命、社会主义改造和建设，都是在乌兰夫同志为首的自治区党委领导下，根据党中央的方针政策进行的。他在各项工作中贯彻慎重、稳进的方针。"大跃进"期间，乌兰夫同志和自治区党委坚持在牧区不搞公共食堂，在农村、牧区保留了原有的自留地和自留畜。大炼钢铁时，一些轻率上马的钢铁企业亏损比较严重，他说："社会主义不姓'赔'，赔钱的要退下来。"由于乌兰夫同志比较及时地纠正了一些"左"的做法，那几年内蒙古经济保持了稳定发展。乌兰夫同志为祖国的解放和统一，为民族工作和统战工作，为社会主义现代化建设和改革开放事业，为各民族的平等、团结和共同繁荣，呕心沥血，奋斗了一生。他的崇高革命精神和优秀的思想品质永远活在全国各族人民心中。

同日 在深圳视察即将竣工的皇岗口岸。在讲话中说：你们抓基础设施是很对的。这些工程建设搞得不错，很漂亮，也很气派。希望在搞建设时要注意环境保护。

12月9日　下午，同陈慕华听取中共深圳市委和市政府关于深圳特区一九八九年治理整顿、深化改革和经济发展等情况的汇报。在讲话中说：深圳特区要进一步加强党的领导，加强社会主义精神文明建设，努力发展外向型经济。吸收外国的东西，首先要吸收那些有利于社会主义优越性发挥、有利于社会主义制度巩固的东西。办好特区，就是社会主义制度优越性的一种体现。

12月28日　晚上，在深圳会堂观看广东潮剧院一团演出的潮剧《张春郎削发》。

12月30日　在中共深圳市委党校视察。在讲话中说：特区的党校也要突出"特"字，符合特区的实际，办出自己的特色。要理论联系实际，在实践中不断丰富和发展马克思主义理论。

1990年 七十七岁

1月25日 晚上，同深圳各界人士庆祝春节。

1月27日 上午，在宝安县南岭村视察，听取村、镇、县负责人的工作汇报。在讲话中说：你们在改革开放中坚定社会主义方向，大力抓好两个文明建设，使全村迅速共同富裕起来。这个经验很好。随后，参观村容，同留在村里过年的内地青年工人交谈。在村文化活动中心广场观看"贺新春迎新岁联欢会"。

2月8日 同在深圳出席全国经济特区工作会议的李鹏、田纪云、叶选平[1]谈话，充分肯定深圳的发展方向。

2月19日 上午，出席七届全国人大常委会第十二次会议开幕会。二十二日下午，主持大会讨论，委员们就香港特别行政区基本法草案等问题发表意见。二十三日下午，出席闭幕会。会议决定七届全国人大三次会议于三月二十日在北京举行；通过《中华人民共和国军事设施保护法》。

2月24日 下午，在解放军总后勤部礼堂出席许德珩遗体告别仪式。许德珩于二月八日在北京逝世，享年一百岁。

2月28日 主持全国人大内务司法委员会会议，听取赵东宛[2]、张志坚[3]关于建立和推行公务员制度、职称改革以及

---

[1] 叶选平，时任中共广东省委副书记、广东省省长。
[2] 赵东宛，时任人事部部长。
[3] 张志坚，时任人事部副部长。

工资工作的汇报。

同日 致电陕西省政府参事室转胡希仲[1]亲属。电文说：惊悉希仲同志不幸病逝，万分悲恸，回忆我俩幼时同窗好友，朝夕相处，互磋互励，情谊至深。以后虽天各一方，但始终未间断联系。他在敌人的淫威利诱面前从不低头屈服，特别是横山起义更作出了卓越贡献，他把一生都奉献给了革命事业，令人感念难忘。正当安享晚年之际，不料去春西安一见竟成永诀。往事历历在目，感慨万端，特电亲切慰问，并盼节哀珍重。

3月2日 致信李鹏。信中说：转上费孝通同志关于昆山市的调查报告。昆山市利用长江三角洲靠近上海的优势，在短短的几年时间里，自费兴办了经济技术开发区，吸引了不少外资项目，增加了国家财政和外汇收入，取得了较大的成效。他们要求国家正式批准列入经济技术开发区，并在经济上给予适当支持，以利于更好地利用外资，引进技术，加快经济的发展。我认为这个意见是可取的，请您裁决。此前，费孝通于一九八九年十二月二十日致信习仲勋，根据其昆山调查情况，建议国家批准昆山开发区享受沿海开放城市经济技术开发区的同等待遇。

3月3日 在人民大会堂出席大型文献传记纪录片《周恩来》首映式。

同日 为陕西电视台建台三十周年题词：延安精神世代相传，事业发展荧屏生辉。

同日 为中国女排题词：重振中国女排雄威。

同日 为空政文工团建团三十周年题词：坚持"二为"[2]

---

[1] 胡希仲，国民党爱国将领胡景翼之子。
[2] "二为"，即文艺为人民服务，为社会主义服务。

方向，贯彻"双百"〔1〕方针。

同日 为第七届潍坊国际风筝会开幕题词：风筝飘四海，友谊结五洲。

同日 为《青年知识报》创刊五周年题词：马克思主义哲学是智慧的钥匙，造就社会主义建设人才的指南。

3月6日 主持全国人大内务司法委员会会议，听取人事部的工作汇报。

3月7日 出席竺可桢〔2〕诞辰一百周年纪念会。在讲话中说：竺可桢同志是我国近代气象学和地理学界的一代宗师。他从青年时期就怀着"科学救国"的思想，投身于发展祖国科学和教育事业，把从西方学到的现代科学知识，应用到中国的环境之中，建立中国自己的科学。竺可桢十分重视我国古代科学文化遗产的宝库，从二十年代起就开始研究我国自然科学史。他说："我国伟大先民的卓越成就是值得科学工作者广泛宣传的。"新中国成立之后，竺可桢同志担任中国科学院副院长，为我国科学事业的发展作出巨大贡献。在七十二岁高龄的时候，他加入中国共产党，由一个爱国民主主义者成为一个共产主义者。竺可桢走过的道路，是半殖民地半封建的旧中国千万知识分子的典型代表。当前，我们正在推进振兴中华的伟大事业，这个事业需要成千上万像竺可桢那样的科学家。我们相信，广大科技工作者一定会以竺可桢等科学先驱为榜样，为使科技进步在社会主义物质文明和精神文明建设中发挥更大作用而努力奋斗。

3月8日 下午，在人民大会堂出席全国妇联为纪念三八国

---

〔1〕 "双百"，即百家争鸣、百花齐放。
〔2〕 竺可桢，曾任全国人大常委会委员、中国科学院副院长、中华全国科学技术普及协会副主席、中华人民共和国科学技术协会副主席等职。

际劳动妇女节八十周年举行的中外妇女招待会。

3月9日—12日 列席中共十三届六中全会。全会审议通过《中共中央关于加强党同人民群众联系的决定》。十一日，在全会小组会上发言。在谈到《决定》稿时说：（一）十三届四中全会以来，我们做了多少事，多年积累的问题初步解决了，这也不简单。在当前形势下，作出《决定》是非常重要的、非常及时的。这个稿子总的说是好的。这些年来确实存在脱离群众的现象，在文件中应实事求是地摆出来，针对性地采取措施，这也是廉政，群众眼睛盯着我们。（二）文件中关于决策实行民主化、科学化的规定，是非常重要的。人民通过选举产生的全国人大和地方各级人大行使权利，我们要善于通过法律的形式，把党的主张化为人大的主张。同时，党要充分发挥政协和民主党派的作用，对民主党派要团结，党外的老同志，要请他们发言、讲真话，讲错了也不要紧。（三）联系群众深入实际，要领导带头并形成制度，切实解决文山会海的问题。要经常深入学校基层和老少边穷的地区，要听取各种意见，特别是不同意见、批评意见，敢于向上面反映实际情况。要为人民办几件实事。要防止下基层一窝蜂，下面应付不暇。学雷锋，要找一批活雷锋，没有这一批人，改革哪能有这么大的发展。历史是人民创造的，我们要相信人民群众，还是要搞社会主义民主。（四）文件公布以后，建议中央责成中纪委、中组部，以此作为考察干部的重要依据，总结经验，加强检查督促。

3月10日 上午，同谷牧、程思远在北京香山碧云寺中山纪念堂出席孙中山雕像揭幕仪式。

3月12日 出席七届全国人大常委会第十三次会议开幕会。会议审议全国人大常委会向七届全国人大三次会议提出的工作报告草稿，审议七届全国人大三次会议议程草案，听取、审议彭冲关于七届全国人大三次会议主席团和秘书长名单草案的说明等。十五日，出席闭幕会。

3月15日 致信牛化东[1]。信中说：亲爱的老战友牛化东同志：许久未晤，怀念至深，向您致以革命友谊的敬礼！今晚回家看到红屏爱女，奉父命向我问好，又详叙今昔情景，知您八四高龄，身体健壮，阖家安乐，我为您老年幸福高兴，祝您长寿百岁！亲眼看看我们同全国人民长期艰苦奋斗的成果。要说的话太多了，请红屏写信或回家探亲时面陈。祝您天天幸福！年年康乐！

3月18日 出席全国政协七届三次会议开幕会。二十九日，出席闭幕会。

3月19日 出席中共中央在中南海怀仁堂召开的民主协商会。会议向各民主党派中央、全国工商联负责人和无党派代表人士通报中共十三届六中全会精神，并商量如何开好七届全国人大三次会议和全国政协七届三次会议。

同日 晚上，在北京饭店出席全国政协和中共中央统战部为出席七届全国人大三次会议和全国政协七届三次会议的港澳地区代表、委员举行的欢迎宴会。

3月中旬 在北京家中会见前来看望的章纯[2]和李杰[3]。对他们说：回去后要组织一些人，尽快把横山起义的历史过程写出来。

---

[1] 牛化东，解放战争时期曾任三边分区副司令员。新中国成立后，曾任宁夏军区参谋长、银川军分区司令员、宁夏军区副司令员、宁夏回族自治区政协副主席等职。

[2] 章纯，横山起义参与者之一，时任陕西省人民政府参事室参事。

[3] 李杰，两当兵变领导人之一李秉荣之子，时为陕西省人民政府参事室工作人员。

3月20日—4月4日 出席七届全国人大三次会议。会议通过《中华人民共和国香港特别行政区基本法》《关于〈中华人民共和国香港特别行政区基本法〉的决定》《关于设立香港特别行政区的决定》；决定接受邓小平辞去中华人民共和国中央军事委员会主席职务的请求，选举江泽民为中华人民共和国中央军事委员会主席。

3月20日 上午，出席七届全国人大三次会议开幕会。

同日 在人民大会堂会见由约旦青年部大臣伊卜拉欣·格巴卜什率领的约旦青年代表团。

同日 为澳门妇女联合会成立四十周年题词：热爱祖国辛勤工作，全心全意为妇女儿童服务。

3月21日 上午，主持七届全国人大三次会议第二次全体会议。

同日 在人民大会堂会见并宴请朝鲜劳动党中央委员会委员、平安北道行政经济指导委员会委员长廉在满一行。

3月22日 出席中国人民对外友好协会和中国非洲人民友好协会为庆祝纳米比亚独立举行的招待会。

3月23日 上午，出席七届全国人大三次会议陕西代表团全体会议，审议政府工作报告和计划、财政报告。在代表发言提到乱收费问题时插话说：这些都是腐败现象，是脱离人民群众的。我们代表责任重大。要实现国家稳定，就必须动员群众，和群众一起解决这些问题。陕西对这个问题采取了什么措施？在听取陕西省整顿乱收费现象的情况汇报后说：我们是共产党员，又是人民代表，并不是为了做官，而要全心全意为人民服务。人民选我们，我们就要关心人民疾苦，为人民办事。

3月24日 出席七届全国人大三次会议陕西代表团全体会议和小组会议，继续审议政府工作报告和计划、财政报告。在发言中说：在今天这个场合，代表都可以发表意见，有些意见很尖锐，不要感情用事，也不要怕打击报复。同时，每个人在发言中要把自己也摆进去，特别是担任地方党政领导职务的干部首先应该这样做。陕西省代表团素质很好，代表大都具有大专水平，又有多年实践经验，特别是教授很多，要让这些同志都有发言的机会。

同日 为即将举行的"北京之夏——百日迎亚运"文艺晚会题词：亚洲各国人民之间的友谊万岁。

3月25日 为河南红旗渠通水二十五周年题词：发扬红旗渠精神，自力更生，艰苦奋斗，建设山区。

同日 为《人大工作经验材料选编》一书题词：坚持宪法原则，完善人民代表大会制度。

同日 为《茅以升〔1〕纪念文集》一书题词：科技先驱，桥梁专家，高风亮节，业绩卓著。

3月26日 出席七届全国人大三次会议陕西代表团全体会议。在发言中说：（一）中国是一个人口众多、幅员广阔的大国，要想发展经济，提高人民的物质生活和文化生活水平，最重要的一条，就是要保持安定团结的政治局面，保持全国的稳定。这是国家的最高利益，也是全国各族人民的根本利益。新中国成立四十年来的实践证明，我们的国家什么时候安定团结，各项事业就顺利发展；什么时候发生动乱，各项事业就停滞不前。我们要十分珍惜来之不易的安定团结局面，千方百计维护国家的稳定和社会的稳定。（二）全国的稳定，以各地方的稳定为基础。保持各级干部之间的团结是稳定的首要条件。我参加革命六十余年来，深深懂得这一点。过去战争游击时期，团结就胜利，不团结就失

---

〔1〕 茅以升，曾任全国人大常委会委员、全国政协副主席、中华人民共和国科学技术协会副主席、九三学社中央副主席等职。

败，甚至全军覆没。一个省要团结，一个县、一个乡镇也要团结。不团结，优势就从内部抵消了。我们来自五湖四海，要以国家和人民的根本利益为重，紧密地团结在一起，为建设有中国特色的社会主义而奋斗。（三）要稳定局势，必须发扬社会主义民主与加强法制建设。这是我们国家长治久安、繁荣昌盛的重要保证，也是治理整顿、深化改革的重要保证。今后，一定要注意抓好社会主义民主与法制建设，要继续完善人民代表大会制度与中国共产党领导的多党合作和政治协商制度，在国家的政治生活、经济生活和社会生活各个方面要有法可依、有法必依、执法必严、违法必究，还要进一步制定出一批相应的法律和规章制度。（四）要稳定局势，必须发挥共产党员和干部的模范带头作用。要把加强党同人民群众密切联系的问题，当作贯彻党的群众路线的大事来抓，当作推动社会主义民主与法制建设的大事来抓，这是稳定国家、稳定社会的重要措施。四月四日下午，出席七届全国人大三次会议闭幕会。

3月27日 晚上，出席中共中央统战部、全国人大民族委员会、国家民族事务委员会、全国政协民族委员会为招待出席七届全国人大三次会议和全国政协七届三次会议的少数民族代表和委员举行的茶话会。

3月28日 听取许廷方[1]关于基层工作的汇报。当汇报到干部下乡问题时，习仲勋说：现在不论是谁，不论职务多高，到农村、到基层都要先当学生。当谈到年轻干部的培养工作时，习仲勋说：培养年轻人很重要，不然的话，我们的人才就接不上。将来培训干部的方法也要很好研究，工作、实践、学习要结合起来，纯学院的方式我不赞成。

---

[1] 许廷方，时任咸阳市人大常委会主任。

3月 在广州珠岛宾馆会见老战友孙作宾。

4月1日 为《中国人民解放军粤中纵队史》题词：回顾过去发扬革命精神，创造未来争取更大胜利。

同日 为中共陕西省委主办的《共产党人》杂志题词：延安精神永放光芒。

同日 为中国丝绸之路国际文化节题词：发扬中国丝绸之路的开拓精神，促进大西北经济文化的发展。

同日 为法门寺文化研究大会题词：千年瑰宝放光辉。

4月10日 致信河南洛阳市文化局并转马金凤。信中说：欣悉你们于四月十九日在洛阳举行马金凤舞台生涯六十周年纪念会，谨向马金凤同志致以热烈的祝贺。本想亲自去参加这次很有意义的纪念活动，我实因工作太忙，不能前往，恳请鉴谅。马金凤同志是我国一位著名的豫剧歌唱家和表演艺术家，为豫剧艺术的创新和发展作出了重要的贡献，受到广大豫剧爱好者高度赞扬。希望马金凤同志在今后的舞台生涯中，继续坚持文艺为社会主义服务、为人民服务的方向，深入生活，勇于探索，创造更多更好的舞台艺术形象，为繁荣我国社会主义戏剧事业作出新的贡献。

同日 在人民日报社《情况汇编》四月七日刊载的《拐卖妇女儿童现象在内江市有增无减 有关部门分析对"人贩子"打击不力的七条原因》一文上批示：打击不力的七条原因，分析得既深刻又实在，到了要解决的时候了！这是一个大问题，要严肃对待。

4月11日 同吴学谦、任建新、刘复之等出席亚洲—太平洋律师协会第四届年会开幕式。

4月12日 下午，出席中国非洲人民友好协会成立三十周年招待会。

4月15日 上午,同乔石、丁关根、任建新等在人民大会堂出席第三次全国法制宣传教育工作会议,作题为《继续深入普法 推进法制建设》的讲话。在讲话中说:(一)普及法律常识是一项长期的艰巨的任务。它贯穿于社会主义法制建设的全过程,决不是一个五年规划就可以一劳永逸的,必须坚持不懈,采取有效措施扎扎实实地抓下去。(二)深入进行法制宣传教育是加强法制建设、实现依法治国的必由之路。在贯彻执行全国人大常委会关于在公民中基本普及法律常识决议的过程中,有一条重要的经验,就是学法与用法相结合,学用一致,知行统一,并在此基础上提出依法管理各项事业的要求。许多部门和单位开展了依法治水、依法治林、依法治税、依法治路、依法治厂、依法治校、依法管理土地等专项治理活动,随后又在一些行政区域内提出了依法治乡、依法治县、依法治市、依法治省的口号。这实际上提出了一个建设社会主义民主法制国家、实现依法治国的重大法制建设问题。现在许多青少年不懂法,无法无天的现象不断出现,值得引起我们的重视。学校是我们普及法律常识的重要阵地,要把法制教育同道德品质教育、思想政治教育结合起来,努力培养有理想、有文化、有道德、有纪律的人才。这是关系到我们国家前途和未来的大事。(三)各级人大常委会要加强对普及法律常识工作的监督和指导。一是要继续督促检查领导干部学法用法的情况,建立必要的考核制度;二是要推动尚未完成普法任务的地区和单位圆满完成任务,重点要放在农村;三是要督促、检查有关部门完成五年普法任务的考核验收工作,防止走过场,达不到标准的要坚决补课;四是要研究今后五年如何进一步搞好法制宣传教育工作,如何把法制宣传教育工作同依法管理各项事业紧密结合起来。第三次全国法制宣传教育工作会议于四月十五日至十八日在北京召开。会议提出:从一九九一年起,开始第二个五年普法工作，用五年左右的时间，在全体公民中继续普及法律知识。

同日 在新华社《参考清样》刊载的《我在布基纳法索打开劳务技术市场局面经验》一文上批示：这是劳务技术出口的一个成功经验，在与非洲国家打交道中都应当这样做。

4月17日 同第三次全国法制宣传教育工作会议部分代表进行座谈。在讲话中说：（一）普法工作是一项长期的任务，需要不断引向深入。对这项工作，我们要一个五年、二个五年以至十个五年，长期不懈地抓下去。中央宣传部和司法部提出的第二个五年普法规划草案的指导思想是正确的。以宪法为核心，着重普及专业法律知识，促进依法管理的路子是对头的。（二）要使国家机关及其工作人员都能严格依法办事，需要加强执法监督，完善执法手段，建立和健全有关的制度。在普法过程中，一定要强调领导干部和执法部门的工作人员学好法，用好法，严格依法办事。同时要加强对他们的培训、管理和监督，不断提高政治和业务素质。在普法工作中，最重要的是不断地学习、宣传和贯彻落实宪法。要用宪法来统一人们的思想和行动，这就是与党中央保持一致。（三）普法工作一定要为维护国家的稳定发展服务，为治理整顿、深化改革服务，为两个文明建设服务，为民主和法制建设服务。要从本地、本部门的实际情况出发，从广大群众普遍关注的重大问题出发，有针对性地进行宣传教育，依法办几件实事。这是检验普法工作是否有成绩的唯一标准。普法工作是一项巨大的社会系统工程，涉及面很广，必须进一步加强党委、人大和政府对普法工作的领导和监督。这是搞好普法工作的关键。

同日 在人民日报社《情况汇编》四月十二日刊载的《"求职难"成为武汉高校学生的热门话题》一文上批示：这篇报道一定要好好看看，想些好办法吧！不然有了人才，也成了累赘，那又怎样给国家培养出色的科技人才？！

4月18日 上午，同雷洁琼参加中国青少年发展基金会在人民大会堂举办的救助贫困地区失学少年座谈会。

同日 在人民日报社《情况汇编》四月十六日刊载的《非产棉区抬价抢购，超标准奖售争购，河南一些县发生"棉花大战"》一文上批示：制止"棉花大战"的四条措施是可行的，但要注意在方法方式上严谨行事。

4月20日 下午，出席授予卢森堡中国友好协会主席阿道夫·弗朗克"人民友好使者"称号的仪式。

同日 在人民日报社《情况汇编》四月十八日刊载的《一级画家林锴希望扩大住房》一文上批示：对林锴画家应享有符合自己级别职称的住房才是。

同日 在人民日报社《情况汇编》四月十八日刊载的《从留学人员逾期不归状况看派出工作缺陷》一文上批示：这个分析和意见很好，必须将这项工作做好，是党和国家培养有用人才的大政策问题。

同日 为《家庭》杂志创刊一百期题词：《家庭》为社会主义精神文明添光彩。

同日 为希望工程[1]题词：希望工程，利国益民。

同日 致函宁夏吴忠市政协并转白天章[2]治丧办公室。函中说：惊悉天章同志病逝，万分悲痛。我们在一九三三年秋从照金苏区撤离，转战到南梁一带，同当地农民积极分子——天章等同志广泛发动和组织群众，开展游击战争，建立农村革命根据

---

[1] 1989年10月30日，中国青少年发展基金会正式宣布建立"救助贫困地区失学少年基金"，用于长期救助贫困地区品学兼优而因家庭困难失学的孩子重返校园。这项工作后被命名为"希望工程"。

[2] 白天章，曾任陕甘边革命委员会副主席。新中国成立后，曾任吴忠县政协副主席等职。

地，形成了一支强大的武装力量，发展和巩固了陕甘边根据地。在艰苦的岁月里，同天章同志结下了深厚友情并经受了严峻的考验和锻炼，天章同志的工作是出色的，成为群众信赖的领导人之一，此时更引起我对天章同志及牺牲了的战友的深切怀念。请代我向天章同志送一花圈，以示哀悼，并向天章同志的亲属致以亲切的慰问，向健在的老战友致以诚挚的问候。

4月21日 下午，出席"纪念伟大的无产阶级革命导师列宁邮票展览"开幕式。

4月23日 下午，出席第十四届世界法律大会开幕式。晚上，参加万里同出席大会各国代表的会见。

4月24日 在新华社《国内动态清样》四月二十三日刊载的《吕梁地委宣传部长谈理顺农村干群关系》一文上批示：这个专题调查报告很好，从实际出发客观科学地分析了情况，作出解答，我赞成，存查。把这则报道让周围同志读读。又及。

4月27日 下午，在人民大会堂出席中华全国总工会举行的庆祝五一国际劳动节大会。

4月28日 在中国经济法研究会与中央电视台联合举办的《廉政与法制建设》电视讲座上发表讲话。在讲话中说：现在，党中央决定大力加强廉政建设，采取了一系列重大措施，有效地打击了腐败分子，收到了良好的社会效果。这一英明决策，顺民心，合民意，再一次充分显示了人民的利益就是中国共产党的利益，党的宗旨是全心全意为人民服务的，社会主义的前景是光明的。在加强廉政建设与法制建设过程中，全国人民代表大会及其常委会负有重要的职责，一方面，肩负着繁重的立法任务，要为我国的政治、经济、军事、科学、教育、文化、艺术等各个领域制定相应的法律规定，使国家机关及工作人员和全体公民的一切活动都处于法律的保护之下，受到法律的规范与约束；另一方面，要加强自身的廉政建设，使每一位人民代表及工作人员，都能正确地行使人民赋予的各项权力，一言一行，一举一动，都要真正代表人民的利益，反映人民的意愿。各级人民代表大会及其常委会要在党中央的正确领导下，坚持四项基本原则，在履行立法职责、加强立法步伐的同时，认真行使监督权力，积极监督，支持各级政府和司法部门严格执法，严厉惩处腐败分子。我希望每一位人民代表，在加强廉政建设与法制建设中，都能以身作则，奉公守法，廉洁清正，甘当公仆。同时，敢于充分行使人民给予的权力，同一切腐败分子进行坚决的斗争！

4月29日 在《文汇报情况反映》（增刊）四月二十日刊载的《据日方和被遣返人员反映 目前在日本尚有二千余名中国人被收容》一文上批示：对偷渡出去的国人情况分析材料很好，沿海省市重点是福建省，要大力抓好这项工作才是。可告人大华侨委员会一声。

4月30日 在人民大会堂会见并宴请由众议院党团副领袖奥斯蒙多·雷博萨斯率领的巴西民主运动党代表团。在会谈中说：中国是亚洲大国，巴西是拉美大国，我们同属第三世界，有过相似的经历，又面临着共同的问题。我们都需要和平和发展，都希望加强第三世界国家间的友好合作。我们十分重视中巴关系的发展，自一九七四年中巴建交以来，两国各方面关系很好，我们愿为中巴之间友好合作关系的进一步发展而努力。

5月3日 下午，在人民大会堂出席首都青年纪念五四报告会。江泽民在会上发表《爱国主义和我国知识分子的使命》的讲话。

同日 在人民日报社《情况汇编》四月二十九日刊载的《天津一些支书反映基层党建工作有"三难"》一文上批示："这是实际情况，不仅是城市包括广大乡村在内基层党建工作都有这个问题，要采取具体措施认真落实解决，否则太影响大局了！"该文反映的"三难"是：理论上难说清，工作难展开，标准难把握。

5月5日 在《解放日报情况简报》刊载的《一些不法之徒借劳务输出趁机行骗》一文上批示：通报有关部门把关，当作一项长期工作，时刻抓紧。

5月8日 出席"老区青年科技服务团"在京汇报会。

5月9日 在中共中央办公厅秘书局《每日汇报》五月七日刊载的《湖南省全面清理整顿道路秩序》一文上批示："不仅乱收乱罚，主要以此走私、投机倒把，公私谋利，设站、卡这么多，非党政部门许可谁能办到?!"在《山西、河北省经济、刑事大案增多》一文上批示："这才是真实情况。"

5月10日 为《农民画报》创刊十周年题词：立足广阔天地，发展农村文化事业。

同日 为《法制日报》创刊十周年题词：依法办事，勤政为民。

5月12日 上午，同宋平、丁关根、倪志福、屈武会见参加纪念原香港招商局船员起义四十周年活动的六十二名老船员。

同日 下午，同倪志福、雷洁琼、王忍之[1]出席电视政论系列片《世纪行——四项基本原则纵横谈》首发式。

5月14日 向乌兰夫研究会成立大会致贺信。

同日 为《陕甘宁边区第二师范校史》一书作序。序言说：我离开陕甘宁边区关中分区将近半个世纪了。回忆起当时在那里开办边区第二师范的情景，仍然历历在目，记忆犹新。我作为当时中共关中地委的书记兼二师的首任校长，愿为这么一部革命教育的校史写几句想说的话，尽我一份垂暮之年的绵薄之力。这部

---

[1] 王忍之，时任中共中央宣传部部长。

校史，涉及的内容广泛，再现了党在边区实施的教育方针、政策，很有历史价值和现实意义。它给这所学校留下了一段真实的史录，虽然不是全部的、系统的，但是很重要、很宝贵。它基本上达到了校史的"资治、教育和存史"的要求，也给陕西教育志、边区教育史增添了可贵的一页。这部校史，既是那个时代的历史，又是在新的历史条件下的合时之作。古人都讲"文章合为时而著"，我们更应如此。二师精神，即自力更生，艰苦奋斗，一切从实际出发的办学精神，是延安精神在教育上的具体化。革命胜利四十年了，延安精神在一些人的头脑里淡忘了，马列主义的学习放松了，是有沉痛教训的。二师以延安精神育人，以马列主义育人的优良传统，使人们回忆过去，吸取历史的经验，推动当前和今后的教育改革。二师校史的形成，同样具有值得借鉴的地方。这种"民办、民间、民主"的写校史办法，值得提倡。这部校史值得从事和关心教育的同志一读。

同日 为《陕甘宁边区第二师范校史》一书题词：从陕甘宁边区第二师范到更名为关中师范、联合中学，始终是一所既培养师资又培养革命干部的学校，为革命培养了既经得起战争又经得起和平建设考验的人才。

5月16日 上午，在人民大会堂出席汉字现代化研究会成立十周年纪念大会。

5月18日 在新华社《参考清样》刊载的《斯洛文尼亚组成南第一个非共产党政府》一文上批示：从这个情况可以看出南斯拉夫联邦在今后一段时期还不知道要乱成什么样子啊!?

5月20日 为内蒙古人民广播电台成立四十周年题词：搞好广播宣传，增进民族团结。

5月21日 在新华社《国内动态清样》五月十九日刊载的《辽宁省委提出要在加强同群众联系上做出样子》一文上批示：

这个报道很好。全树仁[1]同志讲的要做好五件事并"拿出样子，做出样子"的安排值得参考学习。

5月22日 在新华社《参考清样》五月二十一日刊载的苏联刊物文章《切尔诺贝利不为人知的教训》一文上批示："不为人知的教训"一文，值得大学而特学。我们工作中这种错误也不少，真是"官僚主义比辐射本身厉害得多"！

5月23日 下午，观看北京市公安干警和武警部队的训练汇报。

5月24日 在人民大会堂会见由老挝世界和平与国际团结友好委员会主席辛加坡·西科朱拉玛尼率领的代表团。

5月25日 同乔石、彭冲、阿沛·阿旺晋美、雷洁琼、任建新、刘复之等出席全国检察机关惩治贪污贿赂展览开幕式。

同日 在人民大会堂会见并宴请由玻利维亚全国选举书记卡罗利娜·托莱多率领的玻利维亚民族主义民主行动党代表团。

5月27日 在新华社《国内动态清样》五月二十六日刊载的《我应加强对劳务人员出国前的文明礼貌教育》一文上批示：要自尊、自重、自爱，就是爱自己国家。在国内也要讲文明礼貌。

5月28日 在人民大会堂观看"生命的主题"节水文艺晚会。

5月29日 晚上，同王震、廖汉生、王汉斌出席中国人民对外友好协会举行的"友好日"招待会。

5月30日 在新华社《国内动态清样》五月二十七日刊载的《工厂和银行现金管理漏洞很大 江纺一会计贪污挪用卷走公款三百多万元》一文上批示：像这样惊心动魄的教训太多了，要认真汲取和采取措施严加堵绝。

---

[1] 全树仁，时任中共辽宁省委书记。

5月 为《陕西农民报》复刊十周年题词：宣传四项基本原则和改革开放，为陕西农村经济建设服务。

同月 为西北民族学院建院四十周年题词：加强民族团结，发展少数民族教育。

6月1日 上午八时，在人民大会堂参加江泽民、李鹏等同全国优秀儿童少年工作者代表和北京市少先队"赖宁[1]式好少年"及赖宁中队代表的会见。九时，在天安门广场出席六一国际儿童节庆祝活动。

同日 在人民日报社《情况汇编》五月二十九日刊载的《宗教徒聚居村党建工作亟待加强——河北省张家口市的调查》一文上批示：这是一份很科学的调查报告，值得我们认真研究，督促有关方面针对自己的实际情况，制订具体措施，坚持改变这种状况。

6月3日 出席全国政协举行的鸦片战争一百五十周年座谈会。

同日 在新华社《参考清样》五月三十一日刊载的《苏共"马克思主义纲领派"纲领要点》一文上批示："对这个'纲领'应深刻探索，进一步研究，结合我国实践认真学习，对我有好处。我赞成总的精神。"该文说，苏共内部的这个"马克思主义纲领派"是想把主张恢复经典马克思主义的人联合在一起，其成立大会于四月十四日至十五日举行。

同日 在新华社《参考清样》六月三日刊载的《郝柏村谈台湾对大陆贸易和投资等问题》一文上批示："应认真研究探讨，

---

[1] 赖宁，四川省雅安市石棉中学初中二年级学生，1988年3月13日为扑救山林大火，英勇牺牲，年仅15岁。被评为1989年"全国十佳少先队员"之一，后被共青团中央、国家教委授予"英雄少年"称号。

订出因应措施，促进和平统一中国的进程不断发展。"该文反映，台湾当局"行政院院长"郝柏村接受《卓越》杂志采访，谈到两岸关系时说：台湾与大陆进行贸易和交流是大势所趋，将来"行政院"会设立"大陆委员会"，以因应未来两岸时势发展所需。

6月5日 在新华社《国内动态清样》六月四日刊载的《石家庄地委加强对下基层干部的管理效果好》一文上批示：是干部下基层的一个好经验，有一个问题要注意，不要各种委员会太多了，多了容易流于形式。

6月6日 在国内一份参考资料刊载的外电报道《苏联吉尔吉斯共和国境内发生民族冲突情况》上批示：应告新疆注意，千万不要卷进去。在苏联境内经常发生民族冲突的情况下，新疆领导同志要有一个清醒头脑，日日月月注意这个复杂局势的变化，持冷静态度，及时合理处理，不要引起中苏边界纠纷。

6月7日 在新华社《国内动态清样》六月五日刊载的《大陆企业首次在台湾报纸刊登广告反响强烈》一文上批示：是一个突破，再向前扩展，只要灵巧地联系台湾各界爱国人士则一定会取得初胜。

6月8日 在新华社《国内动态清样》六月五日刊载的《南沙群岛条件仍然艰苦，驻岛军民士气十分旺盛》一文上批示：这是对南沙很真实的一篇报道，特别是驻岛军民生活艰苦，而斗志旺盛地向大自然开战的情景，是多么激动人心！我们都要向忘我地为祖国作奉献的英雄军民儿女学习。

同日 在新华社《国内动态清样》六月五日刊载的《内蒙古赤峰市土地沙化情况严重》一文上批示：请民委注意这一严重问题。

6月9日 上午，同阿沛·阿旺晋美视察国家奥林匹克体育中心游泳馆、体育馆和田径场。

6月10日 晚上，在钓鱼台国宾馆会见朝鲜慈江道行政及经济指导委员会委员长金钟浩率领的朝鲜慈江道友好代表团。

同日 为第七届戏剧梅花奖题词：发展戏剧事业，弘扬民族文化。六月十五日晚上，同李瑞环、王震、宋任穷等出席梅花奖颁奖大会，为获奖演员颁奖。

6月11日 出席全国统战工作会议开幕会。十四日，出席全国统战工作会议座谈会并讲话。

6月14日 主持召开全国人大内务司法委员会第二十一次会议。会议原则通过《申诉法起草工作安排意见》和申诉法起草领导小组成员名单，决定上报全国人大常委会审批。

6月19日 在解放日报社《情况简报》六月十六日刊载的《上海初中毕业生余留人数逐年上升》一文上批示：要认真注意这个社会问题，我赞成他们的调查意见。

6月20日 上午，出席七届全国人大常委会第十四次会议开幕会。二十五日上午，主持召开全体会议，听取有关报告和说明。二十七日下午，出席全体会议。二十八日下午，出席闭幕会。会议通过《中华人民共和国国旗法》，决定自一九九〇年十月一日起施行；通过关于惩治侮辱中华人民共和国国旗国徽罪的决定、关于《中华人民共和国香港特别行政区基本法》英文本的决定等文件。

同日 下午，同阿沛·阿旺晋美、赛福鼎·艾则孜、廖汉生、司马义·艾买提接见中央民族学院一千二百余名应届毕业生、干训部学员和教师代表。

6月21日 在人民日报社《情况汇编》六月十九日刊载的《台资源源涌入厦门应接不暇》一文上批示：我们开办特区十年了，有丰富经验，好好总结一下，足够解决当前"台资源源涌入"的难题。切记在新的时代新的情况下处理好，不是一件易事。

同日 在人民日报社《情况汇编》六月十九日刊载的《山西

省政协常委苗佩芳针对一则报道提出警惕一些新闻的"拔高"现象》一文上批示：应当重视苗佩芳同志批评新闻的拔高现象，是目前工作中一大弊病，因素很多，领导上要警惕，免遭脱离群众的危害，造成工作上的大损失。

同日 在人民日报社《情况汇编》六月十九日刊载的《深圳股市狂热潜在问题堪忧》一文上批示：要立刻采取措施把这一严重的混乱现象纠正过来，迟一天危害大一天。

6月28日 向中国关心下一代工作委员会座谈会致贺词。贺词说：中国关心下一代工作委员会经中共中央批准成立，我感到特别高兴。要我担任名誉主任，我深感责任重大。"历史和现实告诉我们，国内外敌对势力始终把'和平演变'的目标集中在青少年身上。争夺青少年是一场没有硝烟的生死搏斗，这场斗争的胜负，直接关系到国家的前途，民族的命运；关系到我们老一辈出生入死、南征北战打下的社会主义江山是否后继有人；关系到四化建设、振兴中华的愿望能否实现；关系到社会主义和共产主义事业能否千秋万代永不变色。因此，关心下一代是全党、全国人民的一件大事，更是我们老同志义不容辞的责任。"希望全体老同志"老有所为"，继续发挥自己的才华和智慧，对青少年进行爱国主义教育、革命传统教育、社会主义法制教育和共产主义理想教育，为关心教育下一代创建新的功绩，在自己光辉的历史上增添新的篇章。

6月29日 上午，出席为孟加拉人民共和国总统侯赛因·穆罕默德·艾尔沙德访华举行的欢迎仪式。

6月30日 在《中国青年报》发表《〈历史的必然——社会主义在中国〉序》。序言说：科学社会主义是无产阶级革命导师马克思和恩格斯研究资本主义社会经济的深刻矛盾所揭示出的人类社会发展的必然规律。社会主义制度在世界范围内的建立，是各国人民探索开拓，英勇奋斗，流血牺牲作出的历史选择。中国共产党领导中国人民经过英勇顽强的斗争，终于推翻了国民党的反动政权，在一九四九年建立了中华人民共和国。中国人民从此走上了建设社会主义的道路。"只有社会主义能够救中国"，这就是革命实践作出的正确结论。社会主义制度一经确立，就显示了巨大的优越性和强大的生命力。当然，比起资本主义的历史来，社会主义毕竟还很年轻，作为一种崭新的社会制度，还需要在实践中不断地探索、总结，不断地巩固、完善和发展。社会主义在发展过程中出现一些失误、发生一些曲折，是在所难免的。它不是社会主义制度本身不好，绝不能因为社会主义出现一些波折就从根本上否定它。社会主义终究将代替资本主义，这是不以人们意志为转移的历史发展的必然趋势。"当前，世界上出现了一股否定社会主义的逆流。国际敌对势力出于颠覆破坏社会主义的企图，加紧推行'和平演变'战略。我殷切希望青年们要保持清醒的头脑，坚持正确的政治方向，在中国共产党的领导下，紧紧依靠群众，积极投身到社会主义建设和改革开放的伟大事业中，为自己的祖国作出有益的贡献。邓小平同志为我们规划的建设有中国特色的社会主义的宏伟蓝图，正在付诸实践，实践证明，已见成效。只要我们坚持不懈地努力奋斗，就一定会用铁的事实进一步证明：只有社会主义能够发展中国。"

同日 在人民日报社《情况汇编》六月二十八日刊载的《山西一些党政干部以权谋房引起群众不满》一文上批示：请邹瑜同志转告纪检部门注意加速彻查，依法妥善处理，以平民愤。

7月1日 为《赵伯平[1]》一书题词：良师益友。

---

[1] 赵伯平，曾任中共陕西省委第二书记、全国人大常委会副秘书长、全国政协常务委员等职。

同日 为《中华儿女》杂志创刊两周年题词：高举爱国主义旗帜，联系海内外中华儿女。

同日 为陕西省清涧县革命烈士陵园题词：发扬革命传统，继承先烈遗志。

7月4日 同江泽民、李鹏、李瑞环、宋任穷、王首道、宋健、钱正英[1]等在中南海怀仁堂接见出席全国宣传贯彻《关于控制我国人口增长问题致全体共产党员共青团员的公开信》先进代表座谈会的全体人员。

7月5日 上午，同廖汉生、袁宝华[2]等在人民大会堂出席《马克思主义哲学导读》出版座谈会。

7月6日 晚上，在人民大会堂出席万里同厄瓜多尔共和国议会议长维尔弗里多·卢塞罗一行的会见。十二日上午，在中南海紫光阁出席李鹏同卢塞罗的会见。

7月7日 为《中国城市百科丛书·西安卷》题词：坚持改革开放加强对外交流，促进西安经济建设和旅游事业的发展。

7月9日 同王震、杨得志、廖汉生出席八路军一二〇师、第一野战军战史编委会第一次会议。在讲话中说：参加编写工作的同志，要坚持运用马克思主义的立场、观点和方法，实事求是，尊重历史，正确地反映历史。

7月10日 出席朝鲜驻华大使朱昌骏为庆祝朝中友好合作互助条约签订二十九周年举行的宴会。

7月12日—13日 在中南海出席中共中央举行的各民主党派中央、全国工商联负责人和无党派人士代表座谈会。

7月13日 上午，同彭冲出席《廉政与法制建设》电视讲

---

[1] 钱正英，时任全国政协副主席。
[2] 袁宝华，时任中共中央顾问委员会委员。

座新闻发布会。

7月18日 在人民日报社《情况汇编》七月十四日刊载的《粤北一些地方矿产资源遭严重破坏 广东省政府拟采取几项措施加强管理》一文上批示：广东省政府做得很对，国家主管部门似应在全国各地区分别不同情况，狠抓一下这方面的问题。

同日 在中共中央办公厅秘书局七月十七日《每日汇报》上批示："今天汇报很重要，对当前工作注重总结经验，暨深入实际、深入群众和向着更扎实的局势发展，是个大好兆头。"该汇报刊载的主要情况和文章有：会议情况：中央书记处办公会议讨论中国共产党党内法规制定程序暂行条例（草案）和全国青联、学联换届问题；工作建议：《部分石油专家对石油工业发展的意见》；经济工作：《国家重点项目建设面临诸多困难》《济南市举办嫁接型合资企业》；情况反映：《佳木斯市反映在探索计划经济与市场调节相结合中遇到的问题》等。

7月20日 就拉卜楞寺大经堂重建竣工致信嘉木样活佛、贡唐仓活佛[1]。信中说：民族平等，民族团结，各民族共同发展，共同繁荣和宗教信仰自由，是中国共产党对待民族工作和宗教工作的一贯的基本方针和基本政策，今后仍将长期坚持和贯彻执行。我衷心地祝愿拉卜楞寺的全体僧众以及甘南藏族自治州各族各界的朋友们，在中央的正确方针政策指引下，永远坚持维护祖国统一，维护民族团结，拥护党的领导，走社会主义道路的正确立场，为进一步稳定甘南的局势，为发展繁荣甘南的经济，为社会的进步和各族人民的幸福，为建设有中国特色的社会主义，取得新的成绩，作出更大的贡献！

---

[1] 贡唐仓活佛，即贡唐仓·丹贝旺旭，时任甘肃省政协副主席、中国佛教协会副会长。

同日 同康世恩、荣高棠、王照华、伍绍祖[1]等出席中国儿童少年活动中心举办的"相聚在北京"第七届夏令营开营式，并同荣高棠等授营旗。

7月25日 上午，同李德生[2]、余秋里等出席首届全国聋童夏令营开营式。

7月28日 在人民日报社《情况汇编》七月二十四日刊载的《广州制订农村集体经济承包合同管理规定》一文上批示：这一管理规定，是改革开放实践经验结下的一个硕果，是我国首创此类地方法规，值得学习探讨，在前进中不断完善之。

同日 在人民日报社《情况汇编》七月二十四日刊载的《山西调查发现农民反映强烈的几个问题》一文上批示：读完之后，惊心动魄！再不下决心把这些严重脱离群众的腐败现象煞住，依法严惩那些骑在群众头上拉屎的变质分子，终必被群众把我们打倒，造我们的反！可怕得很！

7月30日 为海南岛白沙起义纪念碑题词：白沙起义的英烈们永垂不朽。

7月 为珠海经济特区建立十周年题词：坚持改革开放，办好经济特区。

8月1日 为《琼崖抗日先锋》一书题词：冯白驹同志为创建琼崖革命武装和革命根据地所建树的功勋永垂青史。

8月2日 同王首道、陈锡联、雷洁琼、康克清等在人民大会堂出席中国人民革命战争时期邮票发行六十周年纪念大会。在讲话中说：中国人民革命战争，是中国人民在中国共产党的领导下，为推翻帝国主义、封建主义、官僚资本主义的黑暗统治，建

---

[1] 伍绍祖，时任国家体育运动委员会主任。
[2] 李德生，时任中共中央顾问委员会常务委员。

立独立、自由、民主、统一、富强的新中国而进行的伟大斗争。在这期间发行的邮票,是中国人民革命战争珍贵文物的一部分,从一个侧面反映了伟大、光荣、正确的中国共产党领导下的英勇的中国人民艰苦卓绝、团结奋战、前赴后继、争取胜利的革命精神。开展这项集邮活动,举办这部分邮票的研究和学术讨论,将会使广大集邮爱好者缅怀中国人民革命斗争的艰苦历程和革命先辈的丰功伟绩,了解中国共产党在革命战争年代的光荣传统,激励我们更加紧密地团结在以江泽民同志为核心的党中央周围,同心同德、艰苦奋斗,满怀信心地把社会主义现代化建设和改革开放事业继续推向前进。

8月7日 上午,在人民大会堂出席首届全国美好家庭评选颁奖大会,为获奖家庭颁发奖杯和荣誉证书。

同日 晚上,在人民大会堂会见并宴请古巴共产党中央第一书记菲德尔·卡斯特罗的政治助理赫苏斯·蒙塔内一行。

8月9日 上午,同李瑞环、丁关根、钱正英、侯镜如[1]等在全国政协礼堂出席中国农工民主党成立六十周年庆祝大会。

同日 下午,在人民大会堂会见台湾政界人士访问团。在讲话中说:通过和谈实现祖国统一,是中国共产党多年来的一贯政策。邓小平同志根据中国的实际情况,提出了"一国两制"伟大构想。"一国两制"就是在一个国家内实行不同的制度,彼此相互尊重,共同繁荣。我们都主张统一,只要坐下来谈,没有不可以解决的问题。欢迎台湾同胞为实现祖国和平统一献计献策。

同日 晚上,前往刘景范[2]家中,就刘景范病逝向其家属

---

[1] 侯镜如,时任全国政协副主席、中国国民党革命委员会中央副主席、黄埔军校同学会会长。
[2] 刘景范,逝世前任中共中央顾问委员会委员。

表示慰问。九月八日，委托夫人齐心出席在八宝山革命公墓礼堂举行的刘景范遗体告别仪式。刘景范于八月九日在北京逝世，享年八十岁。

8月10日 同乔石、余秋里、陈锡联、任建新、王光英[1]等会见第二次全国人民群众见义勇为与犯罪分子作斗争先进分子表彰大会受表彰的代表。

8月13日 在人民大会堂出席方荣翔[2]和金乃千[3]逝世一周年纪念座谈会，首都戏剧界、文艺界人士二百多人参加。在讲话中说：希望文艺工作者很好地学习方荣翔和金乃千的先进事迹，加强文艺队伍的自身建设，提高文艺工作者的文明素质，以使中华民族的传统艺术得到弘扬和发展。

8月14日 上午，在人民大会堂会见参加台湾同学会一九九〇年学术讨论会的代表。在讲话中说：我们要对海峡两岸的青年进行爱国主义教育，使他们了解中国的历史，尤其是近代史。"和平统一、一国两制"是中国政府和中国共产党解决台湾问题多年来的一贯政策。我们不承诺不使用武力，主要是针对外国干涉和分裂主义，绝不是对台湾人民讲的。目前，两岸交流已成为一股潮流，这是有益于祖国统一的好事。我们希望两岸人民共同努力，突破限制，推动统一事业发展。

同日 晚上，同万里、李铁映、李德生、赛福鼎·艾则孜、杨静仁、王光英等在月坛体育馆出席首届中国国际民间艺术节开幕式。

8月15日 上午，同乔石、陈丕显、任建新等在人民大会堂

---

[1] 王光英，时任全国政协副主席、中华全国工商业联合会副主席。
[2] 方荣翔，京剧表演艺术家。
[3] 金乃千，话剧表演艺术家。

出席《法制日报》创刊十周年暨加强法制宣传报道茶话会。

8月17日 在人民大会堂会见并宴请肯尼亚非洲民族联盟全国管理委员会委员,政府干旱、半干旱和荒芜土地开垦部部长乔治·恩多托率领的肯尼亚非洲民族联盟代表团。

8月18日 致信陈建中,邀请其访问大陆。

8月19日 出席中华全国青年联合会第七届委员会第一次全体会议和中华全国学生联合会第二十一次代表大会开幕会。

8月28日 就黑河引水一期工程竣工致信西安市人民政府。信中说:黑河引水工程是一项造福西安人民、保护历史文化名城的宏伟工程,完成这项工程,对西安市的经济和社会事业发展将产生巨大的推动作用。我衷心希望你们在中央和陕西省的支持下,再接再厉,继续发扬艰苦奋斗的延安精神,克服一切困难,胜利完成引水工程!

同日 出席七届全国人大常委会第十五次会议开幕会。三十日下午,主持召开全体会议。九月七日,会议闭幕。会议通过《中华人民共和国著作权法》《中华人民共和国铁路法》《中华人民共和国归侨侨眷权益保护法》等。

8月29日 纪念张闻天诞辰九十周年座谈会在人民大会堂召开。此前,为会议撰写书面发言。

9月18日 在人民日报社《情况汇编》七月十三日刊载的《延安地区羊绒大量积压 有关部门建议扩大农民自销权》一文上批示:向国家有关部门呼吁一下,把延安地区经济搞上去,扎扎实实解决老区的贫困问题。在这里更应该让延安精神大放光芒,开花结果,得到实惠。

10月12日 致电祝贺西北民族学院创办四十周年。西北民族学院是在彭德怀和习仲勋的直接关怀下于一九五〇年在西北人民革命大学兰州分校第三部的基础上成立的,是新中国创办的第一所少数民族高等院校。

10月26日 经中共中央批准,到广东疗养。此后长期居住在深圳。

10月27日 致电张治中诞辰一百周年纪念会,称赞张治中是"杰出的爱国将领,富有远见的政治家,中国共产党的亲密朋友"。

11月20日 为《陕甘宁边区抗日民主根据地》一书作序。序言说:"在抗日战争时期,陕甘宁边区最突出的成就和贡献,就是在党中央领导下,在政治上、经济上、文化上全面地实施了新民主主义革命的纲领和政策,取得了极大的成功和丰富的经验,为中国革命的胜利和新中国的建设,奠定了坚实的基础。""我过去长期在陕甘宁边区工作,直接得到党中央的指示和毛泽东同志的教诲,受益很多,重温那个时期的历史文献和历史经验,仿佛置身于当年的火热斗争中,心潮澎湃,感奋不已!""延安时期那种对于共产主义伟大理想的忠贞不渝的坚定信念,广大党员同心同德、严守纪律和坚决执行党的路线、方针、政策的高度自觉性,自力更生、艰苦奋斗、全心全意为人民服务的革命献身精神,实事求是、理论联系实际、批评与自我批评、密切联系群众的优良作风,我们一定要继承和发扬。要把延安的革命精神在社会主义现代化建设和改革开放的新的历史时期中发扬光大,结出丰硕的成果。"

11月26日 下午,同江泽民、田纪云等出席庆祝深圳经济特区建立十周年招待会。

11月下旬 为十一月二十八日举行的珠海经济特区建立十周年庆祝活动致贺信。

12月23日 深圳市第一届人民代表大会第一次会议开幕。同赛福鼎·艾则孜到会祝贺。

1991年 七十八岁

2月12日 晚上，观看深圳市一九九一年春节联欢晚会。

2月 在《民族文学》一九九一年第二期发表《〈民族文学〉创刊是一件盛事》一文，祝贺《民族文学》创刊十周年。文章说：少数民族文学是中国文学重要的、有机的组成部分。因此，《民族文学》的创刊是我国社会主义文坛的一件盛事，对我国少数民族文学的发展具有重要的意义。十年来，《民族文学》坚持"二为"方向、"双百"方针和民族政策，团结全国少数民族作家，热情扶植文学新人，不断推出优秀作品，已经成为我国少数民族文学的重要园地，在国内外产生了广泛的影响。对于你们所取得的成绩，我再一次表示祝贺，并希望你们不断总结经验教训，发扬优良传统，再接再厉，团结奋斗，在今后的工作中取得更大的成绩，为发展我国少数民族文学事业作出新贡献。

3月4日—6日 中国羽毛球协会第三届全体会议在北京召开。在会上再次当选为中国羽毛球协会名誉主席。

5月28日 上午，会见前来看望的刘田夫[1]、周敏玲夫妇。

5月30日 上午，会见前来看望的曹志[2]、邹瑜等。

5月31日 上午，会见到广东学习的陕西省考察团成员。晚上，又委托齐心前去看望。

---

[1] 刘田夫，时任中共中央顾问委员会委员。
[2] 曹志，时任全国人大常委会副秘书长。

6月2日 上午,在陕西省涉港两宗经济案情况记录上批示:除此而外,还有携款外逃及其他各种弊端,希望中央检察部门协同陕西省委、省政府一同查处,依据事实,依法合理解决。人要少,要公道正派,不要声张为要。

6月13日 委托齐心赴广州看望许士杰[1]。在致许士杰的信中说:"海南一别,一载有余,怀念战友,无时神驰。""我在广东三年,您给我的帮助很大,我和您们的日常交谈中,受到的教益不是三言两语能够说完的,终生不忘。不是言过其实,是真话实事。您的病不轻,但来人都说您很乐观镇静,这是大好吉象,我认为一定能够早日康复。"

同日 委托齐心到广州医院看望林若[2]。在致林若的信中说:"又好多天不见面了,甚念。我们虽然在一起只工作了三年,时间是短暂的,但是做了一代人的伟大事业""应该自豪,天天快乐,也帮助干部和群众为今天的业绩和明天的胜利,以乐观主义的精神,奋勇前进。"我知道您声带生病,连治三月未愈。不要怕,不要急,把一切事都放下,让您的助手去干,专心致志地疗养,自养为主,没有不可战胜的病魔。深望千万保重。

6月14日 复信顾金池[3]、贾志杰[4]。信中说:甘肃省的情况,我虽在南国,每天都能得到新闻,您们带领全省各族人民干得不错,我希望您们注意摆脱些事务,经常深入基层,发扬民主,领导干部带头到群众中去,自觉地听取群众意见,特别是批评意见,并主动地向群众作自我批评。但不是做样子,真心实

---

[1] 许士杰,时任海南省人民代表会议常委会主任。
[2] 林若,时任广东省人大常委会主任。
[3] 顾金池,时任中共甘肃省委书记。
[4] 贾志杰,时任中共甘肃省委副书记、甘肃省省长。

意地这样干，没有不可解决的困难，工作也一定会好上加好。

6月18日 同张国英[1]谈话。在谈话中说：深圳的接待工作任务很重，要把各方面的工作做好，你们领导班子要团结好。任何一个单位领导班子不团结就休想做好工作，团结是做好工作的基础。深圳经济特区的建设和发展，干部队伍一定要搞五湖四海，应成为全国的榜样。深圳的接待工作水平应不断提高，不要停留在一个水平上。特别是你们的接待干部和服务员要经常培训，要有清醒的头脑，严谨的嘴巴，考虑问题要周到，说话要恰如其分，处事要稳重谨慎。安全警卫工作不能放松，对部队的战士、公安局搞警卫的同志、宾馆搞警卫的同志，要进行敌情社情教育、保密教育，树立敌情观念、保密观念。

6月22日 同前来看望的厉有为[2]交谈。在谈话中说：一个干部从原地调到新地区工作，特别是调到沿海经济特区，初到时光听上面干部的介绍情况是不够的。务必要有好学精神，找当地的老干部谈，更重要的是到基层去，听他们和群众的意见，正确与否都一律记在心里，让群众和基层干部议论，先不急表态，对不对由下面议定，这就可能多了解一些真实情况和历史发展过程及前因后果。这个做法也可以避免以先入为主的偏见，也可以使自己不带框框去看问题。我每到一个地方，即是我工作过的广东，在阔别七年之后，每来一次每到一地（哪怕是个村镇），都抱定"一看二听三学习"的态度，始终不变。好心的同志劝我加上"四指示"，我没有听取这些好同志的意见。我只说明一点，我之所以在广东这个特殊的有战略意义的地区，还作出一些成绩，就是不自作聪明，不先入为主，不争功，不图名，不谋私，

---

[1] 张国英，时任中共深圳市委接待办副主任。
[2] 厉有为，时任中共深圳市委副书记、深圳市人大常委会主任。

不逞能，老老实实地向广东的干部和群众学习。群众是我们的先生。我还有点办事能力，除了党中央以毛主席为首的老一辈革命家的教导外，就是各族人民群众把我哺育教养成长起来的，万万不可忘记各族人民群众是我们一切工作的基础，要耐心地深入群众并和他们打成一片，做好群众工作是治国安邦之本。

6月25日 下午，同前来看望的李容根[1]、廖运桃[2]、周光明[3]交谈。二十六日，在日记中写道："见面后十分亲切，热情谈论往事，并提到一九七九年反偷渡时，我要他们带领群众利用荒滩山坡大种荔枝，个体、集体、国营的几种体制都行，这就是社会主义制度的竞赛嘛，也就是社会主义改革开放政策的试验，不要怕犯错误，是前人没有干过的，这就是学习，'学费总是要花的'，你们先行动起来，大建优良品种荔枝园，不几年就会富裕起来。越谈越热闹，往事历历在目，就像当年当场谈话一样，简直难分难舍，直到晚饭时才分手。最使我感动的是他们说：现在天热，您身体还未康复，暂时不到我们那里为好，虽然人们都在怀念您。"二十七日，在日记中写道："前天宝安县书[4]李容根同志讲的好，说是我七九年向他们讲的：民富国强，国泰民安。说老实话，我都不记得了，现在也不会说得这样好，时隔十三个年头，竟不如当年多了！""一定要把身体养好，只要活着，总会给党和各族人民办点有益的事。"

6月27日 会见前来看望的黄华、何理良夫妇。在日记中写道：我和黄华同志是老交情了，一九三六年我在甘肃环县所辖

---

[1] 李容根，时任中共深圳市委常委、中共宝安县委书记。
[2] 廖运桃，时任宝安县县长。
[3] 周光明，时任宝安县副县长。
[4] 县书，即县委书记的简称。

之宏德城[1]任县委书记,他陪同斯诺、马海德两位国际友人来西线采访,我以西瓜接待他们。我随军西征到那的,彭德怀司令驻荷莲湾[2]。这一段历史,我将永记不忘。

7月14日—16日 写日记。在回顾参加革命的经历时写道:我之所以能成为一个革命者,家庭的影响太大了,奶奶、爸妈和叔父叔母以及姑妈和表兄表姐,没有一人要我去当官做财主。特别是我的父母对我最疼爱,疼爱我敢闹革命,非常善良正义,坐牢不反对,打土豪杀恶人不反对,只是说一句话,交代我安全行事,不要出大错。我的父母都去世很早,一九二八年我出狱后父亲于十一月逝世,妈妈于一九二九年春夏之交逝世,年纪不过三十五岁,这是多么悲惨的事啊,给我这样一个年仅十五岁的青年是多大的打击。一九二八年豫陕甘大旱,兵荒马乱。一九二九年即民国十八年的大灾荒,陕西关中八百里秦川,加上霍乱病蔓延,十室九空,真是人吃人的残酷景象。我的家也是在劫难逃,父亲死后,叔父患病,接着婶母逝世。这时我成了家长,一群弟妹都要我照管。好难矣,我不仅带领他们一同下地劳动,并采摘人不吃的东西捡回来大家吃,真是猪不吃的东西都吃过,要弟妹们活下去,要像一个人的样子活下去。这一年对我的教育极大,并奠定革命一生基础,后去长武县王德修营当兵,做兵运工作。

7月28日 同前来看望的陈建中共进早餐。

7月29日 上午,同齐心乘火车前往广州,到许士杰家中悼唁。许士杰于七月二十七日在广州逝世,享年七十一岁。

8月6日 视察珠海市九洲港。

---

[1] 应为洪德城。
[2] 应为河连湾。

8月14日 会见前来看望的澳门知名人士柯正平[1]、陶开裕[2]一行。

9月27日 全国中共党史人物研究会第二次会员代表大会召开。会议决定聘请邓力群[3]担任研究会名誉会长，选举李力安[4]为研究会会长，聘请杨尚昆、习仲勋等十一人为研究会顾问。

9月29日 致信万里并彭冲、曹志，感谢党中央、全国人大常委会的关怀。

10月25日—11月1日 在珠海、深圳接待前来看望的黄正清[5]。十月二十五日，在黄正清抵达珠海后，委托女儿齐桥桥前去看望。二十八日至三十一日，同黄正清在深圳参观。三十一日晚上，同黄正清在深圳迎宾馆听取深圳市党政负责人关于深圳改革开放的情况介绍。在讲话中说：今天的深圳，充分显示了我们共产党人的气魄和胆识。十一月一日，送别黄正清。

10月 为顾明[6]《怀念与思考》一书作序。序言说：周恩来同志的一生，是伟大的一生，我在担任国务院副总理、秘书长期间，耳闻目睹，对他难能可贵的优秀品德，十分敬佩，并从中受到深刻的教育。顾明同志在他的小册子中，用许多生动的材料，回忆了周总理的工作作风、工作方法、道德情操，并着重阐述了周总理以顽强的毅力、实事求是的态度和百折不挠、勇于创

---

[1] 柯正平，时任新华社澳门分社顾问。
[2] 陶开裕，时任全国政协委员、澳门中华总商会副会长。
[3] 邓力群，时任中共中央党史工作领导小组副组长、中共中央顾问委员会委员。
[4] 李力安，时任中共中央顾问委员会秘书长。
[5] 黄正清，时任全国政协常务委员、甘肃省政协副主席。
[6] 顾明，时任全国人大常委会委员、全国人大法律委员会副主任委员。

新的精神，领导、组织我国社会主义建设所立下的不朽功勋和有益经验。读了不仅可以给人以教育，而且对于振奋精神，改进作风，建设有中国特色的社会主义，都有启迪的作用。

年底 致信尧西·古公才旦[1]。信中说：久日没见，甚为想念。我在深圳视察工作和休养。甘肃政协副主席黄正清同志来看我，得知您身体健康，我很高兴。您是藏族人民和全国人民所敬爱的大师之父，为民族团结进步作出卓越贡献。您我都关心藏族人民的繁荣昌盛，党和人民需要您发挥重大作用，做更多工作。今由我的老朋友黄正清副主席带去我敬献您的哈达，表示崇高敬意。也是我对您，以及全国人民对您的爱戴。佛祖保佑您身体健康、吉祥如意！问候大师之母好！扎西德勒。

本年 撰写回忆文章《转折关头的一次重大战略决策——忆党中央在转战陕北中召开的小河会议》（草稿）。文章说：小河会议是一九四七年七月二十一日至二十三日在靖边小河村中间的一座大院里召开的。简陋的会场设在一顶用树枝、草席搭成的天棚下面，桌椅是临时从乡亲们家里借来的。会议第一天，毛主席就军事计划、战争形势作了讲话。他说，对蒋介石的斗争计划用五年（从一九四六年七月算起）来解决。这个计划，看过去一年的成绩是有可能实现的，但我们还是要做长期准备。周恩来同志在会上总结了解放战争第一年的战绩。毛主席和周副主席的讲话，给我们以极大的鼓舞。为了保证后方对前线的支援，建立巩固的后方基地，会议从第二天起，认真研究了陕甘宁、晋绥两解放区的地方工作和西北局的工作。彭德怀、贺龙同志和我以及马明方、贾拓夫分别就陕甘宁、晋绥两解放区在土改中的问题和财政

---

[1] 尧西·古公才旦，班禅额尔德尼·确吉坚赞之父，曾任西藏自治区政协副主席、全国政协常务委员。

经济、后勤供应上的种种矛盾和不良现象作了发言。最后,毛泽东同志作了会议总结。他说,地方工作就是要联系群众,其中关键就是土地问题。关于财政和粮食问题,他指出:"处处从全面长期着想",这一句口号非常重要,要在全党全军进行解释。敌人的把握放在我们不能长期支持这一点上,我们的对策就是主力转入外线,内部精简节约,实行军民兼顾。土地政策今天可以而且需要比《五四指示》更进一步,因为农民群众要求更进一步。平分是原则,但按情况可有某些伸缩。西北局领导上应增加魄力,对存在问题采取尖锐严肃态度。这个区域有几个有利条件便于团结群众,坚持斗争:第一,有本地的领导骨干;第二,有政治上可靠的军队;第三,人民是好的;第四,土地革命战争时期的许多老区工作作风至今是好的。有了这些条件,敌人是可以战胜的。小河会议是在全国解放战争处在伟大转折时刻召开的,这次会议形成的指导人民解放军大举出击,经略中原,发展战略进攻的正确方针和加强西北战场的重要措施,反映了毛泽东等中央领导人关于把中央的决心与前线指战员的见解有机地结合起来的战争指导艺术,对我军在西北战场迅速转入战略进攻,最后夺取全国解放战争的胜利有着重要的历史意义。

1992年　七十九岁

1月18日—2月21日　邓小平视察武昌、深圳、珠海、上海等地并发表谈话，明确回答长期困扰和束缚人们思想的许多重大认识问题。指出，坚持党的十一届三中全会以来的路线、方针、政策，关键是坚持"一个中心、两个基本点"，基本路线要管一百年；判断姓"社"姓"资"的标准，应该主要看是否有利于发展社会主义社会的生产力，是否有利于增强社会主义国家的综合国力，是否有利于提高人民的生活水平；要抓住时机，发展自己，发展才是硬道理。特别强调，计划多一点还是市场多一点，不是社会主义与资本主义的本质区别。社会主义的本质，是解放生产力，发展生产力，消灭剥削，消除两极分化，最终达到共同富裕。这次谈话是把改革开放和现代化建设推进到新阶段的又一个解放思想、实事求是的宣言书。

3月19日　在七届全国人大五次会议预备会议上当选为主席团成员。随后在七届全国人大五次会议主席团第一次会议上被推定为主席团常务主席。

4月1日　七届全国人大五次会议主席团举行第三次会议，听取关于全国人大和地方各级人大代表法草案、工会法修改草案、妇女权益保障法草案审议结果的报告。此前，两次主持内务司法委员会会议，听取各方面的意见和有关部门的工作汇报。在讲话中说：妇女权益保障法对充分发挥我国妇女在社会主义现代化建设中的伟大作用，实现男女平等，具有历史性的意义。保障妇女的权益就是我国重视保护人权的重要证明,对在人权问题上攻击我国的国际敌对势力是一个有力的回击,这些意义要向国内外加强宣传,要与宣传部门密切合作。其次,妇女权益保障是多方面的,最关键的是政治权益的保障,要保障她们有足够的参政权益,妇女参政比例要提高,有了参政权益的保障,才能有力地保障其他方面的权益,因此要抓好这个关键。再次,妇女权益保障是长期的任务,也是迫切的任务,既要抓紧当前的工作,又要持之以恒,有长期的计划与措施。

9月26日 就因病不能出席党的第十四次全国代表大会致信万里并报江泽民及中共中央政治局常委。

10月11日 中国共产党第十四次全国代表大会举行预备会议,通过代表资格审查委员会、大会主席团名单和大会议程。在会上当选为主席团成员。随后,在中共十四大主席团第一次会议上当选为主席团常务委员。

10月12日—18日 中国共产党第十四次全国代表大会举行。大会正式代表一千九百八十九人,特邀代表四十六人,代表全国五千一百多万党员。大会通过的报告《加快改革开放和现代化建设步伐,夺取有中国特色社会主义事业的更大胜利》,总结党的十一届三中全会以来十四年的实践经验,决定抓住机遇,加快发展;确定我国经济体制改革的目标是建立社会主义市场经济体制;提出用邓小平同志建设有中国特色社会主义的理论武装全党。大会通过《中国共产党章程(修正案)》,将邓小平同志建设有中国特色社会主义的理论和党在社会主义初级阶段的基本路线写入党章。十九日,中共十四届一中全会选举江泽民为中共中央总书记,决定江泽民为中共中央军事委员会主席,批准尉健行为中共中央纪律检查委员会书记。

10月12日 为《改革开放在广东——先走一步的实践与思

考》一书作序。序言说：广东的改革开放，是与我们党和国家的命运紧密地联系在一起的。广东根据中央的方针，实行特殊政策、灵活措施，创办经济特区，踏上了光荣而又艰难的历程，至今整整十三年了。十多年的道路是不平坦的。广东的各级党组织，广大共产党员和人民群众，本着实事求是的科学精神，大胆实践，勇于探索，克服了主观和客观的种种困难，并且虚心听取各方面的批评建议，争取各方面的支持，使广东这个综合改革试验区日益充满生机和活力，就像一颗熠熠发光的明珠，在社会主义祖国的南方放射出夺目的光辉。广东人民用自己的聪明才智和求实精神，实践了党的十一届三中全会以来的路线、方针和政策，坚决贯彻执行党的"一个中心、两个基本点"的基本路线，再次证明了这条路线所体现的马克思主义的一个颠扑不破的真理——实事求是。只要我们坚持实事求是，就会从似乎困难重重当中找到战胜困难的办法和力量。正因为这样，我认为也可以说，广东人民是用顽强的努力和拼搏的精神，用实际行动来捍卫党的十一届三中全会以来的路线的。三中全会精神在广东人民中深深扎根，改革开放意识在广东人民中深深扎根，建设有中国特色的社会主义的历史使命感在广东人民中深深扎根。今年一月，小平同志再一次亲自考察了广东的工作，接触了许多干部、群众，发表了极为重要的谈话。我相信，这给广东人民的鼓舞力量是难以估量的。我也相信，在今后的岁月中，广东一定会加快改革开放的步伐，坚持两个文明一起抓，把工作做得更好。

冬 在深圳同前来看望的胡景通[1]交谈。在谈话中说：你身体还健康，千万不要放松学习，新闻广播要听，报纸所载党中

---

[1] 胡景通，时任陕西省政协副主席、中国国民党革命委员会陕西省委员会名誉主任委员。

央的大政方针要看、要懂，党中央领导同志的报告、讲话和邓小平同志建设有中国特色社会主义的理论要学。不然，就不知道我们国家现在做什么。人生后悔不及的事，就是脱离现实，被时代所抛弃。

1993年　八十岁

1月23日　会见前来祝贺春节的李瑞环[1]。

2月27日　会见代表中共中央和全国人大常委会前来看望的田纪云、曹志。在谈话中说：党的十四大确定的方针和政策好得很，完全同意。各方面的工作只要按照邓小平视察南方重要谈话精神和中央的安排去认真落实，就一定会取得成绩。

3月5日　会见前来看望的陈慕华。

3月12日　就王震[2]逝世致函中共广东省委办公厅并转王震夫人王季青，表示慰问。王震于三月十二日在广州逝世，享年八十五岁。

3月14日—27日　全国政协八届一次会议举行。会议选举李瑞环为全国政协主席。

3月15日—31日　八届全国人大一次会议举行。会议选举江泽民为中华人民共和国主席、中华人民共和国中央军事委员会主席，乔石为全国人大常委会委员长；决定李鹏为国务院总理。

3月　不再担任全国人大常委会领导职务，从领导岗位上退下来。

---

[1] 李瑞环，时任中共中央政治局常委。
[2] 王震，逝世前任中华人民共和国副主席。

同月 会见前来看望的李铁映[1]。

9月19日 同罗青长、周子健在《人民日报》发表《统一战线的忠诚执行者——怀念金城[2]同志》一文。文章说：金城同志是浙江诸暨人。一九二七年加入中国共产党，先后从事农民运动和工人运动。自一九三六年从事党的统一战线工作始，直至他于一九九一年逝世，为党的统一战线倾注了全部的心血。金城同志在长期从事党的统战工作中，被党外人士赞誉为富有"人情味"的干部。他几十年如一日地细致入微地关心党外朋友，并以宽广胸怀去理解他们、体谅他们、帮助他们。不少国内著名民主人士遇到困难或思想苦闷，也愿意找他排忧解难，并从中感受到这位老共产党人善解人意，以诚相待，珍惜友情，以情感人的谦虚精神和博大胸怀。周恩来同志曾为党的统战干部定了六条守则：坚定的立场，谦虚的态度，学习的精神，勤勉的工作，刻苦的生活，高度的警惕性。金城同志切切实实地照周总理的要求去做了，因此又可以说，这六条正是金城同志光辉一生的生动概括。这也是我们怀念金城同志，学习金城同志的地方。

10月15日 同家人和来宾庆祝八十岁生日。

10月24日 在《人民日报》发表《难忘的教诲——纪念刘志丹同志九十诞辰》一文。文章说：志丹同志和我在一起相处时，的确是我的老大哥（他比我大十岁）。从工作上到生活上都十分关心我。一九三三年，我只有十九岁，他见到我说："现在我们党的领导干部，大部分是中学生或大学生，不了解实际。基

---

[1] 李铁映，时任中共中央政治局委员、国务委员兼国家经济体制改革委员会主任、国家教育委员会主任。

[2] 金城，曾任陕甘宁边区政府交际科科长、交际处处长。新中国成立后，曾任中共中央统战部副部长、顾问，全国政协常务委员等职。

层干部又大都不识字。你是中学生，又会做庄稼，了解农民，这是你的长处。"他让我多作社会调查，学会团结各阶层的人士，听取不同意见。我一生注意听不同意见，听民主人士的意见，注意做好统一战线工作，就是遵从志丹同志的教导和从那时的实际经验得来的。刘志丹是和群众紧密联系的模范，陕甘边的一山一水他都熟悉，大村庄有几口锅，能容纳多少人，他都能说出来，大家说他是活地图。我们的政权建立后，把廉洁当做头等大事，志丹同志说："群众最痛恨反动政权的不廉洁，无官不贪。我们一开始就要注意这个问题，穷要有骨气，要讲贞操，受冻受饿也不能取不义之财。"志丹同志十分注意经济工作。他说："打仗为了和平，有了和平环境，就要建设，就要帮助农民搞好生产。农忙时，红军要帮助农民耕地、收割。"志丹爱护战士干部是有名的，他平等待人，大家很少称他"总指挥""军长"，而是称他"老刘"。说起来，志丹同志感人的事情太多了，我在志丹同志身上学的东西很多，以后我工作很自然就用上了。我今年已八十岁了，但想起来，他的教诲还很有用，好作风是可以代代相传的。在纪念他九十诞辰的时候，不忘他的革命精神，学习他的革命作风，就是对他最好的纪念。

1994年　八十一岁

2月7日　会见受中共中央办公厅委托前来看望的广东省领导同志。

2月23日　会见前来看望的费孝通。

5月　撰写回忆文章《新式整军与西北大捷》。文章说：新式整军运动，在我军建军史上占有重要地位，留下了光辉的一页。以"诉苦"和"三查"[1]为中心的新式整军运动，是在党领导下的群众性的民主运动，始终坚持群众路线，从群众中来，到群众中去，让群众自己教育自己。诉苦运动是当时提高阶级觉悟最生动、最有效的办法。大家根据切身体会来诉旧社会的苦，诉遭受剥削压迫之苦，以提高阶级觉悟，自觉地去奋勇杀敌。这是用领导讲课等抽象说教的办法所不能奏效的。"三查"主要对象是干部，其目的是纯洁内部，增强斗志，弄清思想，改进作风，加强团结，共同对敌。无数事实证明，加强思想政治教育，不断提高指战员的政治觉悟，是保证我军战斗力不断提高诸因素当中的最重要的因素，任何时候都不能放松。无论是在艰难困苦、物质条件低下或环境优越、物质条件大为改善的情况下，都要根据当时的实际情况，进行强有力的思想政治教育，发挥革命精神的巨大威力。尽管时代在不断地发展变化，但加强思想政治

---

[1]　"诉苦"，指诉旧社会和国民党反动派给予劳动人民之苦。"三查"，指查阶级、查工作、查斗志。

工作的这一革命传统永远不能丢，而且应该很好地继承和发扬，使我军的思想政治工作在新时期不断升华。

6月19日 会见前来看望的江泽民。

7月10日 同宋任穷、伍修权、王首道、马文瑞在《人民日报》发表《廉洁奉公的楷模　秉公执法的典范——纪念谢觉哉同志诞辰一百一十周年》一文。

8月1日 致信深圳市公安局警卫处全体干部、武警市支队第六中队全体官兵。信中说：在庆祝八一建军节之际，作为一位老红军谨向你们致以节日的祝贺和亲切的问候。你们担负着保卫市直机关和领导同志安全的警卫任务，不管酷暑严寒，刮风下雨，日日夜夜时刻警惕地守着保卫目标。你们辛苦了。希望你们继续发扬老红军的光荣革命传统，艰苦奋斗，严格训练，不断提高军政素质，为保卫特区和建设特区作出新的贡献。

9月12日 为《纪念民族英雄刘志丹书画作品荟萃》作序。

9月30日 会见前来看望的厉有为[1]、李海东[2]。在听取厉有为关于中共十四届四中全会精神的汇报后说：四中全会是一次重要的会议，希望深圳市委认真贯彻好会议精神，加强党的建设，把深圳改革开放事业搞得更好。

12月3日 致信中国国民党革命委员会。信中说：在邓宝珊将军百年诞辰之际，我谨对这位从二十年代起就与中国共产党交往的忠诚朋友，表示深切的怀念。邓将军在抗日战争时期支撑北线、保护边区，解放战争中为促进北平、绥远的和平解放，功劳卓著，贡献很大；建国后又在社会主义建设中作出了新的贡献。他的高尚品德和光辉业绩会永远铭记在全国各族人民的心中。

---

[1] 厉有为，时任中共广东省委常委、中共深圳市委书记、深圳市市长。
[2] 李海东，时任深圳市人大常委会主任。

1995年　八十二岁

1月9日　会见前来看望的杨尚昆。

1月17日　会见前来看望的任弼时夫人陈琮英、张闻天夫人刘英。

1月21日　会见前来看望的谢非[1]、朱森林[2]、厉有为，听取谢非关于广东经济社会发展情况的汇报。

1月24日　会见前来看望的宋任穷夫妇。

5月1日　会见前来看望的厉有为、李子彬[3]等中共深圳市委新一届领导班子成员。在谈话中说：今天是五一国际劳动节，你们来看我，我衷心感谢，祝你们节日愉快，也请你们转达我对深圳市民的节日问候。获悉深圳市第二次党代会胜利闭幕，选举产生了新一届市委领导班子，我表示热烈祝贺，表示良好祝愿。希望你们继续以邓小平建设有中国特色的社会主义理论和党的基本路线为指导，更加紧密地团结在以江泽民同志为核心的党中央周围，深入贯彻党的十四届三中全会、四中全会精神和江泽民总书记视察深圳时所作的重要指示，带领全市共产党员和人民群众，进一步解放思想，加强党的建设和精神文明建设，发扬"开拓、创新、团结、奉献"的深圳精神，艰苦奋斗、锐意进取，

---

[1] 谢非，时任中共中央政治局委员、中共广东省委书记。
[2] 朱森林，时任中共广东省委副书记、广东省省长。
[3] 李子彬，时任中共深圳市委副书记、深圳市副市长。

为把深圳初步建设成社会主义现代化的国际性城市而努力奋斗。

6月28日 《中国人民解放军第一野战军战史》首发式在北京举行。习仲勋、王震为该书编审委员会主任。

6月29日 同前来看望的中共深圳市委、市政府负责人共同庆祝党的生日。在交谈中说：在新形势下要加强党的建设，搞好党员的教育，使大家懂得党的光荣历史，发扬光大党的优良传统，使党的伟大事业代代相传。

7月15日 致信深圳生命力影视公司和武警驻沙头角部队。信中说：欣悉深圳生命力影视公司和武警驻沙头角部队联合拍摄电视剧《中英街特别中队》，再现武警子弟兵在闻名于世的沙头角创立的可歌可泣的事迹，对此我致以热烈的祝贺！武警驻沙头角部队，是"南京路上好八连"式的部队。他们的动人事迹，已在深圳特区和全国武警部队广为流传。电视剧《中英街特别中队》的拍摄，将给我国社会主义精神文明建设和对人民深入进行爱国主义教育，提供新的好教材。我衷心祝愿这部电视剧拍摄成功，拍出水平！

9月28日 出席深圳经济特区成立十五周年成就展开幕式。

11月14日 为《人民信访史略》一书作序，题为《以史为鉴，开创信访工作新局面》。序言说：人民来信来访是党和政府赋予人民群众的民主权利，是人民群众参政议政的重要方式和渠道。建国以来，广大人民群众通过来信来访向各级领导机关和领导同志提供了大量的宝贵信息，在我国的政权建设、经济建设中发挥了重要的作用，成为下情上达、上情下达的"耳目""窗口"和"桥梁"。领导机关和领导同志从中直接了解到人民群众的思想动态、喜怒哀乐，发现矛盾、解决矛盾。这些来自人民群众的信息材料，是正确制定法律、政策不可缺少的重要依据，长期以来，一直受到党和政府的高度重视。目前，我国县以上党政机关，每年受理的人民来信来访多达数百万件。"这些内容，是花钱都买不来的宝贵的社情民意，是非常有价值的。如果我们能够全面地掌握，科学地运用它们，党和政府的决策就不会犯错误或少犯错误，即使出现失误也容易纠正。这样，我们就永远立于不败之地。这是被历史证实了的真理。""我们要理解来信来访人的心情，许多事情在我们看来是小事，在群众来讲就是大事。处理好人民来信来访就是密切联系群众，全心全意为人民服务，贯彻群众路线，调动一切积极因素来建设具有中国特色的社会主义。国家要发展，经济要改革，广大人民群众的参与是必不可少的，没有他们的积极性是建不成社会主义的。"

12月4日 会见前来看望的谷牧。

12月6日 会见前来看望的江泽民。

12月13日 会见前来看望的阿沛·阿旺晋美。

12月22日 会见前来看望的华国锋。

12月29日 会见前来看望的彭冲。

12月 《习仲勋文选》由中央文献出版社出版。这部文选共收入习仲勋一九四〇年至一九九二年十月间重要讲话、报告、文章共七十七篇，其中大部分是第一次公开发表。

1996年　八十三岁

1月3日　下午，会见前来看望的宋平夫妇。

1月4日　会见前来看望的王鹤寿夫妇。

3月8日　致信贠恩凤。信中说：在三八国际妇女节之际，获悉你经过几年的努力，艺术上又取得了可喜的成绩。我表示祝贺。艺术，只有奉献给人民，服务于人民，才具有强大的生命力。以往人民喜爱你的歌声，今后，希望你永远忠诚于艺术，忠诚于人民，忠诚于黄土地。

5月20日　同马文瑞、汪锋、吕剑人、孙作宾在《人民日报》发表《一身正气　满腹经纶——深切怀念赵伯平同志》一文。文章说，赵伯平同志是陕西党内德高望重的老前辈，为党、为国、为人民奋斗了六十七个春秋。他的突出特点是知难而不退，临危而不惧，遇险而不惊，蒙冤而不怨。"五十年代后期，面对一次又一次的'左'倾思潮，他不说违心话，不做违心事，不随波逐流，不人云亦云。一九六二年九月中共八届十中全会上，根据康生捏造的罪名，错误地指责习仲勋等利用小说《刘志丹》进行反党，伯平保持沉默。别人劝他发言表态，他严肃地说：'不表态就是表态。仲勋是个好同志！'因此受到不公正的对待。"伯平同志是个满腹经纶的学问家。他对哲学、文学，特别是史学，博学不厌，诲人不倦。他艰苦朴素，两袖清风，从不搞特殊化。对同志既严格要求，又亲切关怀，从不整人。用他的话说，是"包公脸、婆婆心"。他身边工作的同志视他为严师诤友。

文章最后说，伯平同志把毕生精力献给了中国人民解放事业和社会主义建设事业。在他逝世三周年的时候，我们缅怀他，正是为了学习他。他的不朽功勋将永垂青史，他的品德风范与世长存。

6月2日 致电纪念李维汉诞辰一百周年座谈会，表达对李维汉的深切怀念。

7月1日 致信中共深圳市委。信中说："今天，是中国共产党建党七十五周年纪念日。我向市委各位同志致以节日的祝贺，并通过你们向全市各级党组织和十万党员表示亲切的问候！十多年来，深圳在党中央、国务院和广东省委、省政府的正确领导下，认真贯彻党的改革开放政策，政治、经济、科技、文化以及人民生活等各个方面都取得了巨大的进步。我殷切希望，深圳市在市委的领导下，遵循党的基本理论和基本路线，进一步深化改革，扩大开放，在'第二次创业'中取得更大的成绩，为全国的改革开放和现代化建设作出更大贡献！"此后，每逢七一、元旦、春节，都向深圳市委及市民写信祝福，表达对深圳经济社会发展的关心和对人民群众的关怀。

同日 下午，会见前来看望的深圳市党政负责人。在交谈中说：中国社会主义革命和建设事业来之不易，是无数革命志士前赴后继，用生命和鲜血换来的。今天我们隆重纪念建党七十五周年，要更加珍惜现在的美好生活，并为实现共产主义理想努力奋斗。我始终关注着深圳经济特区的发展，经常从报纸上看到深圳特区改革开放和社会主义建设事业的新成就，感到非常欣慰和由衷的高兴。马克思列宁主义理论一旦与具体实践相结合，就会产生无比的力量。希望深圳继续发扬理论与实践相结合的作风，坚持实事求是的思想路线，在"第二次创业"中取得更加辉煌的成绩。

7月 为《山路漫漫：项与年的革命生涯》一书作序。序言说：项与年一九二五年加入中国共产党，是闽西最早的党员，长期从事地下斗争。他最为辉煌的一页，是他和战友在获得庐山会议"剿共计划"这一重要情报后，为了及时送到中央苏区，敲掉门牙，扮成乞丐，穿越重重封锁线，日夜兼程，把这一关系到革命全局的重要情报及时送到瑞金，亲自交到周恩来手中。项与年于一九三八年进抗大和中央党校学习，被先后任命为中共三边分区党委常委、关中分区党委常委和绥德地委常委兼统战部长，那时我正好担任关中分区党委书记和绥德地委书记。两次共事，使我们之间的革命友谊和互相了解得以不断加深。抗战胜利后，项与年到东北解放区工作。后来我听说他在"文化大革命"中被戴上莫须有的"叛徒"帽子，开除党籍，遣送回闽西山村。经过组织反复调查，终于证明项与年不是叛徒，而是多次受过党中央表扬的好同志，因而给他平了反，恢复了名誉。项与年生前对自己的历史从不宣扬，连向自己的子女都很少谈及。虽然本书只反映了项与年革命生涯中很小的一部分，但就这一小部分业绩，和他一生所走过的漫漫长路来说，都是值得我们永远怀念的。

10月5日 致信中共陕西榆林地委、横山县委。信中说：收到你们关于纪念横山起义五十周年纪念大会的邀请书，非常感谢！横山起义是我党历史上著名的行动，有着非常重要的军事和政治意义，有关人员当时曾受到毛主席的接见。纪念横山起义五十周年是一件十分有意义的活动。由于我是八十三岁的老人，考虑到身体的情况，不能前去参加纪念大会，请你们代表我向参加纪念大会的全体人员致谢，并向曾参加横山起义的人员及其家属表示崇高的敬意。

10月15日 同家人、来宾庆祝八十三岁生日。

10月18日 同齐心致信马万祺[1]。信中说：在我八十三

---

[1] 马万祺，时任全国政协副主席。

岁生日之际，顷接先生贺函，甚为欣喜。现特专函致谢。祝愿先生为祖国统一大业和繁荣进步作出新的贡献。我和齐心同志祝您和罗柏心大姐健康长寿，身心愉快，生活幸福！

10月20日 致信中国羽毛球协会各位主席、副主席。信中说：欣闻中国羽毛球协会要召开换届会议，特通过你们向参加会议的全体代表问候！作为中国羽协的名誉主席，我非常关心我国羽毛球运动的发展情况。羽毛球运动在我们国家有着广泛的群众基础，我国的运动水平在世界上曾经有过辉煌的战绩，也出现过大的滑坡，近几年来，通过你们的努力，在新人的起用和技术水平的提高上出现了好的兆头，在亚特兰大奥运会上取得一金一银的好成绩，可喜可贺。"发展体育运动，增强人民体质"是毛主席发出的号召。在当前国家经济不断发展的情况下，搞好体育运动更具有积极的意义，对激励我国人民的斗志，进一步增强国民的素质，有着不可估量的作用。希望中国羽毛球协会换届后，在新的领导班子的领导下，努力贯彻党中央关于讲政治、加强精神文明建设的指导思想，下大力气抓好队伍的思想建设，不断提高队伍的战斗力，打出中国人的志气。在技战术方面，要勇于创新，提高羽毛球队伍的整体水平，争取在二〇〇〇年悉尼奥运会上再创佳绩！二十二日，在中国羽毛球协会第三届换届会议上，再次当选为名誉主席。

10月26日 会见陕西省延安地区赴深圳学习考察团一行。在听取关于延安经济社会发展情况的汇报后，叮嘱大家什么时候也不要忘记延安精神。会见后，同齐心观看延安革命纪念馆工作人员表演的《南泥湾》《兄妹开荒》《横山里下来些游击队》等歌舞节目。

11月10日 会见前来看望的西安市警官艺术团部分团员。在同大家合影后一再表示：等身体好一些后，争取回家乡去看看，回西安去看他们。

11月15日　会见前来看望的王汉斌。

11月21日　为纪念路易·艾黎百年诞辰，向甘肃山丹培黎学校赠送照片。

11月26日　为《建国初期西北大区出版史》[1]一书作序。序言说：新中国成立初期的那个年代，是一个改天换地的伟大变革时代。国民党的统治被推翻了，旧的国家机器被打破了，中国共产党领导下的新中国站立起来。全国人民万众一心，意气风发，精神振奋，各项事业，各个方面，一切进展都是那样有条有理，那样的神奇顺利。那是一个新旧接替极其成功的年代。作为人民的出版事业，能够反映在中国共产党领导下那个时代最为本质特征的，主要表现在两个方面：一是图书的政治性。出版紧跟时代的步伐，紧密配合党和国家的政治需要和中心工作，为新政权的巩固和新秩序的建立不遗余力地大造宣传舆论。二是图书的人民性。出版充分体现了全心全意为人民服务的宗旨。特别是不遗余力地为工农劳苦大众出版他们喜爱阅读、浅显易懂而又携带方便、价格低廉的通俗读物，表现得尤为突出。"有的人对于出版的政治性和人民性不以为然，他们不懂得，在过去的那个年代，无此便不能唤起人民，推动社会的变革；无此则不能普及文化，提高民族的素质。即使在今天，这两个问题仍然是决定出版方向的实质问题。"

12月8日　会见前来看望的田纪云大妇。告别时，请田纪云回京后向全国人大的同志们问好，特别要向党外的一些民主人士问好。

12月11日　会见中共陕西省委党史研究室《习仲勋传》编

---

[1]　该书出版时定名为《西北大区出版史（1949—1954）》。

写组一行六人。在听取编写情况的汇报后说：传记要实事求是地编写。

12月21日 会见前来看望的李铁映，听取其介绍在深圳召开的全国体制工作会议情况。在谈到全国经济形势时说：千万不能忘了有第一代、第二代领导人打下的基础。正如犁田一样，第一犁下去是不容易的，要继续下去。

12月31日 会见前来祝贺元旦的中共深圳市委、市政府、市人大、市纪委负责人。在交谈中说：深圳市在即将过去的一年，各个方面取得了显著的成绩，这与你们和全市人民的努力是分不开的。明年，要抓住香港回归的有利时机，把深圳的工作搞得更好。还说：香港回归，我等了一辈子了。明年香港回归了，到时，我一定要去看一看。

12月 为刘玉厚题词：刘玉厚同志是陕甘宁边区著名农业劳动英雄、优秀共产党员。

1997年　八十四岁

1月3日　就保护西安明代古城墙接受电视台记者采访。在采访中说：西安被誉为世界四大古都之一（另三个为希腊雅典、埃及开罗、意大利罗马），周、秦、汉、唐等十三个朝代都在此建都，地上地下保存着极为丰实的宝贵历史文化遗产。西安城墙就是其中之一，是当今世界上唯一保存最完整、历史最悠久、规模最大的古城垣。它对研究封建社会城市规划、军事历史和古代建筑艺术等都具有珍贵的价值，是中华民族悠久历史和灿烂文化的见证，是我们民族的骄傲。作为历史文化遗产，它不仅属于西安、属于中国，更属于世界。古城墙一旦被毁，我们将上无以对祖先，下无以对我们的子孙后代。在谈到如何进一步保护和利用西安古城墙及环城旅游风景区时说：西安城墙列入《世界遗产名录》是对其珍贵的文物价值的充分肯定。作为目前世界上保存最完整、规模最宏大的一座古城垣，虽不再具有原有的防御作用，但它更具有集古今文明于一体的独特韵味，我们应在完整地保护其面貌的同时，合理地开发利用它，使古代文明为社会主义现代化建设服务。保护的目的是为了更好的利用，应在开发利用上多做文章。

1月6日　为深圳市振兴陕西促进会题词：凝聚乡情，共同发展。

1月23日 会见前来看望的卢瑞华[1]。在谈话中说：我在深圳，看到你们工作抓得很好，心里很高兴。深圳工作也做得不错。深圳是大陆的大门口，要坚持下去。不要搞一些表面的东西，不要争，不要攀比那些不实在的，否则，将来不好办。不要匆匆忙忙，要稳定。另外，无论如何要看干部的两面，既要看到成绩，也要看到不足。要提倡"吾日三省吾身"。

1月24日 会见前来看望的铁木尔·达瓦买提[2]夫妇。当铁木尔·达瓦买提称赞习仲勋对西北地区的发展作出过很大贡献时，习仲勋说：西北地区的发展是各族人民在党的领导下团结一致努力奋斗的结果。

同日 会见前来看望的张全景[3]。在谈话中说：要继续做好干部工作，特别是对少数民族干部更要注意培养。这是各民族团结的基础，也是我们国家团结、稳定、发展的基础，一定要做好这项工作。

1月25日 看望在深圳的王恩茂，询问其眼疾治疗情况。

同日 看望在深圳的黄正清，称赞黄正清是个好同志，为我党做了很多工作，包括解放西藏的工作。

1月28日 会见前来看望的贡唐仓活佛。在谈话中说：五十年代初，活佛对西北的解放和建设是起了很大的作用的。这一点，我党是不会忘记的。

2月1日 会见代表乔石和全国人大常委会前来看望的侣志广[4]。

――――――――

[1] 卢瑞华，时任中共广东省委副书记、广东省省长。
[2] 铁木尔·达瓦买提，时任全国人大常委会副委员长。
[3] 张全景，时任中共中央组织部部长。
[4] 侣志广，时任广东省人大常委会副主任兼秘书长。

2月20日 担任邓小平治丧委员会委员。安排工作人员发唁电吊唁,并嘱在京的家人、秘书参加邓小平追悼大会。邓小平于二月十九日在北京逝世,享年九十三岁。

4月4日 会见前来看望的吴学谦[1]。

4月19日 会见前来看望的马万祺夫妇。在谈到香港、澳门回归问题时说:这是一件大事,一百多年受帝国主义压迫的屈辱一朝洗尽。澳门的回归,有你的功劳。马万祺邀请习仲勋在澳门回归之日,到澳门去走一走。习仲勋说:那是,一定要去的。

4月20日 会见前来看望的廖晖[2],听取关于何香凝美术馆的情况介绍。

5月1日 会见前来看望的厉有为。在听取关于深圳市为迎接香港回归所做准备工作的汇报后说:香港回归在即,还有六十一天。这是一件世纪盛事,一百五十多年的屈辱一日洗尽。我们要把各项工作做好,迎接香港顺利回归。

5月4日 为祝贺《深圳特区报》创刊十五周年题词:创伟业,谱新曲。

同日 会见前来看望的刘松林,回忆毛岸英的有关情况。

5月5日 委托女儿齐桥桥代为出席彭真遗体告别仪式。彭真于四月二十六日在北京逝世,享年九十五岁。

5月9日 听习近平[3]谈赴陕西、宁夏、四川、湖南等地考察扶贫的情况以及福建与宁夏进行对口帮扶的情况介绍。

5月12日 会见前来看望的林若夫妇。

5月16日 会见前来看望的王全国。

---

[1] 吴学谦,时任全国政协副主席。
[2] 廖晖,时任国务院侨务办公室主任。
[3] 习近平,时任中共福建省委副书记。

5月19日 会见前来看望的梁灵光夫妇。

5月25日 会见前来看望的李瑞山夫妇。

5月30日 致信王世泰。信中说：近日看到了您写的《回忆习仲勋同志坚持陕甘边根据地斗争片段》一文，感到文章写得很好，您叙述的与我三次见面的情况，写得很生动，感人肺腑，符合当时的历史事实。您不顾年老体弱，深情回忆，写下当年我们并肩战斗，开创陕甘边革命根据地的历史篇章，我感到很高兴，也感谢您对我表达的深情厚意。特别是您对刘志丹同志寄予的无限怀念和哀思，也引起我对他的深切缅怀之情。正如您文中所讲的，我们都是在党的领导下，走武装斗争的道路，开创陕甘边革命根据地的斗争中锻炼成长的，刘志丹同志是我们亲密的师长。我们投身革命事业，艰苦奋斗几十年，今天能看到祖国兴旺发达，人民生活幸福，特别是今年七月一日，在建党七十六周年之际，我们将喜迎"香港回归"这一世纪盛事，感到万分高兴。我们都年事已高，日常饮食起居均须多加注意为要。我和齐心同志向魏乃同志问好！并祝您俩健康长寿、全家幸福！

同日 会见前来看望的贺国强[1]夫妇。

6月11日 会见前来看望的安志文、马淑性夫妇，合影留念并题词：喜看国家兴旺人民幸福。

6月18日 晚上，出席深圳市欢送驻香港部队进驻香港大会。在讲话中说：今天，我应邀出席这个大会，欢送你们进驻香港，心情感到无比激动。香港回归祖国，是我们国家的大事、民族的大事，也是世纪之交全球关注的大事。你们进驻香港，是我国恢复对香港行使主权的象征，你们承担这一光荣而又重要的历史性任务，是党的信任，祖国的重托，人民的厚望。我希望你们

---

[1] 贺国强，时任中共福建省委副书记、福建省省长。

在以江泽民同志为核心的党中央、中央军委领导下，按照香港特别行政区基本法和驻军法的规定，不辱使命，圆满完成你们承担的伟大历史任务。

7月1日 上午，观看香港交接仪式录像。

7月2日 会见前来看望的厉有为、李子彬等中共深圳市委、市政府负责人。在听取厉有为关于参加香港交接仪式的情况汇报后说：我干了大半辈子革命，就是为了祖国强盛，人民幸福。香港回归，对两年后澳门的回归和祖国的统一都是很大的促进，对亚洲和世界和平具有重大意义，对国家稳定、改革开放和经济发展会起到重要作用。现在形势很好，但还要注意解决出现的新问题。过去的一段时间里，深圳市为香港回归做了大量工作，而且利用毗邻香港的有利条件，进一步加强深港合作，在"第二次创业"中取得了新的成绩。香港回归后，深圳的压力会更大，相信你们会把工作做得更好。下半年就要召开党的十五大，全党全国人民将在以江泽民同志为核心的党中央领导下，把我们的事业顺利地推向二十一世纪。

7月4日 会见前来看望的贾治邦[1]，询问刘志丹亲属的情况，嘱咐贾治邦要经常去看望刘志丹夫人同桂荣，帮助解决一些困难。

7月25日 上午，参加"深黔携手扶贫帮困"活动，同齐心捐出一个月工资和各种津贴，共计三千元。

7月28日 致信江泽民并中共中央政治局常委。信中说：最近，我认真阅读了十五大报告（征求意见稿）。我认为，中央常委决定，要把邓小平理论作为十五大报告的指导思想，表明了党中央领导集体坚持党的基本路线，将建设有中国特色的社会主

---

[1] 贾治邦，时任中共陕西省委常委、陕西省常务副省长。

义事业，全面推向新世纪的决心和信念。所以，我同意这个报告。希望在广泛征求意见的基础上，把报告修改得更好。我衷心祝愿党的十五大胜利召开，并取得圆满成功！

7月30日 致信厉有为。信中说：最近，我从报纸上、电视里，看到深圳市正在热烈开展"深黔携手扶贫帮困"的活动。全市上下，从您这个市委书记、李子彬市长开始，到普通员工、老百姓，全民动员，动真情，见行动，纷纷捐款捐物，帮助贵州的贫困地区（黔南州和毕节地区），据说，到七月下旬，全市的捐款已超过四千万元。看到你们这种扶贫帮困的奉献精神，我很受感动。我们现在能吃饱穿暖，但还有一些贫困地区的人民群众没有过上温饱的生活，要想各种办法帮助他们脱贫致富。我想，我可以少吃一个馒头，少吃一点菜，捐一点钱给贫困地区人民，表表我一个老共产党员的心意。因此，我让秘书办这件事，捐出我和齐心同志各一个月的工资和津贴共三千元。同时，我让身边的工作人员也捐一点。我们捐的钱很少，微不足道。今天，您厉书记亲自来表示感谢，我感到很高兴。我们搞中国特色的社会主义，就是要先富帮后富，走共同富裕的道路。你们开展的这次活动，也是迎接党的十五大胜利召开的实际行动。十五大之后，我们还要抓紧做好扶贫工作，通过努力，到二〇〇〇年，在全国范围内基本消除贫困现象，把我们的事业胜利推向二十一世纪。

8月27日 同伍修权、马文瑞、张策、张邦英、马洪在《人民日报》发表《浴血奋战陕甘 呕心沥血松辽——深切怀念张秀山同志》一文。文章说：中国共产党久经考验的共产主义战士、西北红军、西北革命根据地和东北革命根据地的创建人之一张秀山同志逝世一周年了。我们这些和他风雨共济的老同志，对他充满了深切的怀念。文章回忆了张秀山在不同历史时期的工作及杰出贡献，讴歌其崇高的品德风范。文章说："张秀山同志无论是身居要职，还是在挫折的困境中，他都坚信党的领导，坚持不懈地努力工作，这是最难能可贵的。"张秀山同志的一生是革命的一生，无私奉献的一生，是一个无产阶级革命战士光辉战斗的一生。党和人民永远怀念张秀山同志。

9月4日 致信江泽民并中共中央。信中说：获悉党的十五大即将在九月十二日在北京召开，我感到十分高兴。十五大是在我国改革开放和社会主义现代化建设事业承前启后、继往开来的重要时期召开的大会，具有重大的历史的意义。这次大会将高举邓小平建设有中国特色的社会主义理论伟大旗帜，对我国改革开放和现代化建设跨越世纪的发展作出战略部署，动员全党和全国人民努力奋斗，奔向更加辉煌的二十一世纪。十五大报告征求意见稿充分体现了邓小平建设有中国特色的社会主义理论，充分体现了以江泽民同志为核心的党中央的集体智慧，符合全国人民的共同心愿，是一个好文件，我表示完全赞同。我这个有七十多年党龄的老共产党员，有幸被党中央邀请参加十五大，感到无上光荣和欣慰。由于我现在深圳休养，年迈体弱，行动不便，不宜长途跋涉，拟不去北京参加大会，请予批准。我衷心预祝大会开得圆满成功！

9月6日 向中国共产党第十五次全国代表大会致祝词。祝词说：欣悉我党第十五次全国代表大会即将隆重召开，我向大会致以最热烈的祝贺！党中央确定我为十五大特邀代表，我感到非常荣幸和由衷的高兴。但我因年事已高，行动不便，不能出席大会。现特向大会致函，表示一个已有七十二年党龄的老共产党员对大会的良好祝愿。我相信，正值世纪之交召开的这次大会，在大会主席团的领导下，经过全体与会代表的共同努力，将高举邓小平建设有中国特色社会主义理论的伟大旗帜，回顾过去的革命历史，展望未来的发展前景，认真总结经验，作出跨世纪的伟大战略部署，开成一个团结的大会、胜利的大会，这次历史性的大会定将彪炳我党史册。我相信，大会之后，以江泽民同志为核心的新一届党的中央委员会，将带领全党和全国各族人民，沿着大会确定的宏伟目标，把建设有中国特色社会主义的伟大事业全面推向二十一世纪。最后，我谨预祝大会取得圆满成功！

9月8日 致信马文瑞。信中说：最近，我看了您写的《对习仲勋同志和西北局工作的一些回忆》的文章，感到很高兴。您在文中具体翔实地叙述了当年我们在西北局工作的情况，使我不禁回想起，过去我们在一起，为争取抗日战争胜利和大西北解放而努力工作的情景，也深深地怀念与我们一起工作过的老同志、老朋友。十五大即将胜利召开，我们俩有幸被中央确定为大会特邀代表，我感到特别激动。我因年事已高，行动不便，已向中央请假不出席会议。请代我向江泽民同志和党中央其他领导同志问好，向出席十五大的及在京的老同志们问好！希望您多多保重身体。

同日 为《延安画册》作序，题为《转战陕北　保卫延安》。

9月10日 会见贵州赴深圳新闻采访团。

9月11日 收到中共中央办公厅来函。来函说：您九月四日的信，党中央和江泽民总书记已收阅。中央同意您向党的十五大请假。中央领导同志委托我们向您致以亲切的问候，望您安心休养，祝您健康长寿。

同日 中共十五大预备会议在北京召开，表决通过大会主席团名单，习仲勋为主席团成员。

9月12日—18日 中国共产党第十五次全国代表大会举行。大会正式代表两千零四十八人，特邀代表六十人，代表全国五千八百多万党员。大会通过的报告《高举邓小平理论伟大旗帜，把建设有中国特色社会主义事业全面推向二十一世纪》，着重阐述邓小平理论的历史地位和指导意义；提出党在社会主义初级阶段的基本纲领；明确公有制为主体、多种所有制经济共同发展是我国社会主义初级阶段的一项基本经济制度；强调依法治国，建设社会主义法治国家；明确我国改革开放和现代化建设跨世纪发展的宏伟目标。大会通过《中国共产党章程修正案》，把邓小平理论同马克思列宁主义、毛泽东思想一道确立为党的指导思想并载入党章。十九日，中共十五届一中全会选举江泽民为中共中央总书记，决定江泽民为中共中央军事委员会主席，批准尉健行为中共中央纪律检查委员会书记。

9月18日 致信杨应彬。信中说：看到你写的《回忆习仲勋同志在广东的二三事》后，使我回想起我们在广东省委共同工作的日日夜夜。你的真实性文笔，把广东省在改革开放初期面临的种种矛盾，和我们呕心沥血为了人民的丰衣足食而进行的拨乱反正，以及为广东经济腾飞打下坚实基础的许多事情跃然纸上。衷心感谢你对这一段历史的回顾。顺祝身体健康，全家安好！

9月22日 为西北大学建校八十五周年题词：努力办好西北大学，培养更多优秀人才。

9月28日 致信张汉青。信中说：秘书为我读了你在《东方文化》上发表的《习仲勋在广东》后，使我回想起在广东工作的几年时间里，为了清除林彪、"四人帮"的流毒，恢复党的实事求是的优良传统，我们走遍南粤大地，认真调查研究，呕心沥血、艰苦工作；努力调动广大干部群众的积极性，焕发他们解放思想，迈出富有创造性的改革步伐；积极向中央反映结合广东实际需要进行的改革设想，使中央下决心给我们放权，并通过我们的努力实践，为广东的经济腾飞打下坚实基础。你的详尽的资料、真切的情感、朴实无华的文笔，再次唤起我对南粤及广东人民的深厚情谊。衷心感谢你对这一段历史的真实回顾。顺祝身体健康，全家安好！

9月30日 阅马文瑞回信。马文瑞在信中提到，十八日在党的十五大闭幕式上，向江泽民转达了习仲勋的问候和祝愿。江泽民表示感谢，并说："请代我问候习老。"

同日 下午，会见前来看望的中共深圳市委负责人。在交谈中说：请代我向深圳市全体干部和市民、人民解放军和武警部队全体官兵致以节日的祝贺。希望深圳市人民在市委的领导下，认真学习十五大精神，结合深圳市的实际，积极贯彻好十五大精神，继续当好改革开放的排头兵。同时，今年是香港回归祖国后的第一个国庆，我住在毗邻香港的深圳，也向香港特别行政区的人民致以节日的问候和祝贺！

10月1日 下午，收到兰州来电，得知原秘书陈煦[1]去世，定于十月三日举行遗体告别仪式。嘱秘书向陈煦夫人李屺阳发唁电：沉痛悼念我最亲密的同志陈煦。

10月7日 同齐心就黄正清逝世致电中共甘肃省委转黄正清家属，表示慰问。黄正清于十月六日在兰州逝世，享年九十五岁。

10月28日 为兰州军区《第一野战军战史图集》题词：尊重历史，实事求是。

11月1日 会见代表江泽民前来看望的胡光宝[2]、师金城[3]。

11月2日 为陕西三原县于右任纪念馆开馆题词：爱国风

---

[1] 陈煦，曾任中共中央西北局副秘书长，中共甘肃省委秘书长、宣传部部长，中共甘肃省委副书记，中共甘肃省顾问委员会副主任等职。
[2] 胡光宝，时任中共中央办公厅副主任。
[3] 师金城，时任中共中央办公厅秘书局局长。

范，民族气节，诗书大师，神州永志。

11月5日 为陕西淳化县闫家沟村希望小学题写校名。

11月9日 为深圳中学建校五十周年题词：教育结硕果，桃李满天下。

11月13日 就项南[1]逝世向其家属致唁电。项南于十一月十日在北京逝世，享年七十九岁。

11月19日 会见为贵州贫困地区捐款一事前来表示感谢的贵州省党政负责人。在谈话中说：我们的领导干部不能离开群众，不要忘了群众。没有群众，什么事也办不成。个人没有什么了不起的。现在有的人自以为了不起，那不好。干任何事都要想着群众，都要问问群众。

11月28日 为《孙作宾》一书作序。序言说：孙作宾同志一九二七年参加中国共产主义青年团，一九二九年参加中国共产党，是陕西党内德高望重的早期革命活动家之一，为保卫陕甘宁边区、解放甘肃和大西北作出了重要贡献。新中国成立后，孙作宾先后担任中共甘肃省委副书记，西北局统战部第一副部长，青海省委第二书记、省长等重要职务。在"左"的思想影响下，他被错划为"右派"和"反党集团"，离开了领导岗位，但他忠于党的一片赤子之心丝毫未变。党的十一届三中全会后，作宾的问题彻底平反，调任陕西省人大常委会副主任。这时，他虽年已古稀，但鞠躬尽瘁，为党为人民的雄心壮志不减当年。孙作宾参加党和革命七十多年来，虽屡遭危难，仍然坚韧不拔，刚直不阿，敢于说实话，说真话，不说假话，不随波逐流，堪称实事求是的楷模，坚持真理的典范。这种高尚的品德，是值得全党同志学

---

[1] 项南，曾任中共中央顾问委员会委员、中共福建省委第一书记、福建省军区第一政治委员等职。

习的。

11月29日 会见代表李鹏前来看望的姜春云[1]。

12月3日 为《陕西革命老区》一书作序。序言说：新中国成立后，党和国家一直重视和关怀陕西老区的建设和扶贫开发工作。但是，由于诸多因素的制约，分布在陕北黄土沟壑、风沙区和陕南中高山区的老区，仍处在灾害频仍、文化教育落后、资源开发难度大、自我积累和发展能力弱的困难境地。在民主革命时期，党领导人民群众闹翻身求解放，目的就在于为人民谋生存、求幸福。进入社会主义时期，消除贫困、共同富裕则是社会主义的本质要求，是建设有中国特色社会主义的重要内容。发展社会主义市场经济，既要追求资源配置的效率，也要兼顾社会公平，分配合理，更要对贫困地区和贫困人口采取有效的扶持政策。八十年代中期，党和国家开展了全国性的扶贫开发工作，进入由救济式扶贫深化为开发式扶贫的新时期。一九九四年，我国开始实施《国家八七扶贫攻坚计划》。这给陕西省扶贫工作带来了新的形势和新的使命。我们要把贫困人口的温饱问题解决好，才能告慰和无负于老一辈革命家与党和国家领导人的重托，才能无愧于革命老区的历史地位。

12月7日 阅黄正清儿子黄江洋的来信。对秘书说：信很重要。民族工作做好了，对国家稳定很有利，做不好，对国家、民族都不利。并请转统战部王兆国[2]部长，老一辈的统战人士去世后，要继续做好其后代的工作，鼓励他们继续为民族团结作出贡献。

12月12日 会见前来看望的郑天翔夫妇。在交谈中说：

---

[1] 姜春云，时任中共中央政治局委员、国务院副总理。
[2] 王兆国，时任全国政协副主席、中共中央统战部部长。

"文化大革命"磨砺了我的孩子们。在"文化大革命"中，坏人整我，整了我十六年。说我是右派也好，左派也好，不左不右也好，群众都清楚。批斗我时，让我下跪，下面群众不干。

12月20日 会见前来看望的王世泰夫妇。

12月22日 会见前来看望的王兆国、刘延东[1]，听取关于最近各民主党派换届情况的介绍。

12月29日 会见前来看望的卢瑞华。在谈到带领广东在改革开放中先行一步时说：当时，没有人敢向中央要政策。我就敢要，向邓小平同志要。你给我，我就干，干不好，无非三条路：一是撤职；二是我自己走；三是坐牢。人民群众支持我，因此，我们任何时候不能脱离群众，不能忘了群众。当时我到广东来工作，我就认为，我是广东人啦，广东是我的第二故乡，北京是我的第三故乡。

---

[1] 刘延东，时任中共中央统战部副部长。

1998年　八十五岁

1月1日　就刘澜涛逝世向其家属致唁电。刘澜涛于一九九七年十二月三十一日在北京逝世，享年八十八岁。

1月6日　为《中共陕西地下党反敌特斗争纪实》一书作序。序言说：经过长期革命斗争的锻炼与考验，证明陕西地下党组织是纯洁的、可靠的，是我们党的一个重要组成部分，在各个时期作出了重大贡献，许多同志为了民族和人民的解放事业壮烈牺牲。他们的不朽功勋将永垂青史，他们的英雄事迹值得后代永远缅怀。

1月27日　会见前来看望的乔石夫妇。

1月31日　会见前来看望的杨尚昆及其子女。

2月3日　会见前来看望的刘华清[1]夫妇。

3月3日—14日　全国政协九届一次会议举行。会议选举李瑞环为全国政协主席。

3月5日—19日　九届全国人大一次会议举行。会议选举江泽民为中华人民共和国主席、中华人民共和国中央军事委员会主席，李鹏为全国人大常委会委员长；决定朱镕基为国务院总理。

3月12日　为《老年天地》杂志创刊十五周年题词：敬老爱幼，中华美德。

3月15日　为甘肃山丹培黎学校题词：发扬艾黎艰苦奋斗

---

〔1〕 刘华清，时任中华人民共和国中央军事委员会副主席。

精神。

3月18日 为西北政法学院建院四十周年题词：学法用法，以法治国。

4月1日 接受《邓小平理论与广东改革实践》电视片组的采访。

同日 为纪念杜重远诞辰一百周年，在《人民日报》发表《缅怀革命烈士杜重远》一文。文章说：杜重远不是共产党员，但是他一身正气，刚直不阿，为国家的独立、民族的解放追求真理，在中国共产党最困难的时候认识共产党，并毅然接受共产党的领导，为实现第二次国共合作作出了重要贡献。为了抗日的需要，他甘愿远赴边陲，从事艰苦的、默默无闻的教育工作，最后壮烈牺牲在这块土地上。杜重远的一生是短暂的，也是辉煌的。他是我们民族的骄傲。他用自己的生命谱写了一曲我们时代的凯歌。他英勇奋斗的顽强精神，无私无畏的高尚品质，为中国的知识分子树立了一个光辉的榜样，永远值得我们纪念和学习。

4月3日 获悉胡景通病重后，致电李建国[1]。电文说：关心好胡老，组织好抢救。胡老的一些子女在台湾，请统战部门及时通知。八日，中共陕西省委电告：李建国书记十分重视，即请秘书长去医院看望，并建议转到条件比较好的第四军医大学西京医院或省人民医院，但胡老意见不转，仍在职工医院治疗。目前，胡老的病情已稳定。

同日 审阅《中华儿女》杂志编辑部稿件《习仲勋在改革开放的历史转折时刻》，同意发表。

4月23日 会见前来看望的甘肃庆阳地区及环县、陕西黄龙县负责人，听取关于老区社会经济发展情况的汇报。在谈话中

---

[1] 李建国，时任中共陕西省委书记、陕西省人大常委会主任。

说：要把老区的工作做好，把经济搞上去，特别要把农业搞好。不要尽看到好的，要看到不足。

4月26日 为陕西省戏曲研究院六十周年院庆题词：继往开来，再创辉煌。

同日 为关中八一剧团题词：边区文艺之花。

4月28日 给回到北京的齐心打电话，庆贺结婚纪念日。齐心在电话中说："我对你照顾得很不够啊！"习仲勋回答说："你怎么这么说呢？你对党对人民忠诚，一生为革命做了很多的工作，也为我做了大量的工作，有些是很重要的……我们的这次通话你要把它记录下来，告诉孩子们，让他们明白事理……"通话之后，习仲勋对齐桥桥说："你妈妈是个优秀的共产党员！"

同日 会见前来看望的李长春[1]等。

春 委托齐心前往陕西三原县看望黄子文夫人李盛云，向黄子文烈士墓和渭北革命根据地烈士纪念碑敬献花圈。

5月13日 会见即将离深回京的王恩茂夫妇。在谈话中说：红军长征到陕北时，我正被"左"倾分子关在牢里，是毛主席知道后，派王首道同志飞马到瓦窑堡救出了我和刘志丹等同志。请王老回北京后，向一些参加长征的老同志和西北的老同志问好。

5月24日 致电国家体育总局、中国羽毛球协会并转中国羽毛球队全体运动员，向中国女子羽毛球队夺取尤伯杯表示祝贺。

5月28日 为甘肃省庆阳地委、行署题词：发展经济，建设老区。为甘肃环县县委、县政府题词：发扬传统，艰苦创业。

6月5日 复信杜重远的子女杜毅、杜颖。信中说：前不久，我已从报上得知，杜重远先生百年诞辰纪念会在北京开得很

---

[1] 李长春，时任中共中央政治局委员、中共广东省委书记。

成功，我非常高兴。杜先生是我党的亲密战友、伟大的爱国主义者，永远值得我们学习和怀念。我和齐心同志十分惦记你们的母亲侯御之大姐，请代我们向她致以亲切的问候，切望安心养病，多多保重。希望你们继承父亲的遗志，为国家的发展富强继续作出贡献。经中央同意，这几年我一直在深圳休息，近来身体恢复得尚好。欢迎你们在方便的时候，来深圳见面。

7月1日 为纪念彭德怀诞辰一百周年题词：彭总永远活在中国人民心中。

7月5日 就曾志[1]逝世向其家属致唁电。曾志于六月二十一日在北京逝世，享年八十七岁。

同日 就黄罗斌[2]逝世向其家属致唁电。黄罗斌于六月三十日在兰州逝世，享年八十二岁。

7月8日 阅张治中秘书余湛邦撰写的《党和非党交往的一个典范》一文，认为写得很好，可以发表。文章回忆了习仲勋同张治中的交往。

7月28日 为甘肃《发展》杂志作序，题为《对甘肃农业发展说几句鼓励的话》。序言说：由于历史、自然和经济等诸方面的原因，甘肃经济发展的整体水平还不高，扶贫攻坚和小康建设的任务还十分艰巨，还需要作出更加艰苦的努力。首先是要继续坚持走改善农业基本生产条件的路子，积极响应党中央关于再造一个山川秀美的大西北的号召，使之与改善农业生产基本条件和农业综合开发结合起来，以取得经济、社会和生态效益；同时积极推进农业科技革命和产业化进程，实现面向市场农业和现代

---

[1] 曾志，曾任中共中央顾问委员会委员、中共中央组织部副部长等职。
[2] 黄罗斌，曾任中共中央顾问委员会委员、中共甘肃省顾问委员会主任、中共甘肃省委常委、甘肃省副省长等职。

化农业的适应性配套，以达到农业的增产增效。

7月31日 会见为兰园执勤的深圳武警六中队全体指战员，向战士们致以节日的问候。在讲话中说：特区在过去、现在和将来，都需要你们的保卫，没有你们，特区建设无从谈起。你们要继续做好工作，要保护好群众，为群众服务。

8月11日 同齐心向长江受灾地区捐出两人一个月的工资和各种津贴，共计三千元。

8月12日 为陕西省旬邑县马栏革命旧址展览馆题写馆名。

9月1日 致电中共陕西省委并转胡景通家属。电文说："惊悉我的挚友景通同志不幸逝世，我和齐心同志为失去一位相识、相知八十多年，共同战斗半个多世纪的朋友、同志、老大哥而感到极为悲痛。景通同志为追求中华民族的解放和国家的兴旺，跟随我党奋斗了一生，是我党的老朋友、好同志。我们因年老体弱，不能亲去吊唁，特致电通过你们向胡景通同志家属表示沉痛的哀悼，并致以诚挚的慰问，切望节哀保重。胡景通同志安息吧！"胡景通于九月一日在西安逝世，享年八十九岁。

9月7日 下午，收到中共中央办公厅送来的为十五届三中全会起草的《中共中央关于农业和农村工作若干重大问题的决定（征求意见稿）》。九日，致信江泽民并中共中央。信中说：我认为，在当前形势下，中央经过认真考虑，提出加强农业和农村工作的决定，是十分正确的，也是非常必要的，我赞成中央这一决定。我认真阅读了《中共中央关于农业和农村工作若干重大问题的决定（征求意见稿）》，感到文件写得比较好，希望在现有基础上，把措施修改得再具体一点，文字再简要一些。我认为，文件通过之后，关键在于抓落实。我相信，在以江泽民同志为核心的党中央领导下，全党、全军和全国各族人民一定能弘扬伟大的抗洪精神，万众一心，去开创我国农业和农村工作的新局面，全面推进改革开放和社会主义现代化事业!

9月10日 为北京景山学校题词:遵照三个面向[1]的精神,培养四有新人。

9月14日 致电杨尚昆[2]家属。电文说:"惊悉我的挚友尚昆同志不幸逝世,我和齐心同志为失去一位共同战斗了六十多年的老战友而不胜悲痛。尚昆同志把自己的一生都献给了中国的革命和建设事业,他的一生是战斗的一生、革命的一生。我因年老体弱,不能亲自赴京吊唁,特致电向你们表示沉痛的悼念和诚挚的慰问,切望节哀保重。杨尚昆同志永垂不朽!"杨尚昆于九月十四日在北京逝世,享年九十二岁。

9月30日 会见前来看望的深圳市政府负责人。在谈话中说:深圳取得了很大的成绩,但要注意,领导要关心群众,要走群众路线。

同日 会见代表国家民委前来看望的江家福[3]。在谈话中说:少数民族工作应当重视,少数民族干部应当关心。

10月15日 同家人、来宾庆祝八十五岁生日。

10月18日 同马文瑞联名在《人民日报》发表《善做团结工作的模范——纪念刘志丹同志诞辰九十五周年》一文。

10月24日 同齐心就杨拯民[4]逝世向其夫人陈因并全家致唁电。杨拯民于十月二十三日在北京逝世,享年七十六岁。

11月6日 阅齐心撰写的《相伴半个多世纪的回顾》一文,

---

[1] 三个面向,指邓小平1983年10月1日为北京景山学校的题词:"教育要面向现代化,面向世界,面向未来。"
[2] 杨尚昆,曾任中共中央政治局委员、中华人民共和国主席、中共中央军事委员会第一副主席等职。
[3] 江家福,时任国家民族事务委员会副主任。
[4] 杨拯民,杨虎城将军之子,逝世前任全国政协常务委员。

表示赞同。

11月8日 为纪念彭德怀诞辰一百周年，撰写《临危受命勇担重任——怀念敬爱的彭德怀同志》一文。文章说："敬爱的彭总离开我们已经二十多年了。但是他的丰功伟绩永世长存，他的革命精神和崇高品质激励着后人。他是人们心目中一座流芳千古的丰碑，人民将永远怀念他。"十一日，该文在《深圳特区报》发表。

11月9日 为刘志丹革命事迹陈列馆题写馆名。

12月12日 致信江泽民并中共中央。信中说：我认为，党中央决定向全国人大提出建议，根据我国改革开放和建设事业的需要，以十五大报告为依据，按照法定程序对《中华人民共和国宪法》的某些规定作必要的修改和补充，是十分正确的和必要的。我在外地休息，所见所闻，更加感觉到中央这一决定的重要和及时。我同意中央的这一决定和向全国人大提出的修改建议。我相信，根据形势发展的需要，对宪法这一国家根本大法进行一些必要的修改和完善，可以使宪法在依法治国、建设社会主义法治国家中发挥更大的作用，更好地为我国的改革开放和社会主义现代化建设服务。

同日 同齐心就汪锋[1]逝世向其家属致唁电。汪锋于十二月十二日在北京逝世，享年八十八岁。

12月20日 为纪念毛泽东诞辰一百零五周年题词：伟大领袖毛泽东。

同日 就我国运动员在曼谷第十三届亚运会上获得一百二十九枚金牌，致电国家体育总局、中国羽毛球协会并转亚运会中国

---

[1] 汪锋，曾任中共中央顾问委员会委员、中共中央统战部副部长、国家民族事务委员会副主任、全国政协副主席等职。

羽毛球队全体运动员,表示祝贺。

12月25日 为十世班禅题词:十世班禅,一代宗师。

12月31日 会见前来祝贺元旦的中共深圳市委、市政府负责人,并致贺词。贺词说:"即将过去的一九九八年是中国经受严峻考验并取得重大胜利的一年,在以江泽民同志为核心的党中央坚强领导下,举国上下,万众一心,抵御了严重的亚洲金融风暴,战胜了历史罕见的洪涝灾害,保持了政治安定和经济平稳,令世界为之瞩目。今年是十一届三中全会召开二十周年。二十年前,中国拉开了改革开放的序幕,解放思想,实事求是,成功地走上了一条建设有中国特色的社会主义道路。二十年来,我国的现代化建设空前发展,各项社会事业蓬勃兴旺,综合国力不断增强,人民生活水平日益提高。二十年前,我在广东工作,带领省委一班人认真贯彻执行十一届三中全会确定的路线、方针、政策,经中央批准,广东在改革开放中'先走一步',实行特殊政策、灵活措施,建立经济特区。深圳经济特区作为中国改革开放的窗口和示范区,十几年来发生了翻天覆地的变化,创造了经济发展和城市建设的奇迹,对此我深感欣慰。一元复始,万象更新。一九九九年是本世纪的最后一年,二十一世纪即将到来。我希望深圳市在党中央和广东省委的领导下,全面贯彻党的十五大和省八次党代会精神,坚定信心,抓住机遇,增创新优势,更上一层楼,用深圳经济建设的优异成绩向建国五十周年和澳门回归祖国献礼!最后,我请你们转达我对深圳市的干部群众、驻深人民解放军和武警官兵的节日祝贺和诚挚问候!祝同志们新年愉快,工作顺利,身体健康,阖家欢乐!"该贺词在一九九九年一月一日《深圳特区报》《深圳商报》全文刊登。

12月 接受《羊城晚报》特约记者的采访。在谈到广东办特区决策的过程时说:一九七九年我们要求中央给广东放权时,就包括了办特区的内容,这也是借鉴国外的经验。当时不叫"特区",是小平同志定了"特区"这个名,他说过去陕甘宁就叫特区。当时有人担心这样会不会变成资本主义,小平同志回答得很明确,很中肯,他说我们赚的钱是不会落在我们这些人的口袋里的,我们是全民所有制,社会主义不会变资本主义。广东这样搞,每人收入搞到一千至两千元,起码不用向中央要钱嘛。小平同志说:广东、福建两省八千万人先富起来,没有什么坏处。然后,小平同志就说出了要广东"杀出一条血路来"这样的话。在给广东特殊政策、灵活措施和办特区这样一个大政策出台的思路,可以说,小平同志与广东的干部群众的想法是不谋而合。一方面,广东有这样的要求,另一方面,小平同志大的思路也在往这个方面想,并且站得更高,看得更远。在谈到对广东广大干部群众的期望时说:广东改革开放的成就是有目共睹的。现在全国的形势比二十年前大大发展了,我们国家大大前进了。我希望广东的干部群众认真贯彻党的十五大精神,以邓小平理论为指导,继续解放思想,开拓前进。深化改革、扩大对外开放,都要坚持一条根本的道理,就是小平同志提出的"三个有利于",别的标准都是要以这个为依据。

1999年　八十六岁

2月5日　同齐心就余秋里[1]逝世向其家属致唁电。余秋里于二月三日在北京逝世，享年八十五岁。

2月7日　会见前来祝贺春节的中共广东省委、省政府负责人，并致答谢词。

2月8日　同齐心就段德彰[2]逝世向其家属致唁电。段德彰于一月十六日在上海逝世，享年八十六岁。

2月12日　会见前来祝贺春节的中共深圳市委、市政府负责人，并致春节贺词。

3月2日　同齐心就王鹤寿[3]逝世向其家属致唁电。王鹤寿于三月二日在北京逝世，享年九十岁。

同日　同齐心就冰心[4]逝世向中国民主促进会中央委员会并冰心家属致唁电。冰心于二月二十八日在北京逝世，享年九十九岁。

---

[1]　余秋里，曾任中共中央政治局委员、中共中央书记处书记、中共中央顾问委员会常务委员等职。

[2]　段德彰，曾任海军政治部主任、南海舰队政治委员、海军顾问等职。

[3]　王鹤寿，曾任中共中央纪律检查委员会副书记、中共中央顾问委员会委员等职。

[4]　冰心，逝世前任中国民主促进会中央名誉主席、中国作家协会名誉主席。

4月19日 同齐心就叶飞[1]逝世向其家属致唁电。叶飞于四月十八日在北京逝世，享年八十五岁。

5月7日 同齐心就刘志丹夫人同桂荣逝世向其家属致唁电。同桂荣于五月四日在西安逝世，享年九十四岁。

6月8日 为祝贺新中国成立五十周年题词："前程似锦""江山如此多娇"。

6月12日 为《蔡子伟[2]纪念文集》作序。文章说：我和蔡子伟同志相识较早。一九三四年，他由北平党的地下工作转到陕甘边苏区，我们第一次见面，当时我是陕甘边苏维埃政府主席，他任政治秘书长兼文化委员会委员长。蔡子伟同志为陕甘边苏维埃政权建设和发展经济、文化教育事业，作出了积极的贡献。在社会主义革命和建设中，他为我国农业特别是畜牧业的发展，付出大量心血。在年逾古稀之际，他仍然经常深入基层，调查研究，真正做到了生命不息，战斗不止，鞠躬尽瘁为人民。蔡子伟同志生前留下了许多文稿，这是宝贵的财富。我很高兴能看到《蔡子伟纪念文集》的出版，希望此书能作为后人学习蔡子伟同志的革命精神和优秀品德的教材，起到很好的教育作用。

同日 就陈锡联[3]逝世向其家属致唁电。陈锡联于六月十日在北京逝世，享年八十五岁。

6月18日 为重修《华池县志》题词：发扬南梁精神，再

---

[1] 叶飞，曾任全国人大常委会副委员长、海军第一政治委员、海军司令员、中华全国归国华侨联合会名誉主席等职。

[2] 蔡子伟，曾任农业部常务副部长、全国政协常务委员、中国农业经济学会理事长等职。

[3] 陈锡联，曾任中共中央政治局委员、中共中央顾问委员会常务委员、国务院副总理、中共中央军事委员会常务委员、炮兵司令员、沈阳军区司令员、北京军区司令员等职。

展华池宏图。

6月30日 会见前来看望的中共深圳市委、市政府负责人，并致七一祝词。祝词说：我亲眼看到，在党的领导下，我国经济发达，社会进步，民族团结，政治稳定，社会生产力、综合国力和人民生活水平都上了一个大台阶；明天，又是我们对香港顺利恢复行使主权两周年，澳门即将于年底回归祖国，国家统一大业已经迈开坚实的步伐；按照党中央部署，正在全党开展的"讲学习、讲政治、讲正气"的党性党风教育，已经取得了阶段性成效，必将对改革开放的进一步深入起到很好的推动作用。我为改革开放和现代化建设举世瞩目的伟大成就感到高兴、感到骄傲！"世纪之交，拥有六千一百多万党员、经过七十八年革命风雨洗礼的中国共产党，依然生机勃勃，充满活力，巍然屹立在世界东方，坚定不移地高举马列主义的大旗，率领全党、全国人民建设富强、民主、文明的社会主义现代化国家。这无可争辩地证明了我党坚持为实现共产主义远大目标毫不动摇的信念；坚持改革开放，建设有中国特色社会主义的坚强决心；坚持不懈努力实施为使中华民族自主、自立、自强于世界民族之林的决策的英明伟大。""作为具有中国特色社会主义'试验田'的经济特区——深圳，所取得的成绩和经验，有力地说明了党的改革开放政策的正确和伟大。""让一个充满生机和活力的深圳，昂首阔步，迈进更加辉煌的二十一世纪！"

7月8日 为纪念甘肃解放题词：纪念甘肃解放，努力建设甘肃。

8月26日 就回京欢度国庆致信江泽民并中共中央。信中说：我离京到广东休息的九年来，一直得到您和中央的悉心关怀，得到广东省和深圳市的精心照顾，身体恢复得比较好。对此，我非常感谢。今年十月一日，适逢新中国成立五十周年。我考虑，在健康状况允许的情况下，于九月下旬回北京，与首都人民群众一起欢度国庆。

9月19日 向江泽民并中共中央致国庆贺词。贺词说：伟大的中华人民共和国成立五十周年了，作为一名老党员，我感到无比的喜悦和激动。普天同庆之际，我谨向全党、全军和全国各族人民致以最热烈的祝贺！中华民族历来是一个伟大的民族，创造了五千年辉煌的历史和灿烂的文化，为世界所景仰。伟大的中国共产党，领导人民经过二十八年艰苦卓绝的革命斗争，建立了中华人民共和国，中华民族从此以崭新的姿态屹立于世界东方。五十年来，尤其是党的十一届三中全会以来的二十年，神州大地发生了翻天覆地的变化，英明的中国共产党解放思想，实事求是，改革开放，锐意进取，领导全国各族人民努力建设有中国特色的社会主义，国民经济得到空前发展，综合国力不断增强，人民生活水平日益提高。二十年前，我主持并参与了广东在改革开放中"先走一步"的工作，今天看到广东乃至全国各地改革开放和现代化建设事业所取得的丰硕成果，心中甚感欣慰。再过八十天，澳门就要回归祖国了，这是继香港回归之后的又一民族盛事。我坚信，在党中央的坚强领导下，台湾问题也必将得到圆满解决，祖国统一的伟大目标一定能实现。中华民族是带着屈辱走进二十世纪的，百年沧桑，图变求强，新中国即将满载辉煌迈入二十一世纪。党的十五大已经制定了祖国新世纪发展的宏伟蓝图，我相信，全党、全军、全国各族人民一定能紧密团结在以江泽民同志为核心的党中央周围，同心同德，艰苦奋斗，实现新世纪中华民族的伟大复兴！伟大的中国共产党万岁！伟大的中华人民共和国万岁！全国各族人民大团结万岁！

9月26日 向中共深圳市委、市政府致国庆贺词。

9月28日 从深圳乘飞机抵达北京，参加国庆五十周年庆祝活动。

9月29日 下午，会见前来看望的中央有关部门负责人。在谈话中说：这次回京参加五十年国庆活动，是经过慎重考虑的，就是以实际行动表示对以江泽民同志为核心的党中央的支持和拥护，也是表达对祖国五十年辉煌成就的衷心祝贺。

9月30日 上午，会见受中共中央和江泽民委托前来看望的胡锦涛[1]。胡锦涛说：江泽民总书记和其他中央领导都为您能来参加国庆活动而感到十分高兴，大家委托我来看望您，希望您在北京期间注意健康，保重身体。习仲勋说：这次回北京，非常高兴，感谢江总书记和党中央的关心。

同日 晚六时，在人民大会堂出席朱镕基[2]主持的国庆招待会。返回家中后，高兴地向齐心和孩子们讲述国庆招待会的见闻。

10月1日 上午，在天安门城楼出席庆祝中华人民共和国成立五十周年大会，观看阅兵式和群众游行。晚上，观看国庆焰火晚会。在天安门城楼大殿休息时，对前来问候的江泽民说：您看，这个盛况、这种场面，充分显示了人民是江山，江山就是人民。很好，很好。

10月4日 上午，在贾庆林[3]陪同下，从玉渊潭公园码头乘船游览昆玉水系，听取贾庆林和有关方面负责人介绍昆玉水系建设、利用情况。在北京展览馆码头上岸，稍事休息后，乘车沿东、南四环路到长安街东方广场，听取北京东城区委负责人的

---

[1] 胡锦涛，时任中共中央政治局常委、中共中央书记处书记、中共中央军事委员会副主席、中华人民共和国副主席、中共中央党校校长。
[2] 朱镕基，时任中共中央政治局常委、国务院总理。
[3] 贾庆林，时任中共中央政治局委员、中共北京市委书记。

汇报。

10月5日 在钓鱼台国宾馆设宴招待李昭、薛明、王定国等十几位已故领导同志的夫人。

10月7日 上午，重访中南海。

10月9日 返回深圳。

10月28日 就谢非[1]逝世向其家属致唁电。谢非于十月二十七日在广州逝世，享年六十七岁。

11月8日 同齐心就安平生[2]逝世向其家属致唁电。安平生于九月二十三日在北京逝世，享年八十二岁。

11月11日 同齐心就黄火青[3]逝世向其家属致唁电。黄火青于十一月九日在北京逝世，享年九十九岁。

11月15日 为中共渭南市委、市政府题词：发展经济，振兴渭南。

同日 为《秦安县志》题词：承前启后，继往开来。

同日 为《常黎夫[4]》一书作序。文章说：常黎夫是忠诚的共产主义战士，坚定的马克思主义者。他为创建陕北根据地、陕甘新苏区和红军游击队作出了积极的贡献。黎夫于一九四一年调到边区政府工作，正是边区财政经济最困难的时期，他坚决执行党的政策，调查研究，改革征收办法，调动了农民缴纳救国公粮的积极性，保证了政府和军队的用粮用草急需，使公粮征收工

---

[1] 谢非，逝世前任中共中央政治局委员、全国人大常委会副委员长、全国人大澳门特别行政区筹备委员会副主任委员。
[2] 安平生，曾任中共中央顾问委员会委员、中共云南省委第一书记、昆明军区第一政治委员等职。
[3] 黄火青，曾任中共中央顾问委员会常务委员、最高人民检察院检察长等职。
[4] 常黎夫，时任中共十五大特邀代表。

作步入正轨，促进了大生产运动的深入发展。从四十年代到五十年代，常黎夫是林伯渠、李维汉、彭德怀、周恩来和我的政治助手之一。他很有才华，工书善文，有理论功底，又勤政敬业，处理政务事务，严谨细致，井井有条，是秘书工作的楷模，理繁治剧的干才。党的十一届三中全会后，他为陕西拨乱反正、平反冤假错案做了大量卓有成效的工作。《常黎夫》一书史料翔实，事迹感人，是研究陕西党史的珍贵资料，也是启迪后人的好教材。我与黎夫相交至深，情同手足。书不尽言，言不尽意，是为序。

12月9日 同齐心就曾山[1]诞辰一百周年致电中共江西省委并转曾山夫人邓六金，表示慰问。

12月15日 会见陕西省咸阳市文物局及旬邑县马栏革命旧址文物管理所负责人，谈马栏革命旧址保护事宜。

12月20日 观看澳门回归的电视节目。

同日 同齐心致电马万祺。电文说：欣闻澳门回归祖国，我和齐心同志及全家感到无比喜悦和激动。在这庄严的时刻，我们特向您和夫人罗柏心女士及全家表示热烈的祝贺！通过您向澳门各界及全体澳门居民表示衷心的祝贺！并对您在澳门的发展和回归过程中所作出的努力和贡献表示由衷的敬意！澳门的回归，标志着葡萄牙占领澳门四百年屈辱历史的终结；标志着即将跨入新世纪之际，澳门回到了祖国的怀抱，从此进入了新的时代；标志着中国统一大业又迈出了重要的一步。看到我们为之革命奋斗大半个世纪的国家和民族，今天傲然屹立于世界东方，感到十分自豪。我们相信，在以江泽民同志为核心的党中央领导下，在中央人民政府的全力支持下，有澳门特别行政区基本法的保障，有全

---

[1] 曾山，曾任华东军政委员会副主席，政务院财政经济委员会副主任，中共中央交通工作部部长，纺织工业部、商业部和内务部部长等职。

国同胞作坚强的后盾，有您和澳门各界及全体居民的努力，有香港回归两年实行"一国两制"伟大构想的成功经验，有以何厚铧先生为首的澳门特区政府卓有成效的工作，在祖国的大家庭里，澳门一定能够很好地落实"一国两制"、澳人治澳、高度自治的政策。在新的世纪，必将出现一个更加繁荣、安定、文明、进步的新澳门！希望您在我国解决台湾问题，实现祖国完全统一大业中继续作出不懈的努力。

同日 致电何厚铧。电文说：普天同庆澳门重投祖国怀抱之际，您宣誓就任澳门特别行政区首任行政长官，今特致电向您表示热烈的祝贺！澳门的回归是继香港回归后的又一民族盛事，炎黄子孙无不为之欢欣鼓舞。作为一名为祖国的革命和建设事业奋斗一生的老共产党员，我感到无比的喜悦和激动。我希望您及您领导下的特区政府全体成员，在"一国两制"伟大构想指导下，依照澳门特别行政区基本法，致力于澳门的社会稳定和经济发展，使澳门的前途更加光明，明天更加美好！

12月25日 同齐心就江华[1]逝世向其家属致唁电。江华于十二月二十四日在杭州逝世，享年九十三岁。

同日 为《人民日报》"世纪寄语"题词：昂首走进新世纪。

12月31日 以书面形式向深圳人民致元旦贺词。

---

[1] 江华，曾任中共中央顾问委员会常务委员、最高人民法院院长等职。

2000年　八十七岁

年初　萌发了在有生之年回陕甘宁革命老区走一走、看一看的想法。当把这个愿望告诉齐心时，得到支持和赞同。

1月5日　阅万绍芬[1]撰写的回忆文章《多好的老区人民啊！》并同意发表。文章回忆了习仲勋一九八五年十一月在江西视察的情况。

1月18日　致信李建国。信中说：关于马栏革命旧址修复一事，请省委予以支持。

1月26日　会见前来看望的中共深圳市委负责人，以书面形式向深圳人民拜年。

2月　同前来看望的江泽民交谈。

3月9日　为《广东政报》创刊五十周年题词：政通人和。

3月12日　参加植树活动。

4月2日　为北京景山学校建校四十周年题词：坚持"三个面向"，培育二十一世纪新人。

4月10日　为《老年人健康生活大全》题词：老有所为。

4月20日　为全国关心下一代工作表彰大会题词：关心下一代，培养二十一世纪人才。

5月18日　为武昌实验中学八十周年校庆题词：弘扬"实

---

[1]　万绍芬，时任全国人大常委会委员、全国人大内务司法委员会副主任委员。

验"精神，培养创新人才。

5月23日 就赵朴初[1]逝世向其家属致唁电。赵朴初于五月二十一日在北京逝世，享年九十三岁。

春夏 受习仲勋委托，齐心前往陕甘宁革命老区，走访习仲勋战斗过的地方，并看望当地的干部群众。此行历时四十天，行程四千多公里。齐心一行把在老区的亲身体验和了解到的情况进行整理，制成录像带和影集，并撰写了《关于在陕甘革命老区考察的报告》《追寻远逝的岁月——习仲勋革命旧址巡礼》等文章。回到深圳后，习仲勋听取齐心讲述所见所闻，反复观看录像带和照片，审阅考察报告，感慨良多，再次萌发了第二年春暖花开时回陕甘宁革命老区看一看的想法。

6月1日 为兰州碑林落成题词：丝路文化明珠。

6月8日 就安子介[2]逝世向其家属致唁电。安子介于六月三日在香港逝世，享年八十八岁。

7月2日 视察深圳市刚竣工的滨海大道，观看深圳市及对面香港元朗的市容。

7月18日 为中华爱国工程联合会题词：致富思源，富而思进。

8月23日 致信江泽民并中共中央。信中说：《中共中央关于制定国民经济和社会发展第十个五年计划的建议（征求意见稿）》我已阅过。根据我多年从事革命和建设领导工作的经验，认为该建议描绘了我国今后五到十年经济和社会发展的美好蓝图，个人表示同意，希望集思广益，修改得更加完善。

---

[1] 赵朴初，逝世前任全国政协副主席、中国民主促进会中央名誉主席、中国佛教协会会长。

[2] 安子介，逝世前任全国政协副主席。

10月20日 为立诚中学建校八十周年题词：为国为民，培育人才，寄望后学，继往开来。

11月3日 就深圳经济特区建立二十周年庆祝活动接受《深圳商报》采访。

11月6日 同齐心就胡绳[1]逝世向其家属致唁电。胡绳于十一月五日在上海逝世，享年八十二岁。

11月14日 下午，出席深圳经济特区建立二十周年庆祝大会。

12月1日 为《马明方专集》一书题词：为党和人民做出了卓越贡献。

12月27日 会见前来看望的罗瑞卿夫人郝治平。

---

[1] 胡绳，曾任全国政协副主席、中共中央党史研究室主任、中国社会科学院院长等职。

2001年　八十八岁

1月17日　会见前来看望的中共深圳市委负责人，并以书面形式向深圳人民祝贺春节。

2月初　由习近平[1]协助联系，援建陕甘边老区希望工程小学，确定先援建三所。分别为：华池南梁希望小学、照金希望小学和绥德郝家桥希望小学。

2月25日　为龙门书院题词：龙门地灵，华夏人杰。

4月13日　同齐心就王恩茂[2]逝世向其家属致唁电。王恩茂于四月十二日在北京逝世，享年八十八岁。

6月6日　同齐心就卢嘉锡[3]逝世向其家属致唁电。卢嘉锡于六月四日在福州逝世，享年八十六岁。

6月15日　下午，会见前来看望的中共广东省委、省政府负责人，并就建党八十周年致祝词。祝词说：我真切地感受到——我们的党是一个坚强的党、伟大的党、成熟的党、朝气蓬勃的党；没有中国共产党，就没有新中国；没有中国共产党领导的改革开放，就没有现在的幸福生活。我们要永远尊重并铭记老一代共产党人的奋斗和探索，那是为民族解放、国家富强所作的

---

[1] 习近平，时任中共福建省委副书记、福建省省长。
[2] 王恩茂，曾任全国政协副主席、中共新疆维吾尔自治区委第一书记、乌鲁木齐军区第一政治委员等职。
[3] 卢嘉锡，逝世前任全国政协副主席、中国农工民主党中央名誉主席。

努力,是一种非常真诚的奉献。要教育好下一代一辈子热爱党、忠于党,一辈子跟党走,坚定信念,决不动摇!

6月25日 致信国务院扶贫开发领导小组。信中说:甘肃省环县是陕甘宁革命老区,该县的人民群众曾为中国革命事业作出过重大贡献和牺牲。由于受历史和自然条件的影响,解放至今,该县仍未整体解决温饱,是甘肃省没有完成脱贫任务的六个贫困县之一。从目前情况看,由于自然条件恶劣,灾害较多,经济发展相对滞后,依靠该县自身力量难以在短时间内改变贫穷落后面貌。鉴于以上情况,请考虑将环县列为国家重点扶持县,并安排国家有关部委进行定点帮扶。

7月8日 就高克林[1]逝世向其家属致唁电。高克林于六月十八日在北京逝世,享年九十五岁。

7月16日 为中共延安市委党校建校六十周年题词:实事求是,开创未来。

8月12日 致信江泽民并中共中央。信中说:我认真阅读了《中共中央关于加强和改进党的作风建设的决定(征求意见稿)》,感到党中央在当前形势下,对党的作风建设作出重要决定,非常及时,非常必要。我完全赞成。我真诚希望,通过党的六中全会的讨论,把《决定》修改得更好一些。我充分相信,全会之后,全党在以您为核心的党中央领导下,一定能以"三个代表"重要思想为指导,认真贯彻《决定》精神,进一步发扬我党的光荣传统,把党的作风建设提高到一个新的水平,以崭新的精神风貌,迎接党的十六大的召开!

---

[1] 高克林,曾任中共中央顾问委员会委员、全国人大常委会委员、全国人大常委会法制委员会副主任委员等职。

9月7日 为甘肃华池县南梁希望小学景文楼[1]题写楼名。这所小学由习仲勋夫妇筹措资金,县财政配套资金修建而成。

10月1日 向深圳人民致国庆祝词。祝词说:"今年以来,深圳市坚决贯彻落实党中央和广东省委的重要工作部署,把握大局,大胆开拓,科学决策,调整产业结构,以建设高新技术产业带为新的起点,在把深圳建成高科技城市方面迈出了可喜的一步,为在二〇〇五年深圳率先基本实现现代化,力争在二〇一〇年左右赶上中等发达国家和地区水平方面开了好头。我在深圳近十年,对广东,尤其是深圳有很深的感情。对深圳前进的每一步、取得的每一个成绩,我打心眼里感到十分欣喜。"

10月15日 同家人、来宾庆祝八十八岁生日。习近平因公务繁忙,未能参加,特地从福建发来贺信。贺信说:"今天是您的八十八周岁生日,中国人将之称为米寿。若按旧历虚两岁的话,又是您九十岁大寿。这是一个值得庆祝的大喜日子。昨晚我辗转反侧,夜不能寐,既为祝贺您的生日而激动,又因未能前往祝寿而感到遗憾和自责。自我呱呱落地以来,已随父母相伴四十八年,对父母的认知也和对父母的感情一样,久而弥深。希望从父亲这里继承和吸取的宝贵与高尚品质很多,给我最深印象的大约如下几点:一是学父亲做人。父亲受到广大人民群众和我党同志的普遍尊敬,首先是因为您为人坦诚、忠厚。您曾教诲我,您一辈子没有整过人和坚持真理不说假话,并一以贯之,这正像毛泽东说的,'一个人做一点好事并不难,难的是一辈子做好事,不做坏事'。二是学父亲做事。父亲的一生充满传奇色彩,为党和人民建功立业,我辈于父亲相比,太过平庸,汗颜不已。但更令我们感动的,是父亲从不居功,从不张扬,对自己的辉煌业绩

---

[1] 景文楼,以陕甘边区苏维埃政府妇女委员会委员长张景文烈士命名。

视如烟云。这才是成大事者的风范，永远值得我辈学习和效仿。三是学父亲对信仰的执著追求。无论是白色恐怖的年代，还是极左路线时期；无论是受人诬陷，还是身处逆境，您的心中始终有一盏明亮的灯，永远坚持正确的前进方向。在社会上喊我们是'狗崽子'的年代，我就坚信我的父亲是一个大英雄，是我们最值得自豪的父亲。历史已经证明，您是一个无愧于党、无愧于人民的坚强的无产阶级革命家。四是学父亲的赤子情怀。您是一个农民的儿子，您热爱中国人民，热爱革命战友，热爱家乡父老，热爱您的父母、妻子、儿女。您用自己博大的爱，影响着周围的人们。您像一头老黄牛，为中国人民默默地耕耘着。这也激励着我将自己的毕生精力投入到为人民服务的事业中，报效养育我的锦绣中华和父老乡亲。五是学父亲的俭朴生活。父亲的节俭几近苛刻。家教的严格，也是众所周知的。我们从小就是在父亲的这种教育下，养成勤俭持家习惯的。这是一个堪称楷模的老布尔什维克和共产党人的家风。这样的好家风应世代相传。总而言之，对父亲的高尚品德，仅是这几点就够我们终生受用。而这几点又远远不能概括父亲最可贵的品质和风格。我是怀着一种崇敬的心情，在今后的工作中、事业上和生活里，尽可能向尊敬的父亲学习。此时此刻，百感交集，不能表达我之心情于万一，只能代表我当前的心情——衷心祝愿我尊敬的父亲、最敬爱的人健康长寿，幸福愉快！"听完来信后，对家人、子女和亲朋说："还是以工作为重，以国家大事为重"。"为人民服务，就是对父母最大的孝！"

10月20日 同齐心就杨静仁[1]逝世向其家属致唁电。杨

---

[1] 杨静仁，曾任国家民族事务委员会主任、中共中央统战部部长、国务院副总理、全国政协副主席等职。

静仁于十月十九日在北京逝世,享年八十四岁。

10月21日 审阅刘力贞、张光[1]夫妇为纪念刘志丹百年诞辰的采访稿,提出修改意见。

11月20日 为方仲如[2]题词:一身正气,两袖清风。

12月5日 撰写《怀念布鲁(陈泊)同志》一文。文章说:"布鲁同志是大革命时期参加革命的老党员,我党第一代优秀的侦察员和公安战士。一九四一年我在关中地委任地委书记,一九四四年在绥德专区任地委书记,布鲁同志两度在我那里做侦察保卫工作,我们由此相识、相熟并结下深厚的革命友谊。""历史就是我们的生命。历史也是前人留给后人的宝贵经验。在庆祝中国共产党成立八十周年的日子里,回首我们这些老共产党员走过的前赴后继、流血牺牲的道路,欣看今天社会主义中国欣欣向荣、蓬勃发展的局面,真是令人倍感激动和欣慰。"

冬 发现肾脏部位有病变。二〇〇二年元旦前夕,在广州南方医院作全面检查,结果显示,癌细胞已广泛扩散。

---

[1] 刘力贞、张光,刘志丹的女儿、女婿。

[2] 方仲如,曾任中共陕西省委书记、全国政协常务委员等职。

2002年　八十九岁

1月1日　以书面形式向深圳人民致元旦贺词。

1月18日　咳痰症状加重。二十七日，作颈部和腹部检查，又发现左肾有肿块。

1月28日　为纪念曹力如诞辰一百周年，撰写回忆文章。文章说：力如同志是陕西省保安县（今志丹县）旦八镇鸾坪村人，出生在一个农民家庭，一九二六年十二月加入中国共产党，和刘志丹是同乡同学加战友。在各个革命时期，他总是坚持从党和人民群众的最高利益出发，坚定、创造性地执行党的路线、方针、政策，处处为群众着想，事事从实际出发，实在、俭朴、乐观、创新是他的工作特点。大家公认他是一个模范的领导者。"力如在世时，所希望的就是我们祖国强大，人民生活改善。我们今天已基本达到小康。现在我们又开展了大规模的西部大开发工作。陕西革命老区已开始退耕还林，建设山川秀美的陕西，为进一步改革开放，进行了大规模的能源、交通和文化建设。我想，力如同志如果听到这些，会高兴万分。"我希望革命老区人民在党中央领导下，解放思想，抓住机遇，开拓创新，与时俱进，把革命老区建设得更好。

2月12日　以书面形式向广东省和深圳市人民致春节祝词。

4月5日　在深圳市人民医院住院治疗。

4月14日　会见前来探望的李瑞环。李瑞环转达中共中央的问候和关心，并安排习仲勋回北京治疗。

4月17日 乘飞机回到北京，住进解放军三〇五医院。治疗期间，江泽民、李鹏等中央领导同志及亲朋好友前来看望。在交谈中仍关心党和国家大事，表示坚决支持和拥护党中央的领导，并说：事业是大家的，要搞好团结，关心群众，做好群众工作，关心年轻一代，多给年轻人压担子。

5月9日 撰文纪念胡希仲。文章说：希仲同志是著名的爱国将领、杰出的民主主义革命家胡景翼将军的独子。受乃父革命精神的影响，他追求进步，矢志不渝。希仲同志的一生是与中国共产党风雨同舟、荣辱与共的一生，是为革命事业奉献的一生。像希仲同志这样赤诚爱国、献身革命，为党的统一战线事业作出过重要贡献的坚强的民主战士，理应载入史册。文章还说：统一战线是一面伟大的旗帜，有着巨大的感召力和凝聚力。在革命斗争年代，我们党依靠统一战线吸引和团结了一大批支持或者同情革命的仁人志士，成为完成各个不同历史时期政治任务的重要力量。希仲同志作为国民党元勋之子，能够投身于建设新中国的伟大事业，终生与我党共同奋斗，景铎、景通〔1〕能够走上革命道路，还有其他许许多多同志，甚至包括那些有这样那样问题的人，只要他们是爱国的，愿意为人民服务，我们党都高度重视他们，从实际出发采取各种方式与他们合作，发挥他们的作用，给他们提供建功立业的用武之地，这充分表现了共产党人的智慧、勇气和宽广胸襟，也正是党的统一战线的伟大之处。

5月10日 为张秀山《我的八十五年——从西北到东北》一书作序，题为《怀念张秀山同志》。序言说：（一）西北革命根据地（即陕甘边根据地和陕北根据地）为什么能成为中央红军长征的落脚点和八路军抗日的出发点，党的正确领导是关键。（二）

---

〔1〕 景铎、景通，指胡景铎、胡景通，胡景翼的六弟、五弟。

在土地革命极为艰苦的年月，陕甘边根据地和红二十六军之所以能够在险峻的环境下发展和壮大，与陕甘边党政军有一个坚强的领导集体是分不开的。这个领导集体的核心是刘志丹同志。他具有高超的政治组织和军事指挥才能，因此我们都很信任他。我们这个领导集体为发展红军和革命根据地这一共同目标，紧密地团结在一起，共同战斗。（三）陕甘边根据地所以能迅速发展，与陕甘边的党组织和红军紧紧扎根于人民群众之中是分不开的。在建立陕甘边根据地的斗争中，我和秀山同志在战场上都负过重伤，是老百姓冒着生命危险保护我们、抢救我们，使我们深深体会到共产党革命所以胜利，人民的拥护与支持最重要，这也是我们这些人在以后的工作中不能忘记人民疾苦的根本原因。（四）秀山同志是一位正直的人。从秀山身上清楚地看到他光明磊落、为人质朴的可贵品格。秀山回忆了他的革命经历，比较全面、真实地反映了各个时期一些重大情况，对此我十分欣慰。我们国家现在正处在社会主义改革和建设的新时期，社会发生了翻天覆地的变化，虽然时代不同了，但是老一代共产党人的革命精神和革命风格，对后人仍有重大的启迪作用。

5月24日 五时三十四分在北京逝世，享年八十九岁。

同日 新华社发布新闻通稿：中国共产党的优秀党员，伟大的共产主义战士，杰出的无产阶级革命家，我党、我军卓越的政治工作领导人，陕甘边区革命根据地的主要创建者和领导者之一，国务院原副总理，中国共产党第十一届中央委员会书记处书记，第十二届中央政治局委员、书记处书记，第五、第七届全国人民代表大会常务委员会副委员长习仲勋同志，因病医治无效，于二〇〇二年五月二十四日五时三十四分在北京逝世，享年八十九岁。二十五日，《人民日报》刊登该通稿。

5月30日 习仲勋遗体在北京八宝山革命公墓火化。上午，江泽民、李鹏、朱镕基、胡锦涛、尉健行、丁关根、田纪云、李铁映、迟浩田、张万年、姜春云、贾庆林、钱其琛、温家宝等党和国家领导人前往八宝山革命公墓礼堂，向习仲勋遗体告别。习仲勋病重期间和逝世后，李瑞环、李岚清、李长春、吴邦国、吴官正、罗干、黄菊等党和国家领导人曾前往医院看望或以各种形式向其亲属表示慰问。

同日 新华社播发《习仲勋同志生平》。《生平》说：习仲勋同志在七十六年的革命生涯中，对共产主义具有坚定信念，对党和人民、对无产阶级革命事业无限忠诚。他虽几经坎坷，身处逆境，但百折不挠，奋斗不息，他始终坚定地与党中央三代领导集体在政治上保持一致，坚持执行党的基本路线。他孜孜不倦地学习马克思主义，善于运用马克思主义的立场、观点、方法，敏锐地发现问题，解决问题。在关系党和国家前途命运的关键时刻和重大问题上，他坚持原则，立场坚定，旗帜鲜明，把党的利益放在第一位，具有共产党员的坚强党性，为革命和建设事业呕心沥血，鞠躬尽瘁。

习仲勋同志一生胸怀坦荡，光明磊落，公道正派，顾全大局。他谦虚谨慎，任劳任怨，淡泊名利，能上能下，从不计较个人得失。他不居功，不护短，爱护干部，关心青年，尊重知识，尊重人才。他平易近人，关心群众疾苦，与工农群众、民主人士、文化艺术界和宗教界等各方面人士坦诚相见，广交朋友。他办事严谨，宽厚待人，实事求是，严于律己，为政清廉，生活俭朴，对家属子女和身边工作人员要求严格。他德高望重，高风亮节，在党内外和广大人民群众中享有崇高威望。

习仲勋同志的一生，是革命的一生，光辉战斗的一生，全心全意为人民服务的一生。他为中国人民的解放事业和新中国的诞生，为社会主义革命和建设事业，为改革开放和建设有中国特色社会主义事业，顽强奋斗，建立了不可磨灭的历史功勋。他的逝世，是党和国家的重大损失。我们要化悲痛为力量，更加紧密地团结在以江泽民同志为核心的党中央周围，为建设有中国特色社会主义事业而努力奋斗。

2003年11月20日 《习仲勋革命生涯》一书出版座谈会在北京举行。王兆国、司马义·艾买提、热地、刘延东等出席座谈会。习仲勋当年的老战友、老同事、老朋友和亲属子女，习仲勋生前革命和生活过的地方负责人，以及中共党史出版社、中国文史出版社等单位负责人共二百多人与会。《习仲勋革命生涯》于二〇〇二年四月由中共党史出版社、中国文史出版社出版，收录文章六十七篇、图片四十三幅，共四十六万字，从不同角度回忆和记叙了习仲勋战斗、工作和生活的往事。

2005年5月24日 在逝世三周年之际，骨灰被安放到陕西省富平县。夫人齐心将习仲勋自勉的话"战斗一生，快乐一生；天天奋斗，天天快乐"镌刻在习仲勋雕像的背面。

2008年4月 《习仲勋传》(上卷)由中央文献出版社出版。该书记录和反映了习仲勋在新民主主义革命时期的革命经历和历史贡献。

2013年8月 《习仲勋传》(下卷)由中央文献出版社出版。该书记录和反映了习仲勋为社会主义革命和建设事业，为改革开放和中国特色社会主义事业顽强奋斗的革命历程和建立的不可磨灭的历史功勋。

2013年10月15日 上午，纪念习仲勋诞辰一百周年座谈会在人民大会堂举行。习近平[1]作为亲属参加座谈会。张德

---

[1] 习近平，时任中共中央总书记、中华人民共和国主席、中共中央军事委员会主席、中华人民共和国中央军事委员会主席。

江[1]、刘延东[2]、刘奇葆[3]、赵乐际[4]、栗战书[5]、杜青林[6]、王晨[7]、陈元[8]出席座谈会。李建国[9]发表讲话，全面回顾习仲勋的光辉革命生涯和不朽功勋。

2013年10月 经中共中央批准，中共中央党史研究室编辑的《习仲勋文集》《习仲勋纪念文集》《习仲勋画册》由中共党史出版社出版，中共中央党史研究室、国家新闻出版广电总局和中央电视台联合摄制的六集电视文献纪录片《习仲勋》在中央电视台播出。

---

[1] 张德江，时任中共中央政治局常委、全国人大常委会委员长。
[2] 刘延东，时任中共中央政治局委员、国务院副总理。
[3] 刘奇葆，时任中共中央政治局委员、中共中央书记处书记、中共中央宣传部部长。
[4] 赵乐际，时任中共中央政治局委员、中共中央书记处书记、中共中央组织部部长。
[5] 栗战书，时任中共中央政治局委员、中共中央书记处书记、中共中央办公厅主任、中共中央直属机关工作委员会书记。
[6] 杜青林，时任中共中央书记处书记、全国政协副主席。
[7] 王晨，时任全国人大常委会副委员长兼秘书长。
[8] 陈元，时任全国政协副主席。
[9] 李建国，时任中共中央政治局委员、全国人大常委会副委员长。

附　　录：

在纪念习仲勋同志诞辰一百周年座谈会上的讲话

（二〇一三年十月十五日）

李建国

同志们，朋友们：

　　今天我们怀着十分崇敬的心情在这里举行座谈会，纪念习仲勋同志诞辰一百周年，深切缅怀他为中国革命、建设、改革事业建立的不朽功勋，追思和学习他为国家、为民族、为人民不懈奋斗的崇高品质和始终不渝的革命精神。

　　习仲勋同志是中国共产党的优秀党员，伟大的共产主义战士，杰出的无产阶级革命家，我党、我军卓越的政治工作领导人，陕甘边革命根据地的主要创建者和领导者之一，国务院原副总理，中国共产党第十一届中央委员会书记处书记，第十二届中央政治局委员、书记处书记，第五届、第七届全国人民代表大会常务委员会副委员长。他的一生，是革命的一生，光辉战斗的一生，全心全意为人民服务的一生。

　　习仲勋同志早年参加革命，出生入死、转战陕甘，是陕甘边革命根据地的主要创建者和领导者之一。习仲勋同志一九一三年十月十五日出生于陕西省富平县一个农民家庭，早年接受革命思想，参加进步学生团体。一九二六年五月，年仅十三岁的习仲勋同志加入中国共产主义青年团。一九二八年春参加爱国学生运动，遭国民党当局关押，在狱中转为中国共产党党员。一九三〇年初，习仲勋同志受党组织委派到国民党西北军杨虎城部做兵运工作，后任中共营委书记。一九三二年四月，他组织发动了"两当兵变"，任中国工农红军陕甘游击队第五支队队委书记。同年九月，进入渭北革命根据地，任渭北游击队第二支队政治指导员。一九三三年二月，他任共青团三原中心县委书记，从事武装斗争、农民运动和青年工作。同年三月后，与刘志丹等同志创建先后以照金、南梁为中心的陕甘边革命根据地，进行了艰苦卓绝的斗争。习仲勋同志历任中共陕甘边特委委员，军委书记和共青团特委书记，游击队总指挥部政治委员，革命委员会副主席、主席等职务。一九三四年十一月，当选为陕甘边区苏维埃政府主席。他参与领导苏区的游击战争，粉碎了国民党军队多次"围剿"，出生入死，浴血奋战，在不断排除内部"左"的和右的思想干扰中，壮大了红军武装，巩固和发展了革命根据地。他以极大精力领导党的建设和政权建设，为土地革命战争年代红色政权的巩固和经济的发展，做了许多探索性、开创性的工作。一九三五年春，陕北、陕甘边两块革命根据地在反"围剿"战争中连成一片，统一为陕甘革命根据地（又称"西北革命根据地"），习仲勋同志为中共西北工委领导成员，并继续担任陕甘边区苏维埃政府主席。一九三五年九月，他和刘志丹同志等一大批领导干部在错误肃反中被王明"左"倾教条主义错误的执行者关押。党中央和毛泽东同志到达陕北后，他们才得以释放和平反，从而挽救了这块在土地革命战争后期"硕果仅存"的革命根据地，使之成为党中央和中央红军长征的落脚点和八路军奔赴抗日前线的出发点。

一九三六年一月，习仲勋同志任中共关中特委常委、苏维埃政府副主席、党团书记。同年六月，随红军西征，先后任中共曲环工委书记、环县县委书记。九月，又受中共中央委派赴关中，守卫陕甘宁边区南大门，长达六年。九月起任中共关中特委书记、游击队政治委员。抗日战争爆发后，习仲勋同志先后担任中共关中特委书记、专员公署专员、军分区和关中警备区第一旅政治委员。一九四二年起任中共中央西北局党校校长。他组织领导分区军民同国民党顽固派进行军事、政治和经济斗争，贯彻执行党的抗日民族统一战线政策，赢得了党和人民群众的信赖和拥戴。一九四三年一月，毛泽东同志亲笔为他书写"党的利益在第一位"的题词，予以表彰。同年二月，他调任中共绥德地委书记兼绥德、米脂警备区和独立第一旅政治委员。他深入农村，调查研究，培养典型，总结经验，领导大生产运动，增强了当地的经济实力，为巩固和发展"三三制"政权做出了很大成绩。在整风审干和"抢救运动"中，他抵制和纠正"左"的偏向，保护了干部和群众。一九四五年六月，在党的第七次全国代表大会上，习仲勋同志当选为候补中央委员，同年八月，任中共中央组织部副部长，其间，曾担任爷台山自卫反击战临时指挥部政治委员，参与领导了著名的爷台山自卫反击战，取得了反顽斗争的重大胜利。

习仲勋同志长期主持西北局工作，为夺取西北地区革命胜利、建立和巩固新生的人民政权夙兴夜寐、忘我工作，作出了杰出贡献。抗日战争胜利后，习仲勋同志历任中共中央西北局书记、陕甘宁晋绥联防军政治委员、陕甘宁野战集团军政治委员、西北野战兵团副政治委员、西北野战军副政治委员、西北军区政治委员。他受毛泽东同志指示，领导策动了横山起义，接应王震同志率三五九旅中原突围返回延安。一九四七年三月中旬后，按照中共中央的战略部署，他协同彭德怀同志指挥了保卫党中央、毛主席和陕甘宁边区的战役，相继取得青化砭、羊马河、蟠龙镇"三战三捷"和陇东、三边战斗的胜利。习仲勋同志作为我军优秀的政治工作领导者，在整个解放战争期间，和彭德怀、贺龙同志，或转战西北战场，或开展新式整军运动等军队政治工作，或组织后方支前，战胜了十倍于我的国民党军队，为解放大西北、解放全中国作出了卓越的贡献。

习仲勋同志在主持西北局工作中，和林伯渠同志一起，为建设陕甘宁边区呕心沥血，付出了巨大努力。尤其是在陕甘宁边区土改中，他提出的区别老区、半老区、新区不同情况制定政策和纠正"左"的偏向的意见，得到党中央和毛泽东同志的肯定，并转发全国各解放区。

新中国成立后，习仲勋同志任中央人民政府委员，中央人民政府人民革命军事委员会委员，中共中央西北局第二书记，西北军政委员会副主席、代主席，西北行政委员会副主席，第一野战军暨西北军区政治委员，长期主持西北党、政、军全面工作。他坚持党的正确路线，从实际出发，正确地、积极稳妥地领导了西北地区五省的城市接管、剿匪反霸、土地改革、镇反和"三反""五反"及抗美援朝等重要工作。习仲勋同志还亲自兼任中共中央西北局统战部部长，在统一战线工作中作出了突出贡献。他把原则性和灵活性相结合，大胆而妥当地解决了复杂的民族宗教问题，团结争取了一批少数民族宗教界上层人士，为巩固新生政权，建立新的社会秩序，进行大规模的经济建设，奠定了良好基础。

习仲勋同志在国务院协助周恩来总理工作长达十年，为新中国的建设和发展稳定作出了重要贡献。一九五二年九月，习仲勋同志调任中共中央宣传部部长兼政务院文化教育委员会副主任、党组书记。他主持制定"整顿提高、重点发展、提高质量、稳步前进"的十六字方针，指导了建国初期的文教工作。一九五三年九月后，他历任政务院秘书长、国务院秘书长。一九五六年九月，在党的第八次全国代表大会上当选为中央委员。一九五九年四月任国务院副总理兼秘书长，负责国务院常务工作。在周恩来总理的直接领导下，参与国家重大方针、政策、法规的研究和制定，以及重要的国务活动和外交活动。他主持制定一系列规范国家机关活动的规章制度，确保了机关的有效运转。他厉行节约，勤俭办事，树立了为人民当家理财的优良作风。在国务院工作期间，习仲勋同志兢兢业业、夜以继日，国政民事务必躬亲，充分展示了他的卓越才能，受到周恩来总理的高度称赞，被大家誉为国务院的"大管家"。

习仲勋同志主政广东，为贯彻党的十一届三中全会路线、推动广东在全国率先改革开放勇当先锋和闯将。一九七八年四月后，习仲勋同志历任中共广东省委第二书记、第一书记，广东省省长，广州军区第一政委、党委第一书记，在党的十一届三中全会上被增选为中央委员。他坚决支持实践是检验真理的唯一标准的大讨论，拥护党中央关于解放思想、实事求是的思想路线，大刀阔斧地拨乱反正，全力平反冤假错案，妥善解决历史遗留问题，落实各项政策，增强了团结，稳定了局势。他团结省委一班人，坚决贯彻执行党的十一届三中全会作出的关于把全党工作重点转移到社会主义现代化建设上来和实行改革开放的重大决策，率先向党中央提出充分利用国内外的有利形势，发挥广东的特点和人文地缘优势，让广东在改革开放中先走一步的请求，得到了邓小平同志的赞同。一九七九年七月，党中央、国务院正式批准广东在改革开放中实行特殊政策、灵活措施和创办经济特区，为广东的改革开放奠定了基础，使广东成为中国改革开放的窗口、综合改革的试验区和排头兵,为国家实行对外开放政策提供了宝贵经验。在这个历史进程中,习仲勋同志表现出了无产阶级革命家的远见卓识和解放思想、实事求是、开拓创新的革命胆略,为广东的改革开放事业和经济特区建设作出了重大贡献。他始终心系广东的发展。一九八九年十二月,习仲勋同志到广东视察调研时强调,不管遇到什么困难,都要坚持改革的方向,改革不能踏步不前,更不能走回头路,希望广东充分发挥改革开放综合试验区先走一步的作用,争取各项工作走在全国的前列。

习仲勋同志主持中央书记处日常工作,为拨乱反正、加强新时期党的建设、开创统一战线工作新局面作出了卓越贡献。一九八一年三月,习仲勋同志参加中共中央书记处工作。同年六月,在党的十一届六中全会上,他被增选为中央书记处书记。一九八二年九月,在党的十二届一中全会上当选为中央政治局委员、书记处书记,负责中央书记处的日常工作。他参与了一系列重大决策的研究、制定,处理了许多重大和复杂疑难问题。习仲勋同志直接参与领导党和国家领导体制和干部制度改革,在拨乱反正,推动组织、干部、人事制度改革,实现干部的新老交替、精简机构、加强领导班子建设等方面,倾注了大量心血。他认真负责参与领导整党工作,为统一思想、整顿作风、加强纪律、纯洁组织,努力把党建设成为社会主义现代化事业的坚强领导核心作出了积极贡献。

习仲勋同志是我们党统一战线的卓越领导者和楷模,长期致力于统一战线和民族宗教工作的探索和实践,为坚持和完善中国共产党领导的多党合作和政治协商制度,巩固和扩大爱国统一战线,正确、全面贯彻党的民族、宗教政策以及加强工、青、妇群众组织的建设,作出了卓越贡献。他为加强新时期统一战线做了大量艰苦细致的工作,推动召开全国统一战线工作会议和全国统一战线理论工作会议,并发表讲话,以理论上的深入思考和新的创见,丰富和发展了党关于统一战线的实践和理论,为实现党的统一战线工作新转变发挥了重要指导作用。他重视调查研究,密切联系群众,认真批办和接待人民群众来信来访。他还在实现祖国统一、反对分裂祖国图谋,加强港、澳、台、侨工作等方面,投入了许多精力,进一步巩固和扩大了海外爱国统一战线。

习仲勋同志在全国人大工作期间,为坚持和完善人民代表大会制度、加强社会主义民主法制建设作出极大努力。习仲勋同志是第一、二届全国人大代表,并作为宪法起草委员会委员参与起草制定新中国第一部宪法。一九八〇年九月,在五届全国人大三次会议上,习仲勋同志被补选为全国人大常委会副委员长,同时担任宪法修改委员会委员,一九八一年六月兼任全国人大常委会法制委员会主任。他以高度的政治责任感积极参与宪法修改工作,发表了许多真知灼见。他主持法制委员会审议全国人大组织法、国务院组织法草案以及地方各级人民代表大会和地方各级人民政府组织法、全国人民代表大会和地方各级人民代表大会选举法修改草案,并提请五届全国人大五次会议审议通过,落实宪法相关规定,完善了人民代表大会制度这一根本政治制度,健全了国家的领导体制和政治体制。他高度重视经济领域立法,组织领导了民事诉讼法(试行)、经济合同法、外国企业所得税法等一批重要法律的制定工作,为改革开放和社会主义现代化建设提供了有力的法制保障。

一九八八年四月,习仲勋同志当选为第七届全国人大常委会副委员长,担任内务司法委员会首任主任委员。他亲自主持多部法律、条例的审议,领导内务司法委员会审议了妇女权益保障法、未成年人保护法、残疾人保障法等一批法律草案,落实宪法规定的公民基本权利。他高度重视对宪法和法律实施的监督,着力推动对司法工作的监督，带领内务司法委员会深入开展执法检查，进一步完善了人大监督形式，增强了人大监督实效。他强调，一定要注意抓好社会主义民主法制建设，既要充分发扬民主，广泛听取各方面的意见，做到决策科学化、民主化、法制化，又要严格按照法制程序行事，全面、坚决贯彻实施宪法，坚持在法律面前人人平等的原则，在国家的政治生活、经济生活和社会生活各个方面，都要有法可依、有法必依、执法必严、违法必究。

一九九三年三月，习仲勋同志从领导岗位上退下来后，仍一直关心我国改革开放和社会主义现代化事业，关心社会主义市场经济体制的建立，坚决支持以江泽民同志为核心的党中央的工作，拥护"三个代表"重要思想。支持胡锦涛同志工作并寄予厚望。

同志们、朋友们！

习仲勋同志为中国人民解放事业和新中国诞生，为社会主义革命、建设、改革事业，为中国特色社会主义事业，顽强奋斗，建立了不可磨灭的历史功勋。他的光辉业绩和卓越贡献，深深铭记在我们心中。他的革命精神和崇高品格，永远值得我们学习和怀念。

今天我们纪念习仲勋同志，就是要学习他始终不渝坚守共产主义理想信念，一生忠于党、忠于人民的高尚品格。习仲勋同志在七十六年的革命生涯中，对党和人民事业无限忠诚，虽历经坎坷而矢志不渝，始终坚持"革命理想高于天"，百折不挠、奋斗不息。一九三五年遭遇错误肃反时，习仲勋同志被关押、虐待，甚至面临死亡威胁，但他坚定革命信仰，对党的信念没有丝毫动摇，在党中央和毛泽东同志长征到达陕北而获得解救后，就立即投入新的战斗。一九六二年九月，习仲勋同志因所谓"《刘志丹》

小说问题"遭康生诬陷，在"文化大革命"中又受到残酷迫害，直至党的十一届三中全会后才得到彻底平反。在被审查、关押、监护长达十六年之久的艰难岁月里，在身陷囹圄、与家人分离八年的孤独生活中，他始终保持坚定的共产主义信念，以顽强的意志面对恶劣处境，坚信正义必定战胜邪恶，阳光终将驱散阴霾。一九七六年粉碎"四人帮"后，身处洛阳的习仲勋同志坚决拥护党中央的正确决策，致信中央领导同志，表示要紧紧团结在党中央的周围，无条件听从党中央的指挥，把余生全部奉献给党，力争为人民多做一些工作。得到平反、重新工作之后，他不骄不躁，无怨无悔，不计名利得失，不管职位高低，根据中央安排，立即赴任广东，全身心投入改革开放伟大事业，只争朝夕、夙夜在公，以实际行动践行了自己"为实现四个现代化，为共产主义事业献出自己的一切"的铮铮誓言。习仲勋同志始终坚定同党中央在思想上政治上行动上保持一致，坚决贯彻执行党的路线方针政策，在关系党和国家前途命运的关键时刻和重大问题上坚持原则，立场坚定，旗帜鲜明。我们学习习仲勋同志，就是要坚定共产主义理想信念，增强中国特色社会主义道路自信、理论自信、制度自信，坚持党的基本理论、基本路线、基本纲领、基本经验、基本要求，坚定不移走中国特色社会主义道路。

今天我们纪念习仲勋同志，就是要学习他始终坚持解放思想、实事求是、与时俱进，一生为党和人民事业呕心沥血的革命精神。习仲勋同志具有无私奉献的革命精神，把全部精力投入党和国家事业发展中。他孜孜不倦地学习马克思主义，善于运用马克思主义立场、观点、方法，敏锐地发现问题、解决问题。主政广东期间，习仲勋同志不负党中央和邓小平同志的重托，以高度的历史责任感团结带领全省广大干部群众振奋精神、改革创新、励精图治。他衷心拥护并坚决贯彻邓小平同志提出的"解放思想，实事求是，团结一致向前看"的方针，旗帜鲜明地支持开展真理标准问题大讨论，坚持真理、敢讲真话、直言不讳，是当时在全国率先公开表态支持实践是检验真理唯一标准的省级负责同志之一。他大力推进广东工作着重点转移，积极谋划发展新思路，冒着风险、顶住压力，推动农村经济体制改革以及企业、外贸、价格、商品流通等领域经济管理体制改革。他敢闯敢干、敢为天下先，倾力推动创办经济特区，为改革开放"杀出一条血路"，为全国带了一个好头，以花甲之年为党、国家和民族作出了新的历史性贡献。我们学习习仲勋同志，就是要坚持党的思想路线，继续解放思想，不断开拓创新，以全面深化改革的新的实践，夺取中国特色社会主义新胜利。

今天我们纪念习仲勋同志，就是要学习他始终坚持马克思主义群众观点和党的群众路线，一生热爱人民、心系群众的优良作风。习仲勋同志心里始终装着人民群众，关心群众疾苦，毛泽东同志曾称赞他为从群众中走出来的群众领袖。他牢记马克思主义群众观点，一以贯之坚持党的群众路线，强调群众才是真正的英雄，江山是人民的江山，任何时候都不能脱离群众。在革命战争年代，担任中共绥德地委书记时，习仲勋同志就注重到基层调查研究，通过调研推动大生产运动，解决南下移民生产生活困难，解决当地儿童常见疾病治疗问题。新中国成立后，担任国务院秘书长期间，习仲勋同志高度重视畅通信访这一党和国家联系人民群众的重要渠道，要求认真做好人民来信来访工作，切实保障人民群众反映问题的权利，还安排秘书直接参与信访办理工作，亲自布置起草信访情况报告，把人民群众反映的真实事例和真实语言写进去。习仲勋同志爱护干部、平易近人，尊重知识、尊重人才，以至诚之心交友，从宗教领袖、著名少数民族和民主人士到文艺工作者、普通职工，都有他的挚友。我们学习习仲勋同志，就是要坚持党的全心全意为人民服务的根本宗旨，发扬党的密切联系群众的优良作风，按照中央统一部署和要求，深入开展以为民务实清廉为主要内容的党的群众路线教育实践活动，进一步改进作风，坚决克服形式主义、官僚主义、享乐主义和奢靡之风，真正做到一切为了群众、一切依靠群众，立党为公、执政为民，不断夯实党执政兴国的牢固根基。

今天我们纪念习仲勋同志，就是要学习他始终保持共产党人的政治本色，一生胸怀坦荡、光明磊落的崇高风范。习仲勋同志德高望重，高风亮节，在党内外和广大人民群众中享有崇高威望。他顾全大局、办事严谨、公道正派，听从党的指挥，服从国家需要，不管是在中央还是在地方，不管是担任一把手还是协助其他同志工作，他都尽职尽责、勇于担当，不揽功、不诿过。习仲勋同志胸襟开阔、谦虚谨慎、任劳任怨，淡泊名利、能上能下，从不计较个人得失。一九五九年，中央拟提名习仲勋同志作为新增副总理人选，他得知后即刻致信毛泽东、邓小平同志，提出愿谨守原来岗位，恳请中央提名其他同志。中央安排他主政广东，他主动表态希望保留时任广东省委第一书记韦国清同志的职务，自请担任第二书记。习仲勋同志为政清廉、生活俭朴，穿衣吃饭从不讲究，住房年久失修不让粉刷维修，家具陈旧也不同意更换。对待家庭，他以身作则、严慈相济，言传身教树立优良家风，悉心教育子女做人做事，把对马克思主义信仰的执着追求、对人民的赤子情怀和勤俭持家的传统美德作为留给子女的最宝贵财富。对待身边工作人员，他严格要求、真诚关怀，既是公正无私的领导，更是可亲可敬的长者。我们学习习仲勋同志，就是要永葆共产党人的政治本色和价值追求，讲党性、重品行、作表率，克己奉公、勤政为民、廉洁自律，以优良作风凝聚起建设中国特色社会主义的强大力量。

同志们，朋友们！

党的十八大开启了夺取中国特色社会主义新胜利的伟大征程。在党的十八届一中全会上，习近平总书记强调："在中国特色社会主义道路上实现中华民族伟大复兴，是无比壮丽的崇高事业，需要一代又一代中国共产党人带领人民接续奋斗。今天，历史的接力棒传到了我们手里"，"我们十八届中央委员会一定要不负重托，忠于党、忠于祖国、忠于人民，以自己的最大智慧、力量、心血，做出无愧于历史、无愧于时代、无愧于人民的业绩。"

我们党、我们国家、我们人民走过了光辉的历程。今天，在中国共产党领导下，全国各族人民正满怀信心、接力奋斗，比任何时候都更接近实现先辈们孜孜以求的国家富强、民族振兴、人民幸福的梦想。让我们紧密团结在以习近平同志为总书记的党中央周围，全面贯彻党的十八大精神，高举中国特色社会主义伟大旗帜，坚持以邓小平理论、"三个代表"重要思想、科学发展观为指导，同心协力、锐意进取，为实现"两个一百年"奋斗目标、实现中华民族伟大复兴的中国梦而努力奋斗！

后　记

《习仲勋年谱(1913—2002)》(以下简称《年谱》)的编写和出版，是在中共中央党史和文献研究院院务会（原中共中央党史研究室室务会）领导下，由中共中央党史和文献研究院（原中共中央党史研究室）与中共陕西省委组织力量共同完成。

中共中央党史和文献研究院院长曲青山同志，原中共中央党史研究室主任欧阳淞同志，中共中央党史和文献研究院原院长冷溶同志，中共陕西省委书记赵一德同志，中共陕西省委原书记娄勤俭同志、胡和平同志、刘国中同志，对这项工作高度重视，多次组织研究，提出重要意见。

从2013年10月启动至本书出版，编写工作大致分为以下三个阶段。

一、初稿编写阶段

2013年10月至2016年12月为《年谱》初稿编写阶段。在中共陕西省委原常委、秘书长刘小燕同志主持下，由中共陕西省委党史研究室原主任安庆学同志负责，姚文琦、梁月兰同志先后分管初稿编写工作，辛拴明、卢胜利、康中兴、刘玉川、耿琪、赵炜、邓亚斌、缑昱健、李方、高子果、王金强、王一天等同志参加。2016年12月，《年谱》初稿报送原中共中央党史研究室。

在《年谱》初稿编写的同时，原中共中央党史研究室成立项目专班，在欧阳淞、曲青山同志领导下，对长期搜集的习仲勋同志的大量档案资料进行系统的编辑、整理，为《年谱》编写奠定

后　记

了坚实基础。

二、审核修改阶段

2017年1月至2018年2月为审核修改阶段。在原中共中央党史研究室主任曲青山同志领导下，由原中共中央党史研究室副主任张树军同志分管，原中共中央党史研究室第二研究部主任黄一兵同志，武国友、沈传宝、傅颐同志审阅了《年谱》初稿，并提出修改意见。原中共中央党史研究室第二研究部邢和明、姚燕、肖鹏、王永魁、郑林华、郝鹏飞、董莹、张卓然、王光鑫、李兆杰等同志参加了修改、核校工作，原中共中央文献研究室第二编研部副主任王双梅同志承担《年谱》初稿1949年至1977年的修改工作。

根据原中共中央党史研究室提出的修改意见，中共陕西省委党史研究室成立专门小组，由高新民、梁月兰同志负责，安庆学、姚文琦、耿琪、赵炜同志参加，对书稿进行修改并再次报送原中共中央党史研究室。

三、统改定稿阶段

2018年3月至《年谱》出版前为统改定稿阶段。从2018年3月中共中央党史和文献研究院成立到2019年4月，统改定稿工作由冷溶同志主持。从2019年4月到《年谱》出版前，统改定稿工作由曲青山同志主持。按照院务会部署，张树军、徐永军、陈理、王全春、王均伟等同志先后分管有关工作，《年谱》统改工作由第三研究部承担。

2018年3月至《年谱》出版前，傅颐、郝鹏飞同志负责全部书稿的统筹和统改工作。2018年3月至7月，原中共中央党史研究室项目组有关同志参加《年谱》核校工作。此后，中共中央党史和文献研究院第三研究部王淑翮、张建军、毕烨、王达阳、熊道宏、李晓倩、曲世侠、吕春阳、邢广益、常梦茹、严哲文、李瀚、高钰、米彦佑、姚金桃、王冰月等同志参加核校工作。李瀚、高钰同志还承担了全书的编辑和编务工作。

在《年谱》统改期间，在中共陕西省委王琳、卢建军、方红卫、李春临同志领导下，中共陕西省委党史研究室高新民、任宗哲、梁月兰同志负责，安庆学、姚文琦、汤彦宜、耿琪、赵炜、王一天等同志承担了书稿核校等工作。

在书稿征求意见过程中，中共中央党史和文献研究院领导同志和院内专家审读了书稿并提出了宝贵意见和建议。参加书稿审读的同志有：曲青山、孙英、滕文生、冷溶、欧阳淞、龙新民、王志民、黄一兵、王全春、王均伟、柴方国、张树军、张宏志、石仲泉、霍海丹、齐彪、曹应旺、王双梅。中共陕西省委也对书稿提出修改意见。

《年谱》编写出版工作得到中共中央办公厅的指导和帮助。全国人大常委会办公厅、中央档案馆、解放军档案馆、中共陕西省委党史研究室、中共广东省委党史研究室、中共甘肃省委党史研究室、中共河南省委党史研究室、陕西省档案馆、广东省档案馆、甘肃省档案馆、广东省参事室、榆林市档案馆、长葛市档案馆等单位提供了档案资料。习仲勋同志家属和原身边工作人员俞惠煜同志提供了帮助。中共中央党史和文献研究院办公厅、第一研究部、第二研究部、第七研究部、科研规划部、信息资料馆、中央文献出版社、中共党史出版社等给予了大力支持。谨向上述单位和同志表示诚挚的感谢。

由于编者水平所限，书中不当、不周之处在所难免，恳请读者批评指正。

编　者

2024年5月

图书在版编目（CIP）数据

习仲勋年谱：1913-2002 / 中共中央党史和文献研究院，中共陕西省委员会编. -- 北京：中央文献出版社，2024.1

ISBN 978-7-5073-4999-3

Ⅰ.①习… Ⅱ.①中… ②中… Ⅲ.①习仲勋（1913-2002）-年谱 Ⅳ.①K827=7

中国国家版本馆CIP数据核字（2024）第013800号

习仲勋年谱（1913—2002）

编 者：	中共中央党史和文献研究院
	中共陕西省委员会
责任编辑：	贾宇琰 孙 翊
	王卫芳 宋柏晴
责任印制：	郑 刚 黄 冉 武晓东
出 版：	中央文献出版社
地 址：	北京西四北大街前毛家湾1号
邮 编：	100017
网 址：	www.zywxpress.com
发 行：	中央文献出版社
销售热线：	010-83072509 / 83072511 / 83089394
	83089404 / 83089239 / 83072503
电子邮箱：	zywx5073@126.com
排 版：	北京中献唐人数字技术有限公司
印 刷：	河北鹏润印刷有限公司

700mm×1000mm　16开　91.75印张　1104千字
2024年5月第1版　2024年5月第1次印刷

ISBN 978-7-5073-4999-3　　定价：288.00元（全四卷）

版权所有　违者必究
本社版图书如有印装错误可随时调换
（电话：13601084124/13811637459）